旅游业的发展与云南旅游的创新研究

王红艳　著

吉林文史出版社

图书在版编目（CIP）数据

旅游业的发展与云南旅游的创新研究／王红艳著
. -- 长春：吉林文史出版社，2023.4
　　ISBN 978-7-5472-9356-0

　　Ⅰ. ①旅… Ⅱ. ①王… Ⅲ. ①地方旅游业-旅游业发
展-研究-云南 Ⅳ. ①F592.774

中国国家版本馆 CIP 数据核字（2023）第 067334 号

旅游业的发展与云南旅游的创新研究

LÜYOUYE DE FAZHAN YU YUNNAN LÜYOU DE CHUANGXIN YANJIU

出 版 人：张　强
著　　者：王红艳
责任编辑：刘姝君
版式设计：李连波
封面设计：吕冠超
出版发行：吉林文史出版社
电　　话：0431-81629352
地　　址：长春市福祉大路 5788 号
邮　　编：130117
网　　址：www.jlws.com.cn
印　　刷：吉林省吉盛印业有限公司
开　　本：787mm×1092mm　1/16
印　　张：12.5
字　　数：260 千字
版　　次：2024 年 1 月第 1 版
印　　次：2024 年 1 月第 1 次
书　　号：ISBN 978-7-5472-9356-0
定　　价：60.00 元

PREFACE 前 言

近年来，我国经济发展迅速，旅游业也取得了显著的成绩，但仍然存在许多问题需要进一步解决和完善，特别是近三年全球疫情，旅游业的发展受到了巨大的冲击与挑战，更是迫切需要寻找适当的发展路径。中国的旅游业发展在世界上发挥着越来越重要的作用，旅游业作为第三产业的支柱产业，为推动中国经济增长发挥着积极作用，但目前我国旅游产业发展状况还存在问题，这将不利于旅游产业的进一步发展，更不利于经济的发展繁荣，同时，也为旅游业转型升级带来了新的挑战。

中国旅游业在改革开放前以外事接待为使命，改革开放后依次实现了从外事接待向经济建设的任务转变、从事业管理向市场经济的职能转变、从产品旅游向旅游产业的理念转变以及从经济产业向民生服务的主题转变。基本经验在于立足国情、体察民情，坚持改革开放政策，正确处理政府和市场关系等。

云南作为一个旅游大省受益颇丰，但与此同时也出现了很多问题亟待解决。其中有很多问题不仅仅是地区性的，而且是广域性的，在很多省份都有类似问题，因此，对云南旅游业的研究对其他地区的发展具有一定的借鉴意义。本书对云南省旅游业的发展现状进行研究，以其问题为出发点，利用经济管理的相关知识，进行剖析并提出一些改进建议。

为了提升本书的学术性与严谨性，在撰写过程中，笔者参阅了大量的文献资料，引用了诸多专家学者的研究成果，因篇幅有限，不能一一列举，在此一并表示最诚挚的感谢。由于时间仓促，加之笔者水平有限，在撰写过程中难免出现不足的地方，希望各位读者不吝赐教，提出宝贵意见，以便笔者在今后的学习中加以改进。

CONTENTS 目 录

第一章　旅游业概况

第一节　旅游业的产生与发展

旅游是一项人类活动，它的历史可以追溯到公元前 8 世纪，而在我们国家，它的起源还要更久远。然而，早期的旅行常常与商业、探险、宗教等活动相关，而旅行只局限于少数人，旅游的内容和形式也较为单一。如今，旅游已经成为人们生活的一个重要部分，其内涵也越来越丰富，从徒步、骑马、划船到乘坐汽车、火车、轮船、飞机，甚至还有人乘坐航天器进行空间旅行。可以说，随着时代的发展，人们的生活水平越来越高，各种现代化的旅游方式也在飞速发展。

随着社会的发展，旅游业在经济活动中的作用日益突出。中国已是全球旅游输入和输出的大国。旅游是不同地域人们之间交往，是人和自然之间的交往，是不同文化观念、民族习俗之间的互相传播和互相影响的互动过程。因此，旅游不仅仅是一项经济活动，其内涵也十分丰富，对我国建设社会主义和谐社会具有很大的影响。

一、旅游经济活动

（一）旅游活动和旅游经济活动

旅游作为人们消遣游乐的一种生活方式很早就出现了。旅游活动的出现和发展与社会经济条件有着密切的联系。旅游活动和商品经济发展到一定程度时就产生了旅游业的经济效益。

旅游业以旅游资源为国内外游客提供旅游服务，包括开发旅游资源，旅游中心开设的宾馆、商店、餐厅，为旅游者组织的交通运输服务、旅游娱乐场所、旅游景点和旅游纪念品的生产、销售及其他服务。旅游活动所带来的旅游服务的供应，在一定程度上会对客源和东道主经济产生直接或间接的影响，因而具有一定的经济特性。

（二）旅游经济活动构成要素

旅游中的食、宿、行、游、购、娱等需求，是通过商品交换从社会各方面获得的。旅游经济活动就是在旅游活动过程中通过商品交换而展开的。就其本质来说，旅游经济活动是通过商品交换所形成的旅游者与旅游经营者之间关系的总和。在这些关系中，旅游者通过市场的商品交换来获取旅游活动中的饮食、住宿、出行、游玩、购物、娱乐等，旅游运营商通过为游客提供商品和服务来获取收益。因此，旅游活动中的供求关系通过市场机制，即供求机制、竞争机制和价格机制等发挥经济效益。

旅游的经济活动主要包括吃、住、行、游、购、娱六个方面，但从一定程度上说，还包括了体、疗、学、悟。运动和休养是两个很重要的因素，而学习和领悟也是很重要的因素。这十大因素可以分为：基本因素，包括吃、住、行；休闲活动，包括旅游、购物、娱乐；健康元素，包括健身、运动；精神方面，包括学习和领悟。

（三）旅游经济活动的过程

旅游经济活动是在商品交换的条件下形成的，并随着商品交换的发展而发展，它是通过商品交换关系所形成的旅游者与旅游经营者之间的一种社会经济关系。因此，旅游经济活动的实现是在整个社会经济活动中进行的，受到整个社会经济的影响和制约。旅游经济活动的实现过程就是旅游者与旅游经营者在商品交换中形成的旅游需求与旅游供给之间的矛盾运动过程。实现旅游需求与旅游供给平衡有着诸多社会条件及影响因素。社会经济状态为旅游经济活动提供环境和条件，旅游经营者提供旅游产品、服务以及价值和价格体系，旅游者的支付能力、旅游心理以及可支配的闲暇时间等都是解决旅游经济活动过程中旅游需求与供给的平衡的重要条件和因素。

在市场条件下，旅游需求与供给的平衡是通过市场调节来实现的。旅游经营者和旅游主管部门在市场调节中发挥主导作用，表现为分析市场状况、了解市场需求，有针对性地提供旅游产品和旅游服务，以满足旅游者的需求。旅游主管部门要通过宏观调控，制定价格、税收、信贷等相关政策、法规，来促进旅游需求与旅游供给的相对平衡，从而让旅游经济活动在旅游需求与旅游供给中顺利实现。

（四）旅游经济活动的发展

旅游经济活动是在商品交换的条件下开展的一种社会经济活动，同时也是整个社会经济活动中一个有机的组成部分。因此，随着商品经济的发展和社会经济活动的发展，旅游经济活动也必然随之发展。

1. 旅游经济活动在社会经济活动总量中所占比例不断提高

随着社会经济的发展，旅游经济活动所涉及的部门及行业不断增多，在整个社会经济活动中的地位日益重要。现代旅游业涉及邮电通信、交通运输、建筑、商业、农业、金融、保险等行业，已经成为关联性很强的产业，旅游业的发展必须与其相关联的产业同步发展。

2. 旅游经济活动的地域范围越来越广

随着科学技术的发展，人们征服自然的能力不断增强，人们能抵达的领域也越来越多。昨日不能抵达的领域，今天已能抵达；今天不能抵达的，明天也可能抵达。从整个世界来看，人们可以进行洲际旅游，甚至太空旅游。旅游经济活动已经成为一种世界性的经济活动。

3. 参加旅游经济活动的人数越来越多

如今，越来越多的人参加到旅游活动中来。同时，旅游者平均参加的旅游活动次数也在不断增加，旅游活动越来越成为社会上更多人的一种消费行为，旅游经济活动在人们经济生活中的地位也越来越重要。

（五）旅游经济活动的条件

旅游经济活动的发展水平、旅游资源价值、旅游行业服务水平以及旅游者可支配的收入和闲暇时间等都是分不开的，这些因素都是旅游经济活动顺利进行的必要条件。

1. 经济社会发展水平

一个国家或地区的经济社会发展水平包括工业、农业、交通运输业以及商业、金融业和服务业等相关第三产业所达到的水平，同时还涵盖该国家或地区的文化、教育、卫生、公共管理等已达到的水平。一个国家或地区，只有经济社会有了一定的发展，其公民才有外出旅游的需求，也才具有能力接待其他国家或地区的旅游者。世界上有许多国家和地区，由于其经济社会发展水平较高，既是旅游生产地，又是旅游目的地。所以说，经济社会发展水平是一个国家或地区旅游活动的基础。

2. 旅游资源价值

旅游资源是旅游者旅游活动的客体，是一个国家或地区发展旅游业凭借。一个国家或地区旅游经济活动的规模大小、旅游业的发展水平，取决于旅游资源的多少和旅游资源具有什么样的欣赏价值。游客到国外旅游，最根本的目标就是从旅游中得到精神和文化上的愉悦。旅游资源是指为游客提供游览、观赏、度假、疗养、休闲、探险服务的对象，使旅游者获得充分的精神与物质享受，从而获取审美价值。旅游资源潜在的价值越大，吸引力也就越大。所以说，旅游资源价值状况如何是旅游经济活动的重要条件之一。

3. 旅游服务水平

旅游服务是旅游经营者提供的一种无形的旅游产品，在整个旅游活动中占据主要地位。旅游服务水平包含旅游服务的项目数量和质量，二者构成了总体旅游服务水平。旅游服务的项目数量是旅游经营者所能提供的旅游者所需要的吃、住、行、游、购、娱等方面的需求。旅游服务质量是指旅游经营者所提供的各种服务的好坏。旅游服务的好与坏的衡量标准是指在一定的等级、规格前提下，其服务的内容和水平是否达到了应该达到的规格和要求，是否能满足旅游者的需要。

旅游服务水平和旅游经济活动密切相关。旅游服务水平越高，旅游经济活动就越顺利，规模也会越大；反之，旅游服务水平越低，旅游经济活动就越困难，规模也会受到限制。

4. 旅游者的可支配收入

旅游者进行旅游经济活动，其本身也要具备一定的条件。旅游者的可支配收入是其进行旅游活动的基础，并决定着旅游活动中旅游者的支付水平。所谓"可支配收入"是指家庭在缴纳了个人所得税和社会支出后，剩余的所有现金（不含贷款）。总体上讲，人均可支配收入与生活水准呈正相关，也就是说，人们的人均可支配收入越高，生活水准越高。随着生活水准的提高，人们可以有更多休闲和旅游的机会。随着衣、食、住、行的不断改善，人们的消费重心也逐步转向了旅游休闲，这使得其本来是一种"奢侈品"，现在却成了许多人释放个性、丰富自我价值的"必需品"。

5. 旅游者的可支配时间

旅游者进行旅游活动时，必须投入一定量的闲暇时间。人们的时间按使用目的可分为工作时间、生活时间、社会交往时间和闲暇时间。闲暇时间就是全部时间扣除前面三部分时间后的余额。有了闲暇时间，旅游活动就成为可能。闲暇时间会随着社会劳动生产率的提高而增加。能使闲暇时间增加的关键是提高劳动生产率、减少工作时间。工作时间越少，闲暇时间就越多，进行旅游活动所需的时间就能得到保障。

二、科学技术与旅游业的发展

旅游业是伴随着经济、科技、人民的生活水平的不断提高而发展起来的。在进入知识经济的今天，科技已经渗透到了旅游的各个领域。"科学技术是第一生产力"，历史发展表明，任何一个社会生产的飞跃，都离不开新的科技发明。

（一）产业革命时期

工业革命以机械的发明和应用为主要特点，带来了生产方式和社会关系的根本变革，同时也为旅游业的出现创造了条件。工业革命不仅促进了生产力的提升，也催生了大量的商品。工业革命以后，各个资本主义国家都在持续地出口货物。财富的增长推动了人口的快速增长，同时也使城市化速度加快，从而推动了城乡居民的流动，带动了旅游产业的发展。

（二）蒸汽机时代

在短途旅游市场日趋成熟的今天，一些创业者开始以特殊的门票形式为大众提供短期旅游服务，促进了旅游业的发展。短期旅客通常搭乘固定的旅客火车，同时铁路公司也会为旅客提供特别的服务。

19世纪早期，随着铁路的发展，蒸汽也被用于推动新一代的船舶发展。1807年，罗伯特·高尔顿制造了一条 45 米长的蒸汽轮船，也就是"克莱蒙号"，这是世界上最早投入使用的蒸汽轮船，也被称为"汽船"。其快速、高载客量的特点为旅游节省了时间。

（三）内燃机时代

1859 年，法国工程师勒努瓦制造了第一台内燃机。这是一台煤气机，效率很低。1876 年，德国工程师奥托制成了按四冲程原理工作的煤气机，称为"奥托循环机"，这是内燃机划时代的进步。这是继蒸汽机之后，在动力工程领域又一项伟大的成就。同蒸汽机相比，内燃机具有液体燃烧、结构紧凑、体积轻巧、热效力高等特点。之后，内燃机被广泛应用到汽车产业。到第一次世界大战爆发，英国已有 13 万辆私人汽车，美国已有 200 万辆。摩托化的发展进程改变了旅游的实质。多数人放弃了铁路，开始使用便捷的汽车旅行，汽车旅馆、摩托旅馆也因此应运而生。

（四）喷气机时代

早期的飞机以 400 千米/小时的速度为主。而真正的航空旅行时代的来临，也离不开波音 707 的出现。20 世纪 50 年代末期，世界上首代喷气式飞机是美国的波音 707 型飞机。1958 年，波音 707 型客机以平均时速 800 至 1000 千米的速度投入服务。这就意味着，在相同的时间内，航空旅客能抵达更多、更远的地方。美国航空公司于 1959 年 1 月 25 日乘美国第一架客机从洛杉矶飞往纽约。

泛美国际公司在 20 世纪 70 年代初期就已经开始采用新型 747 飞机，从纽约运送 352 名旅客前往伦敦。在喷气机问世之后，大量的旧飞机进入了市场。因此，许多小型公司都以低廉的价格买下了这种飞机，以便开展包机旅游。

（五）信息时代

旅游信息的产生是多源的、海量的。在互联网时代，旅游信息在海量生成的同时，传播的速度更快，范围和平台更加广阔，特别是由用户产生的信息来源，更加新鲜，也更为实际和有用。旅游信息的发展让数据变为资源、变为可以赚钱的卖点。这样的旅游资源是最具有挖掘价值的。深度挖掘旅游信息、延长和不断上传产品信息是旅游业信息化发展的基础。

信息技术已广泛地运用于旅游的各个方面，其应用程度已成为旅游产业的一个重要指标。信息革命带来了前所未有的冲击，推动了旅游业的快速发展和结构调整，使旅游业的产业结构发生了变化，为旅游业带来了新的发展机会。

（六）计算机时代

电子计算机的问世也给现代旅游带来了巨大的冲击。20 世纪 60 年代，全球掀起了一股新的科技革命，它深刻地影响了各个领域，同时也推动了世界旅游业的蓬勃发展。目前，全球各大酒店集团均拥有自己的电脑客房预订系统、客户账目结算系统、客房管理系统、视频服务系统等。

随着科技的不断发展，人类将开启太空旅行的新一页。要发展旅游业，就必须依靠科技进步，因为科技才是推动旅游发展的根本。

第二节　旅游业的内容、构成及特征

一、旅游业的内涵

旅游业是一种以旅游资源为基础、以旅游设施为条件、实现经济效益和社会效益的产业。在我国的众多行业中，电子商务是一项综合性的服务产业。旅游业是一种以旅游为主要内容的第三产业，它为游客提供了一种"吃、住、行、游、购、娱"的一体化服务。

（一）旅游业的组成

旅游业是由多个行业组成的，具体可以划分为休闲、接待、营销、交通、建筑、生产、商业和房地产等。

（二）广义的旅游和狭义的旅游

"旅游业"的广义包括农业、工业、交通运输业、邮电通信、金融保险业等在内的一切与旅游有关的产业。狭义上的"旅游业"是指与旅游者有紧密联系，并为旅游者提供旅游产品的直接服务。

在我国国民经济中，为游客提供的服务种类繁多，但其所能满足游客需求的种类和规模也不尽相同。根据其所涉及的行业不同，可分为广义和狭义两大旅游业。

（三）综合产业

旅游业是一种综合产业，它包括与之直接或间接相关的产业，也就是所谓的"大产业"，它是一个由许多产业链条构成的工业集团。从产业供给角度，旅游产业应当是以旅游经济活动的六大要素：食（餐饮）、住（宾馆业）、行（旅游交通业）、游（旅游产业）、购（旅游商品业）、娱（旅游娱乐业）为核心，以旅行社业为产业龙头，由一系列行业部门组成的社会、经济、文化、环境的整合产业，是一个开放的复杂系统。它主要是通过劳动服务的方式，为社会提供某种无形的效用，也就是特定的利用价值，以满足游客的旅游需求。它的产业具有非生产性，因此也被称为"无烟工业"。

二、旅游业的结构

(一) 旅游行业结构

旅游行业结构是指在旅游经济活动过程中向旅游者提供产品和服务的所有行业和地域之间形成的相互联系、相互制约的比例关系，这种比例关系是随着旅游者在旅游经济活动中的各种需要而逐步形成起来的。根据旅游者的需要，旅游经营者从经营的目的出发从事生产该方面的特定产品，并逐渐形成一个行业。

1. 旅行社业

旅行社一头联系着游客资源，一头联系着景区、景点资源，并通过对资源的整合、组织起到中介作用。旅行社业是旅游业中的龙头行业，就其功能来说，它不仅制作旅游产品（旅游线路），还向旅游者销售旅游产品。旅游者在购买旅游产品后，旅行社还负责按照预定的时间接待，它包含吃、住、行、游、购、娱等内容。因此，旅行社在接待和组织旅游者的活动中，必须与其他行业发生联系。

2. 饭店旅游业

酒店作为旅游业的三大支柱，在旅游综合接待能力中起着举足轻重的作用。旅行社通过饭店向旅游者提供食宿服务。旅游者在异地旅游时，需要一定的设施和服务以解决食宿等问题，饭店就是满足这些需求的场所，是人们进行社交活动的重要场所，同时还是文化、科学、技术交流和社会交往的主要场所。许多重要的会议、仪式、讲座、新闻发布会、企业的产品促销会等大都在饭店举行。

3. 交通运输业

旅行社和旅游饭店的经营活动，必须有交通运输配合。旅游者开展旅游活动，首先需要交通工具，否则游览活动就不可能进行。旅游交通是为旅游者旅游以及旅游者在旅游区内移动提供的运输服务。因此，交通运输是旅游业发展的物质基础和先决条件之一。现代旅游就是在现代交通运输迅速发展的基础上形成的。

4. 旅游景点及其管理企业

旅游景点是旅游资源开发和利用的集中地。不是所有旅游资源都能发挥现实作用而作为旅游景观向旅游者出售的。因此，旅游景点的数量、价值品位、环境氛围、对旅游者的吸引力和接待能力的大小，以及景点管理部门的管理能力和服务质量等都对旅游业有很大影响。旅游行业的结构是不断变化和发展的。旅游者的规模、活动方式和内容以及支付能力等都在不断发生变化，另外，社会经济也在不断发展变化，整个国民经济的产业结构也在不断变化。旅游行业结构既体现着旅游生产力的内容，又体现着旅游经济关系的内容。

（二）旅游产品结构

与旅游直接和间接相关的行业，向旅游者提供的产品和服务也是多种多样的，不同的旅游者，其需求程度也不同，旅游产品因此会因地域、季节的不同而呈现出差异。

1. 旅游产品结构的合理化

旅游产品应是一种综合产品，不能一味地发展观光产品，最好是观光、度假、特种旅游，并将人文、自然、社会三者有机地结合起来。实现区域内旅游接待要素的分享，使旅游产品结构合理化。

2. 优化旅游产品的布局

旅游产品结构的优化就是要使旅游产品"特"，重新洗牌和整合现有的社会、自然、人文、景观要素。避开雷同化的市场，走出一条新路，在精心设计、用准、用足、用好、用巧一切资源要素的过程中，有意识地形成个性化的旅游产品。在产品结构上，要根据顾客的不同需要，以及不同层次顾客的购买力和消费习惯来进行优化。

3. 转变旅游产品的构成

旅游观光、度假旅游、探亲访友等一大批旅游产品已经形成了一定的规模，可以满足广大游客的需求。该类型的产品已进入成熟阶段，销售规模大、质量稳定。当代游客特别是二次游客数量的增加，说明了大众旅游消费已经不能满足大众的需求，而越来越追求个性化、趣味性和对身体健康的个性化消费。旅游产品种类繁多，如会务、商务、体育、教育、探险等，以满足不同年龄、收入和文化结构的旅游消费者需求。

（三）旅游业的组织架构

旅游组织结构是指在旅游经济活动中，各个行业、各个部门之间的比例关系以及它们之间的相互影响。旅游产业是旅游产业结构中最基础的组成部分，包括旅游交通、旅游观光、住宿、餐饮、购物、旅游、娱乐等行业，这些行业按照层次递进的关系构成旅游产品，形成旅游产业链，满足旅游者在旅游活动中的吃、住、行、游、购、娱等各种基本旅游需求。旅游组织结构总体上是指旅游企业组织机构、企业规模结构等。

1. 旅游业的组织机构

旅游企业是由公民组成的。在一个国家或地区，旅游行业协会是政府和企业间的一个中介机构，如中国旅游协会、中国饭店协会、中国旅游协会等。在国家旅游局的领导下，上述机构开展了相应的工作。每个地方都有各自的旅游业团体。

2. 旅游业的规模结构

旅游企业的规模结构问题和其他产业类似。旅游企业的规模结构是指同一类型的旅游企业大、中、小型之间的比例关系。由于供需的差异，不同的旅游公司在投入的数量和运营状况上存在着差异。因此，旅游企业与中小旅游企业的共存是旅游供需关系的客观必然性。旅游企业的规模结构是旅游产业结构中的一个关键问题，而要实现旅游产业的良性发展，必须有一定的规模和结构。

3. 旅行社的内部机构

旅游企业要适应经营与管理的需要，就必须建立起相应的组织架构。公司的组织架构千差万别，其具有不同的性质、不同的类型、不同的规模、不同的经营方式、不同的旅游公司、不同的内部组织、不同的组织形式。在市场经济条件下，旅行社应加强对市场营销机构的建设，充分发挥其作用，增加游客数量，提高经济效益。旅游企业的组织架构对提升经营管理水平、满足游客的需要、提升旅游公司的经济效益具有非常重要的意义。

（四）旅游地域结构

合理布局地域旅游结构，可以体现旅游活动的丰富多样性，有利于各旅游区和各旅游企业之间的互补，广泛吸引旅游者，同时有利于各旅游地域之间、各旅游企业之间互相联系、互相促进、互相发展。旅游地域结构的合理布局不仅对充分发挥各地旅游资源优势、促进旅游经济的协调发展具有十分重要的意义，而且对制定合理的区域旅游经济发展战略和旅游产业地区政策也具有重要的意义。

（五）旅游企业体制结构

旅游企业体制结构是指旅游企业资产的所有权、占有权和使用权关系方面的结构。在不同国家，由于社会制度和经济体制不同，旅游企业所有制结构也就不同。即使是同一个国家，在不同时期，旅游企业所有制结构也会有所不同。我国是社会主义国家，目前处在社会主义初级阶段的市场经济体制下，市场经济及其运行机制成为我国经济发展的主要动力。我国的旅游企业所有制结构是以公有制为主体的多种经济成分并存的结构。

在旅游企业存在多种所有制的情况下，应调动各方积极因素，使不同所有制企业在市场经济的条件下，发挥各自优势，开展平等竞争，提高旅游企业的经济效益和社会效益。

三、旅游业的性质

（一）旅游业属于第三产业

依据世界上通行的划分办法，产业可划分为第一产业、第二产业和第三产业。按照我国的划分标准，第一产业是指农、林、牧、渔业，第二产业是指采矿业、制造业、电力、燃气及水的生产和供应业，第三产业是指除上述第一、第二产业以外的所有产业，其中包括交通运输业、邮电通信业、商品饮食业、金融保险业、房地产业、信息服务业、旅游业等。

第三产业的发展水平标志着一个国家或地区经济社会的发展水平。经济社会发展水平越高，第三产业所占的比例就越大。旅游业作为第三产业的一个组成部分，它的发展既离不开整个社会经济的发展水平，也离不开第三产业的发展水平。一个国家或地区的第三产业越发达，旅游业就越发达，旅游业同时也会促进第三产业的发展。

（二）旅游业是经济产业

旅游业的产生和发展与社会经济的发展相关联，是在社会经济发展到一定程度、商品货币经济有了进一步发展的条件下产生的。社会经济的发展，使人们产生了旅游的需求，出现了旅游经营者，并通过商品货币关系，形成了旅游的供给与需求关系。

旅游业有自己特定的旅游产品，与社会其他产品一样，也是社会总产品的一部分，也是通过社会的生产和再生产形成的。旅游产品的产生和形成过程，也是在整个社会的经济活动和行为中形成的。

旅游业与相关的行业经济以及区域经济有着密切的关系。它依托相关行业经济以及区域经济而发展，同时也促进和带动相关行业经济以及区域经济的发展。在有些国家和地区，旅游业甚至还成为国民经济或地区经济的支柱产业。

旅游业还可以直接和间接为社会带来经济效益。旅游业可以增加就业、回笼货币、积累资金，带动相关行业，促进地区经济发展。同时，发展入境旅游，可以增加国家外汇收入，平衡收支。

（三）作为文化产业的旅游业

旅游作为一种经济产业，同时也是一种重要的文化产业。

1. 文化特色的旅游对象

旅游者是旅游的主要消费群体。旅游能使人产生"求新、求知、求乐"的心态，促进人们对相关知识的掌握，从而丰富自己的智力。相关的数据显示，一个人的旅行偏好与他的教育水平有着密切的关系。

2. 旅游对象的文化特性

旅游对象是一种具有鲜明的文化特性的旅游资源。文化犹如一条美丽的丝带，让名山大川熠熠生辉，创造出一幅动人的艺术图景。自然资源和文化有着密切的联系。阿诗玛的传说为云南路南石林平添了一种震撼的艺术效果；黄山和长江三峡的古代神话，使大自然的美景具有历史化和人格化的特点，引发了人们的异想天开。秀丽的山水造就了历代名士、学者，丰富了山水的内涵，使名山名士相映成趣。

3. 旅游媒体的文化特色

为游客提供的各种服务和设施，除了作为旅游主体和客体之间的桥梁，更是一种可以被游客欣赏的文化产品。吃、住、行、游、购、娱各有其独特的文化特色。就"吃"而言，八大菜系流芳百世，色、香、形、精湛的烹饪技艺，堪称中国的一大瑰宝。而各地的旅游产品也是多种多样，如我国的刺绣、织造、陶瓷、文房四宝、中国画等都是以各种材质、艺术的形式，生动地体现了我国各族人民的生活、文化传统。

可见，旅游的三个因素都与特定的社会文化有着密切的联系。因此，旅游是一项具有高度文化内涵的经济活动。

四、旅游业的特征

旅游业是一定的社会经济条件的产物，也是当前人们物质文化生活的组成部分。它在世界许多国家和地区已经成为第三产业中的支柱产业，并且对整个社会的政治、经济、文化产生了深远的影响。因此，它有着自己的特点。

（一）普遍性

我国旅游业虽然起步较晚，但是近年来发展速度很快，反映在我国人民生活水平和消费水平的提高。在解决了衣、食、住、行等基本生活需要之后，人们必然寻求更多的物质生活、更高层次的精神享受，进而将消费方式转向旅游。游客持续增加、旅游路线由短线向长线发展、跨省跨地区的旅游人数越来越多、活动内容由单一向多样发展、旅游消费从低级向高级发展等都体现了当今旅游业发展的广泛程度。旅游业正出现群众性热潮，大众化、社会化的特点越来越明显。

（二）经济性

旅游者在旅游活动过程中必然要和游览地区建立某些相应的关系，首先是经济关系。在旅游活动过程中旅游者不可避免地要同满足其吃、住、行、游、购、娱等方面需求的经济部门进行直接接触而形成经济关系。除了经济关系外，还存在着更多的社会关系，如旅游者和自然资源的关系、旅游者与当地居民及旅游企业员工的关系等，这些关系的存在都是通过经济形式表现出来的。

旅游业的经济性特点无疑是很明显的。旅游产品不仅受商品生产规律支配，而且受商品交换规律约束。旅游商品交换的过程是：旅游经营者为旅客提供劳务，出售游览观光等产品，游客通过消费和购物等形式，向旅游经营者交付服务费。支配二者之间交换的是商品等价规律，是完全的市场经济行为。

（三）综合性

旅游业是一项高度综合性的产业，它涉及几十个行业和部门。因此，发展现代旅游实质上是一项综合性的社会系统工程。要实现一定社会经济条件下的旅游业，必须协调好与它相关联的各部门、各行业的发展规模、比例、速度，使之能够互相配合、互相促进。旅游业带动其他行业，其他行业又为旅游业提供条件。旅游业为其他各部门的发展提供了资金，直接和间接地又推动了那些部门和行业的发展。

（四）多样性

旅游业的多样性主要表现在复杂繁多的旅游项目上，这些多种多样、五花八门的旅游项目是由游人的旅游动机决定的，而旅游动机又包括了多种多样的因素。根据部分旅客抽样调查，旅游动机包括社会方面（如探亲访友、旧地重游、寻根溯源、了解异国社会制度和生活方式等）、文化方面（如考察异国异地的风土人情、文化历史，观赏风景名胜，搜集资料，进行文化和艺术交流）、身心方面（如避暑避寒、健康疗养、体育活动等）、经济方面（如洽谈贸易、购买物品、签订投资合同等）、科学方面（如考察、科研、专项课题调研）等，涉及的面很广。

总之，随着社会经济的发展，人们都想改变一下司空见惯的环境和生活方式。不同的社会制度下不同职业、不同年龄的人，旅游动机也不一样。认识旅游产业的多样性可帮助我们从不同角度研究、设计旅游项目和活动。我们要根据旅游者的心理、动机及年龄、职业、经历、爱好、性别，有的放矢地设计旅游活动方案和计划，扬长避短，发挥优势，开创多种多样的、富有特色的旅游项目。

（五）地域性

旅游业的地域性主要表现在旅游资源分布的地区差异、旅游者地域分布的差异、旅游业地区分布的不平衡性三个方面。旅游资源的地域分布具有明显的特点。它是在自然地理环境各要素长期作用下形成的地域景观的差异。此外，旅游资源的地域差异是形成旅游业不平衡发展的重要因素，旅游客源市场、劳动力素质、旅游地的基础设施、旅游区域的经济发展水平等都会造成旅游资源的区域差异。

（六）时段性

地域特征是旅游地域分布的不同，而时段性又是时间分配的不均衡。由于受到自然、社会、突发事件等多种因素的制约，旅游行业具有显著的阶段性特点，从而对区域旅游的有序发展、区域经济的可持续发展产生一定的不利影响。旅游业的时段性是由旅游地所处的地理位置和地理环境决定的。旅游地理位置及地理环境的影响，使旅游业产生了旺季与淡季之分。

打好季节牌，能使季节资源得到最大限度的开发。该季资源优势非常明显时，要以节日、庆典等方式吸引游客的注意力，让游客闻风而动；如果当季资源优势不明显，则要千方百计地挖掘潜在资源，推出各种各样的卖点，人为制造"黄金周"。当季资源，各个旅游景区都有，只要运作得好，也能赚个盆满钵满。大部分景区的客流量都受季节影响，避暑胜地炎夏一过即进入淡季，以冰雪为旅游卖点的地区只有冬天才会烧起一把火，其他季节则相对冷清。即使是四季皆宜的景区，游客也会不约而同地选择景观效果最佳的季节出行，这样就必然出现旺季和淡季。要想实现淡季不淡，必须打好反季节牌。

（七）开放性

现代旅游业可以说是一种天然的开放性产业。旅游者进行旅游活动时不受地域限制，其范围越来越广。旅游业的发展会推动经济、文化等进一步开放。旅游者的流动，不仅将本地的文化带到异地，同时也将异地的文化带回本地。旅游是促进社会开放和文化交流的一种最直接、最经常的形式。

旅游业促成经济、文化的开放，首先是人们意识的开放。一个国家或地区，如果人们对外界事物有着浓厚的兴趣，并善于观察、研究更为先进的东西，而不是故步自封、妄自尊大，那么，这个国家或地区的经济社会发展就大有希望和前途。人们思想上的开放就会导致经济、文化上的开放，促进旅游业的发展。旅游业的发展，反过来会使人的思想更加开放。由此可见，旅游行业是一种开放性行业。

（八）国际性

现代旅游是一种世界性的行业，旅游业的经济效益本身是没有地域界线的。旅游业对各国各地区之间的政治、经济和文化交流都起着十分重要的作用。

人们通常把国际间的旅游称为"民间外交"，旅游经济活动可以使不同国家之间建立各种经济往来和相关业务联系，不仅会彼此影响各国的经济生活的运行和发展，而且会对各国之间的货币汇率、国际收支等方面产生影响。跨国界的旅游，可以促进国家与国家之间的政治、经济、文化的发展。目前，国际旅游业已经成为世界经济体系中的重要组成部分，世界旅游业的快慢兴衰都会对世界经济产生一定的影响。

（九）竞争性

国际旅游是服务贸易的重要部门，国际旅游收入占世界货物与服务出口收入的8.1%，大大超过了汽车、化工、食品及石油等产品的出口收入。今后旅游业的竞争将不仅表现为企业之间的竞争，更重要的是国家与国家的竞争。随着区域经济一体化进程的加快，旅游业的竞争还表现为区域之间的竞争。如欧盟国家和东盟国家都组织过多种多样的多国联合促销活动，多个国家的联合开发与促销更是日趋多样化。东北亚地区围绕图们江流域中、朝、俄、韩、日、蒙等国家的联合，以及我国南部的港、澳、粤的合作，都是很好的例证。

这种联盟还体现在旅游相关行业之间的联合与合作。其中有同行业之间的合作，例如航空公司之间的合作、铁路公司的合作、饭店集团之间的合作等多种形式，而不同行业之间的合作则更多，如交通与住宿业的合作、旅游与商业的合作、旅游与金融业的合作、航空与博彩的合作等。这些合作从整体上看有利于旅游业的发展，有利于各个行业的共同发展，有利于整个地区的经济发展，但在某种意义上，旅游跨行业跨地区的合作更加加剧了旅游业的竞争性。

第三节　旅游业的地位与作用

旅游业从本质上讲是一种经济活动，特别是从旅游所带来的商业机会、经济影响以及与此有关的投资、管理等方面着眼，它在调整社会经济结构、推动市场发育完善以及增加就业、稳定社会等方面都有突出作用，是人们寻求经济结构调整中新的增长点，是发展第三产业的支撑和龙头，在国民经济中有着十分重要的作用。

一、国民经济新的增长点

旅游业的生存和发展需要各个产业的扶持，而旅游业的发展将会使各个产业的业务得到扩展，从而促进相关产业的发展。许多国家在发展旅游的时候，都会受到政府的支持，不仅在国内投入巨大，而且在吸引和利用外资上，旅游业也是世界上最早、最有资本的产业。旅游业在新一轮经济发展中起着举足轻重的作用。

（一）促进相关产业的发展

旅游是我国第三产业的重要支柱产业，它既能促进工业结构的调整，又能促进第三产业的快速发展。旅游是一种综合性的消费行为，它促进了主要副食品、风味食品、果品和饮料的需求，从而促进了农业副食品的发展；旅游购物使得旅游纪念品、土特产、旅游产品的需求量不断增长，推动了手工艺、美术、商业等方面的发展。

（二）经济结构的改进

旅游开发是以某种物质材料的生产和发展为前提，并对经济发展起到了积极的推动作用。这是由于旅游开发能够促进游客的消费，使新的消费市场得以形成和扩展。为了满足旅游需求的增长，必须加大产品的产量，扩大服务。旅游消费是一种新型生产方式，它为其他部门、行业开辟了新的生产方式。同时，旅游的发展也将促进各类经济信息的交换，为新兴产业的出现创造了条件。而国内旅游对我国经济结构的调整与改进起到了重要的推动作用。

（三）扩大外汇收入，实现收支平衡

一个国家要想拓展与其他国家之间的经贸关系，就需要增加其外汇收入。而外汇收入的增加，首先是外贸的外汇交易；其次是非贸易的外汇交易。在国际贸易竞争日益激烈、关税壁垒日益严重的今天，旅游作为一种非贸易外汇收入的重要渠道，其作用尤为显著。旅游作为一种开放的国际性行业，其发展既可以吸引国际上的闲散资本，也可以促进国际市场的竞争，促进国际间的贸易往来，同时也可以吸引大批的外国游客，从而提高外汇收入，所以，人们往往将旅游业的创汇称作"无形出口"。尤其是旅游业具有较强的创汇能力和较低的换汇成本，以及不受国家税收制度的制约，已经成为各国外汇交易的主要工具。

（四）资本的回收

另外一个主要的收入来源是国内的旅游业。国内旅游收入对我国货币回笼和资本积累具有积极意义。如何引导消费，更好地回笼资金，旅游是一条新的途径。尤其是在人们收入增加和生活水平提高的情况下，人们的消费结构必然有所改进，因此，可支配收入将会增加。鼓励民众多花钱，可以使国家和社会获得更大的收益，也能为国家的发展提供更多的资本。

所以，要发展旅游经济，刺激消费者购买旅游商品，推动各类旅游活动，既能增加游客的消费，又能加快货币回笼，还能降低因持有货币而带来的市场压力与风险，从而推动市场的稳定与繁荣。

二、促进社会稳定发展

（一）就业增长

旅游推动了很多产业的发展，并为全社会提供了更多的工作。旅游是一项能够为社会创造巨大就业岗位的综合服务业。由于旅游业是一个具有多种服务要素的行业，而且很多服务项目都无法以现代技术替代人工，因此，与其他行业相比，旅游业需要更多的工作岗位。它不仅可以为社会提供直接的工作岗位，也可以间接地为整个社会创造工作。按照国际惯例，旅游行业的直接和间接的就业人数比例是 1：5。每多一个房间，就能创造 0.75 个工作岗位，间接地为相关产业提供 2.5 个工作岗位。旅游不仅可以促进自身的发展，也可以促进相关行业的发展，进而促进相关行业的就业。

（二）促进贫困地区的发展

贫困问题是人类所面对的一个重大问题，各国都非常重视，并提出了相应的对策和措施。在现实条件下，许多地区是欠发达的，但它又是一个旅游资源丰富的区域。开发欠发达地区的旅游资源、发展旅游产业，既可以充分利用地区的优势，开发出具有鲜明特色和高质量的旅游产品，又可以促进欠发达地区和周边地区的居民致富，加快这些地区的开发，促进社会经济的发展。

（三）扩大对外开放，增进友好往来

旅游素有"民间外交"的美称。这种民间外交比起正式外交，具有手续简便、出入方便的优点，对于国与国之间增进了解、消除误解、推动和维护世界和平，有着明显的作用。另外，国际旅游活动也在一定程度上体现了世界局势和国际关系。

旅游同时是各国人民友好往来的主要形式，旅游增进了人们的了解和友谊。旅游是不同国家、不同民族、不同信仰、不同生活方式的人的直接交流。游客可以用不同的方式与不同民族、阶级的人们进行交流，使他们对不同政治、经济、社会制度，不同民族的文化、风俗习惯有更多了解。同时，旅游也是一种重要的对外宣传方式。

（四）推动精神文明建设

发展旅游是满足人们物质和精神需求的必要手段。特别是发展国内旅游，可以极大地调动人们的爱国主义热情、促进人们的身体健康、提高人们的生活质量。游客在祖国壮丽的山水、风景名胜中，可以开阔眼界、陶冶情操、扩大信息交流、增强身心健康。在青少年中进行爱国主义教育，国内旅游对大学生的影响尤为显著。发展旅游业也能推动人们的思想观念更新，进而提高人们的生活质量。

三、促进科技文化繁荣

（一）促进科技交流与发展

历史发展证明，科技进步是旅游产生与发展的先决条件；而旅游又是科技传播和交流的主要途径，科学研究也是人们旅行的主要动力。很多主观上是以其他目的进行的旅游活动，在客观上也是知识和技术的传播与交流。旅游发展对科技的要求越来越高，特别是交通、通信、旅游设施、设备等要求越来越快、越来越方便、越来越舒适、越来越安全，这也促进了相关领域的科技进步。

科学技术是解决旅游资源和环境问题，防止旅游和资源环境遭到破坏的基本方法。尽管可以通过提高人们的环境保护意识来减轻人们对旅游资源的人为损害，但是，要想减轻自然环境的不可抗拒因素，就只能靠科学技术了。以文物保护为重点，从文物保护、壁画保护、出土金属文物保护、古代丝绸保护技术等几个方面进行分析；环境监测技术、植被生态修复技术、污染水体生态修复技术、固体废物综合利用技术是环境保护的迫切需要。

此外，随着科学技术的飞速发展，旅游产业也面临着新的挑战。科技的进步对人们的思想观念、旅游条件、旅游需求、旅游研究等产生了巨大的影响。其实，旅游和技术的紧密结合，已经成为今后旅游发展的一个主要方向。其中，以电子商务为代表的技术将会为新旅游产业带来新的技术，而软体技术的发展，除了提供三维模拟、远程互动娱乐、旅游选择等"室内"旅游方式之外，还会对旅游市场和旅游经营有很大的影响；随着环境科技的发展，旅游景观、旅游资源、休闲空间不断扩大；制造业、医药、航天等技术在提升旅游服务、打破旅游壁垒、开拓旅游新领域方面发挥着重要作用；交通技术的发展将对我国旅游产业的空间结构和宏观结构（从全球洲际结构到各地区城市之间）产生巨大影响。空间壁垒的打破，将使旅游资源或吸引力在旅游体系中扮演更重要的角色，并由此产生旅游业目的地化的倾向。

（二）促进民族文化的保护和发展

旅游是一种特定、短暂的居住形式，是指人们利用自身所拥有的各种经济工具和休闲时间来实现对新、奇、趣、知、美等目标的临时居住。在旅游发展中，旅游始终与文化、艺术的发展息息相关。旅游中的文化生活是其中一个重要的组成部分，人们在户外旅行时可以享受文化的魅力，并从中得到审美的乐趣。

民族文化是一国的重要旅游资源。由于旅游业的发展、游客数量的增加，许多原本已经被人们淡忘的地方风俗和文化活动重新被挖掘和复兴；随着市场需求的不断扩大，传统手工制品重新获得了发展；传统音乐、舞蹈、戏剧等重新得到了人们的关注；那些长久处于消亡边缘的古老建筑物重新被修复和管理，诸如此类。这些传统的文化遗产在旅游发展过程中得到了新的发展，更是一种独特的文化资源，是其他国家和地区所没有的。他们不但深受游客的喜爱，也为本地人的文化增添了一种新的自豪。

四、旅游的负面效应

旅游行业受到多种主观和客观因素的影响，具有较高的敏感度，其中一些因素难以控制、难以预测。如果上述因素出现负面影响，旅游需求将大幅下滑，对旅游业甚至是整体经济都会产生重大影响。旅游在一定程度上也会给人类的生活方式和自然环境带来负面的影响。

（一）旅游对经济的负面影响

由于外来游客的收入比较高，或是他们长期存钱，他们的消费能力要比目的地居民高，所以他们可以花高价购买食品、住宿、旅行以及旅游纪念品等实物产品。由于游客数量过多，价格必然上升。另外，旅游业的发展带动了地方产业的发展、促进了地方经济的发展，从而使得土地价格快速上涨。房价的上涨，直接关系当地居民的生活。

在很多国家和地区，旅游收入比务农收入要高，旅游业发展带来的就业机会也很多，很多农民都放弃了自己的工作，转而投身于旅游业，这就导致了旅游业的发展，对农副产品的需求量越来越大，但同时，劳动力的短缺也导致了农副业的产量降低，进而对产业结构产生了不利的影响。此外，上述农产品涨价的压力，也有可能对地方的社会、经济稳定造成一定的冲击。休闲度假旅游是现代旅游活动的重要内容，具有较强的季节性。尽管有时候可以用市场营销手段来减少这种季节性波动，但是，季节性是旅游行业的一个特征，其影响无法彻底消除。过度依靠旅游，必然导致在旅游淡季中出现大量的劳力、生产资料闲置，甚至造成严重的就业问题。

（二）旅游与价值观的关系

随着旅游的发展，人们必然把他们的生活方式带入旅游目的地。尤其是在国际旅游领域，因为游客来自世界各地，他们的价值观念、道德观念、生活习惯等都存在着差异，因此，在旅游目的地的社会中也会产生"示范效应"。一些旅游区居民由于对游客的主观体验而产生了观念和行为上的负面影响。

（三）不合理的文化商业化

传统的民俗和庆祝活动都是在特定的时间、地点，依照传统的仪式内容和形式进行的。然而，随着旅游行业的发展，许多此类活动已逐渐商业化，不再按传统的时间和地点举办。相反，为了迎接游客，这些事件可以在任何时候被搬上"舞台"。为了满足游客的观赏需求，节目内容也会被压缩，节目的速度也会显著加快。所以，尽管这些活动得以保存，但大部分都丧失了其原有的意义与价值。

另外，为了满足游客对纪念品的需求，本地手工业大量出现，市场上出现了许多低劣的产品，它们已经无法体现出传统的艺术风格和工艺。对那些只想便宜而不想要真正的买家而言，这可能并不重要。然而，当游客们错误地认为，他们所买的正是反映了当地的传统手工艺和地方特色的艺术作品，并且把这些作品带回家给亲朋好友看时，那么，这些作品就会破坏和降低本地的文化形象和价值。

（四）旅游负面影响

旅游业在发展、建设、运营中，作为污染源，与工业污染有相同之处，也是由于旅游服务设施所产生的废水、废气、废渣，以及结构布局不合理，游客的迁徙和短暂的逗留都会造成环境污染。大批游客涌入，造成交通混乱；人类破坏性行为会污染和破坏环境；游客数量过多，土壤结构发生改变；游客的短暂逗留，造成生产的负荷、消费的物质、能源的消耗；空气污染、噪声污染、视觉污染……都是由人口密集造成的。其结果是景物损耗、意境衰退，使整个景区的寿命缩短，乃至荒废。在国内某些地区，甚至有旅游景点被破坏的现象。

第二章 旅游者与旅游资源

第一节 旅游者

一、旅游者的含义

（一）旅游者的国际观念

在旅游活动中，游客是最主要的三个因素之一，没有旅游者，旅游就不可能实现。"旅游者"从字面上解释，就是游客，即从事旅游活动的人。旅游者是构成旅游的主体，旅游业的发展如何，取决于旅游者的数量和他们的时间与消费。

1937 年，国际联盟的统计专家委员会将"国际旅行者"界定为从其居所前往其他国家逗留超过 24 小时之人。游客包括以下几类：为了娱乐和健康而旅行。为了参加会议而旅行；1937 年，国际联盟的统计专家委员会把"国际旅客"界定为出境旅游 24 个小时以上之人。旅游者分为下列类别：旅游休闲、健身、开会、商务旅游。

1963 年在罗马召开的联合国旅游大会，将"观光者"这个概念界定为到不属于自己的国家观光，而不是为了赚钱，这种人就是游客。1967 年，联合国统计委员会再一次修改了 1963 年的条例，将不在一国停留的旅客视为短期旅客或白天旅客。

（二）国际游客在我国的定义

1979 年，国家统计局对"国际游客"做出以下规定：凡到我国观光、探亲、访友、休养、考察或从事贸易、商务、体育、宗教活动、会议等活动之外籍人士，皆为国际游客。此外，还明确指出，国际游客不包括受邀来我国的政府官员、驻华使馆工作人员、专家、记者、导游、留学生、国际航班、回国的华侨、海外人士等。

（三）国内游客的定义

改革开放 40 多年以来，随着国民经济的快速发展，人民的生活水平不断提高，国内旅游市场的繁荣和游客数量也在不断增加。根据国家统计局的定义，国内游客是指在全国范围内进行游览、考察、探亲、访友、休养、贸易、商务、体育、宗教、会议等活动的人员。视察工作的领导人员、驻地办事处的工作人员、到外地学习的人员、支援他地的施工人员都不是游客。

二、旅游者的类型

（一）旅游类型

要想了解游客的种类，就得懂得旅游的种类。在我国，对旅游类型的界定尚无统一的规范。根据地域划分，可以分为区域旅游、国内旅游、国际旅游、环球旅游；根据成本的来源，可以划分为自费、公费、社会和奖励；按照旅游组织方式分为团体旅游、散客旅游、自助旅游、自驾旅游；按照经济水平分为豪华旅游、标准旅游、经济旅游；按照旅游的形式分为文化旅游、观光旅游、考察旅游、会议旅游、疗养旅游、体育旅游、宗教旅游等。

（二）游客的种类

按照不同的标准，游客的种类是相互重叠的。在实践中，往往需要采用两个或更多的准则来划分游客。游客类别的划分仅仅是服务于特定研究目标的一种方式，不是简单地按地域划分，而是按照现实需求进行选择和实施。无论采用何种标准对游客进行分类，都会发现不同的游客在旅游活动中呈现出相同或不同的特征。

1. 旅游类型

观光型游客的首要目标是欣赏外国的风土人情，并与购物、娱乐、考察、公务活动相结合，是最古老、最普遍、最基本的游客类型，也是我国游客的主体。它的特色是：希望能在异域的自然风光和人文景观中，增长眼界、开阔眼界、陶冶情操，获得新、异、美、特的感受；游客在景区停留时间短、重游率低、消费低，对景区的特点、价位等问题较为敏感。

2. 休闲类型

休闲旅游可以调整人们的生活节奏，让人们从工作压力中解脱出来，因此这种旅游形式的游客越来越多。在发达国家，休闲游客是最主要的游客。它的特征是：追求娱乐、参与和享受；对旅游产品质量、旅游安全、旅游产品的定价等问题较为敏感；外出季节性强，大都选择了旅游旺季，利用带薪休假出游；在旅游目的地和出行方式上有很大的自由选择权；重游率高，旅游、逗留时间也更长。

3. 公务人员

公务旅客是指以商务合作、商务洽谈、会议、展览、科学文化交流为主要目的开展的旅游活动。其特征表现为：具有一定的社会地位，对旅游产品及服务的品质有很高的要求；以集体公共支出为主，有能力承担；由于公务缠身，对目的地和行程的选择并不多，通常以近距离、短时为主；虽然游客数量不多，但是旅游的频率比较高，不具有很强的季节性。

4. 私人服务类型

这些游客的要求更高。他们与休闲型和公务型的需求有很大区别，但同时也具有二者的一些特征。比如，在旅游期间，虽然有很多人会利用带薪休假去探亲，但是也有相当一部分人会选择在传统的节假日去探亲，而各国的传统节日也是不同的。另外，还有一些诸如婚礼、开学典礼之类的家庭和私人事情的约束。其整体特征表现为：旅游季节性不佳、对旅游定价较为敏感；没有自由选择旅行地点。

三、旅游者的动机

（一）旅游者动机的种类

旅游动机是推动一个人进行旅游活动的内部动因或动力。为了满足或实现某种需要，人们就会产生行为的动机。旅游是人类社会发展到一定阶段的产物，是人类各种需要中的一种。当人们满足了温饱之后，就自然而然地追求更高层次的享受，旅游动机就是人们在满足了最低的生理要求之后的产物。

1. 生理动机

生理动机包括休息、游憩、健身、疗养、运动等和健康有关的旅游动机。当前，广泛开展的体育旅游、温泉疗养、登山攀岩等旅游项目往往有一定的综合目的，既为身体健康，也为了解文化，但是其第一目的是健康。

2. 娱乐动机

旅游者为了改变环境、调剂生活，以寻求一种轻松愉快的享受来度过自己的闲暇时光。娱乐形式也多种多样，从欣赏自然风光、考察民间艺术到游玩娱乐场所放松心情等。

3. 文化动机

受过一定文化教育的人总希望在旅游中获取新的知识，提高自己的综合素质和水平。旅游者的文化旅游动机包括了解风土人情、欣赏文化艺术等。在不同的文化环境中，游客可以培养多样化的兴趣，获取新的知识，掌握新的技术，增长新的经验。文化动机是一种多主体的、多重的、更高层次的动机。

4. 交往动机

在当今社会，人总有交往的愿望，而旅游正是实现这种愿望的一种方式。旅游过程中要与许多部门和各种各样的人打交道，探亲访友、故地重游等也会遇见各种各样的人，甚至有时候会结伴旅行。

5. 学习动机

学习型旅游动机是指旅游者为了实现自我发展的需要、掌握更多的知识和技能、获取更多的利益而外出旅游的一种动机，如业务考察等。

（二）旅游者动机的层次

旅游动机不仅包含了最原始的心理需求动机，也包含了游客为政府和旅游行业带来的收益和增加的工作机会。无论是政府、企业还是旅游者，从旅游者的角度来看，旅游动机是保持和促进旅游者行为的内在动因和驱动力。从最低到最高的游客动机可以分为 5 个等级。

1. 使动机松弛

游客们可以从自己居住的地方短暂停留，欣赏不同的风景，体验不同的文化，从而得到身心的放松、休息。

2. 激励因素

透过时空的转换，游客可以领略来自海内外的各种知识，获得新的经验，亲身与来自不同国家的人们进行交流，领略多变的自然景观，感受异域文化，探索各种生活方式，寻找新的感受、新的刺激、新的想法。

3. 人际关系激励

游客们出去旅行，结识新朋友、建立友情、付出爱心、赢得爱情。

4. 发展的动力

通过旅行，提升自己的威望与人格魅力，做一个旅行的行家，赢得别人的尊重，发展自己的潜力。

5. 实施激励措施

通过旅游，游客可以充分地利用各种旅游资源，使人的主观能动性得到充分的发挥，丰富、改变和创造人类的心理品质，从而主宰自己的生活，达到更高的境界，实现理想与精神的价值。

四、旅游者的心理特征

随着世界经济的持续发展，人们的休闲时间逐渐增加，人们的收入也越来越高，交通、通信技术的发展使得旅行的手续越来越简化，旅行的成本也越来越低，人们的旅行动机也越来越多元化，档次越来越高，越来越文明化。游客在各个时期都有其独特的心理特点。

（一）准备

当一个人决定要去旅游，他的注意力就开始集中在这一旅游活动的相关细节中，并开始做一些准备工作。时间、天气、地点、行程、交通、价格等因素都是他考虑的内容。他要准备好所要携带的物品，了解相关信息资料，计划好时间，准备充足的款项，同时要把工作以及家庭事务交代安排好等。在这个阶段，旅游者的心理活动十分复杂，也十分活跃。

（二）初期

在旅途中，人们会因为交通工具、时间、距离和对目的地的渴望而产生各种各样的心理反应。他们也许会四处张望、喃喃自语，或是沉默，或是吵吵闹闹。在抵达目的地后，会有一种舒适、愉悦、烦躁、厌倦的情绪。

（三）中途

游览过程中旅游者大多会对眼前的情景表现出激动、兴奋，流连忘返，初到目的地的那种拘束、谨慎和压抑通过美丽的风景和热情的服务得到缓解和释放，表现出热情、友好、真诚，开始感到轻松愉快，产生平缓、悠闲、放松的心理。与此同时，在旅行的过程中，游客和导游之间的关系越来越好，对周围的环境也越来越了解，最初的防备心理也就消失了，但是现在，他们会忘记自己的行为，懒散、缺乏时间概念，缺乏团队意识。认为花钱出去旅行，旅行社就应该把所有事情都承担起来，把旅行的事情理想化，期望所有的事情都是好的，如果没有得到满足，他们就会有激烈的反应，甚至有一些过分的行为。

（四）终局

在旅游的最后阶段，即将返回的时候，旅客的情绪会有很大的波动。这时游客们也许会觉得时光飞逝，没有买什么，行李也担心会超重，于是就对还没走完的旅行充满了留恋，期望有时间去做些自己的事情，逛街，整理自己的行囊。在这个时候，旅行社要给游客足够的时间，让他们来解决自己的问题，最后开心地离开。

上述心理活动虽有普遍性，但不同的人在旅游活动各阶段的心理特征也不尽相同，加上每个人的情绪变化，使得旅游者的心理特征呈现出阶段化、复杂化、多样化。

第二节　旅游资源

一、旅游资源的含义及特点

旅游者是构成旅游活动的主体，而旅游资源则是旅游活动的客体，旅游资源是一国或一区域发展旅游业的物质基础。

（一）旅游资源的概述

任何能够引起旅游者的旅游动机，并有可能用于旅游的各种自然、人文客体或其他与之相关的要素，均可称作"旅游资源"。从客观上来说，世界上旅游业发达的地区大都有着丰富的旅游资源。凭借这些旅游资源，其旅游业才得以发展起来。但是这种客观性并不是决定旅游业兴旺与否的唯一条件，人的主观因素也起着举足轻重的作用。没有人的主观作用，丰富的旅游资源也难以发展为旅游业。相反，有的地方旅游资源非常有限，但由于各方重视，通过人为因素的努力，有限的旅游资源获得充分的发展，旅游业也能兴旺起来。

狭义的"旅游资源吸引力"仅仅指旅游资源本身的吸引力，如名山大川、文化古迹等。但对一般旅游者来说，在旅游过程中有舒适的环境是非常重要的。因此，有了旅游资源，还要有适宜的旅游环境，也就是综合的旅游环境、配套设施等。在当代的旅游中，旅游资源自身的吸引力和它周围的环境吸引力已成为一个不可分割的整体。只有两者相结合，才能构成一个游览胜地，也才能构成一个旅游景区。因此，广义的"旅游资源吸引力"是指整个旅游区所具有的吸引人们前来游览的能力。

（二）旅游资源特征

1. 多样性

其多样性表现在种类多样性、类型多样性、地域分布多样性等方面。我们在前几次讨论旅游资源的分类时，曾从多个角度列出了旅游资源的种类，包括有形的自然景观、历史、文化等，还有一些看不见摸不着、只能亲身体验的民俗、传说典故。有些是古老的，有些是近代的，有些是新的；既有肉体又有灵魂；他们既有经济，也有文化，在各个领域、各个地区都有不同的表现。

2. 时代性

旅游资源是一种特殊的文化资源，也是一种文化的产物。这是由不同国家、不同阶层人民的道德和美学理念不同所形成的。

3. 区域性

区域性是指在特定的区域内，旅游资源的分布呈现出地域的特点，并具有地方色彩和民族特征。地域性是指在不同的地区形成不同的风景。异域风情更是色彩斑斓、令人着迷。不同国家、不同民族的历史、文化、习俗是由受地域活动限制的人民在漫长的历史活动中所形成的，其地域特色与民族特色的差异也是非常明显的。

4. 综合性

旅游资源的综合性首先是指以多种因素组合而成的旅游资源。如山川风光是指高山与森林、云雾等构成的巍峨高山；山谷地貌主要由河谷、河流和林地构成；一些气象、天象景观则是由各种原因造成的，如彩虹、夕阳、佛光等，是由太阳光与大气的相互作用造成的。由于其成因具有较大的不确定性，在开发和利用中要考虑各种影响因素的交互作用。

旅游资源的综合利用也体现在旅游资源的开发上。由于单一的旅游资源对旅游者的吸引力一般很小，因此，在实际操作中，为了实现旅游资源的互补，往往要综合利用各种旅游资源。比如西湖风景区，虽以湖为主，但也有山丘、林地、古屋、古桥等一系列的资源类型。虽然不同的资源类型之间存在着差异，但是在开发过程中必须遵循相同的主题，以实现资源类型之间的协调。

5. 时令性

时令性是指纬度、地形、气候、日、月运动等因素会影响旅游资源的季节性。由于纬度的不同，地表所能获取的热量也不同。在高纬度地区，由于太阳高度低，地表吸收的阳光很少，所以这里的地形全年都会发生变化。寒冬、江河结冰、落叶凋零，以观光为主的观光产业进入淡季，而滑雪、滑冰等运动项目则进入旺季。除地形、纬度等因素之外，地形的高低、坡向等都会影响地貌的四季、纵向的变化。高山峡谷区即便是在适宜的观光季节，也会呈现出从山脚到山顶的四季变换。在秋季短暂的一段时间里，如果错过了，就再也看不到红叶了。

二、旅游资源分类

从传统的旅游资源观来看，旅游资源主要有自然景观、人文景观、民俗风情、传统饮食、文化、手工艺、城市和乡村景观资源。旅游资源可分为休闲旅游资源、生态旅游资源、滑雪旅游资源、登山旅游资源等。

根据其产生原因或其性质，可将其划分为两种类型，即自然景观与人文景观两种。自然景观指的是自然地理因素，如地貌、水体、气候、动植物等，吸引人们前往游览，并具有明显的自然属性；后者内容广泛、种类繁多，涵盖了各种历史遗迹、古今伟大建筑、民族风俗等，是人类活动的艺术成果和文化成果。

（一）自然旅游资源

自然旅游资源是指能使人们产生美感的自然环境和物象的地域组合，即由地貌、水文、气象、生物等自然地理因素构成的自然风景，吸引着人们去旅游观光。

1. 风景名胜区

任何一个区域的自然景观，其外在形态都与其所处的地形有关。民族地区的地形轮廓以山地、高原和盆地为主，多位于1000~2000米的高度。在特殊的自然条件下，形成了典型的高山地貌、山岳冰川、风沙地貌、黄土地貌和喀斯特地貌。不同的地形形成了独特的自然风光，为开展各类旅游活动奠定了良好的自然环境基础。

2. 海洋景观资源

在自然地理环境中，水是最基本的造景条件。水具有形、影、声、色、甘、奇六个方面的审美特征，最主要的是水和山、水和生物、水和气候、水和建筑物的结合和渗透，形成了许多奇妙的、雅致的风景。水景观有多种观赏形式，根据其属性大致可划分为五大类：江河旅游、湖泊旅游、瀑布旅游、泉水旅游和海洋旅游。

3. 气象资源

气象旅游资源是一种气象和气候条件，它能吸引人们的旅游行为。一般来说，除了少数以冒险为主要目的的游客，大部分游客都会选择去哈尔滨、海南岛、昆明这样的地方。

由于地理位置、地形、洋流、大气环流等，全球气候变化多样，有的地方没有冬天，有的地方没有夏天，有的地方四季如春。气象、气候可以直接造景、育景，例如，热带、高纬度的冰雪、山地云雾、海洋和沙漠的海市蜃楼等。

4. 生物旅游

生物是自然界中最具活力的元素，是整个生态系统的主体，是自然景观的重要标志。生物不但能为人类提供丰富的食品和生产资料，还能为人们提供丰富的休闲、观光的场所。在长期的适应和发展过程中，各种植物和动物在不同的环境中形成了不同的植物和动物。各种生物群落构成了地表最具特色、最生动的外在形态，也是世界上最具活力的一部分。

生物不仅可以供人观赏，还可为旅游者提供优美的、有利于健康的环境。森林具有吸收二氧化碳及含铝、汞、锌、镉等有毒气体的功能，还可吸、滞粉尘，杀灭细菌，从而净化空气，保护生态环境和人类身体健康。长期生活在城市的人们有沐浴于大自然的强烈兴趣，使当今世界森林浴旅游蓬勃兴起。让游人到森林中去，领略森林绿野、鸟语花香的自然景色是一种最好的享受。因此，保护自然环境不被污染，保护野生动、植物不使其绝种，不仅是保障人类基本生活和进行科学研究的需要，也是使旅游业得以发展的必要保证。

（二）人文旅游资源

所谓的"文化旅游资源"是指在人类历史上留下的物质和精神财富中，能够引起旅游者的兴趣，从而产生经济效益、社会效益和环境效益。人文旅游资源是指反映各个时代、各民族政治、经济、文化、社会、民俗等方面所创造的具有旅游作用的物质和要素。

1. 人文旅游资源特征分析

人文旅游资源是人的自觉活动，是人类历史和文化的结晶，具有非自然性、时代性、民族性、地域性等特征。

2. 旅游人文资源的类型

人文旅游资源是人类历史和文化的结晶，是一个民族特色的集中体现。人文旅游资源是可以由人类自觉地开发的，它可以通过建立博物馆、美术馆、游乐园、文化宫、体育中心等多种形式的文化活动，如文化节、戏剧节、电影节、音乐节、民俗节庆等，丰富旅游内容，吸引外地游客，形成具有现代气息的人文旅游资源。

人文旅游资源主要包括文化景观类（包括古代建筑、历史名城、历史遗址、名人墓葬、博物馆、现代建筑、现代纪念地和纪念品）、文化传统类（包括民族节日、民族艺术、手工艺、民俗、语言、宗教、政治、科学技术）、体育和娱乐（包括为体育而旅行、参加或观看体育比赛、参观主题公园和游乐园、参加世界性文化和康复保健的疗养旅行）、餐饮和购物。

三、开发和保护旅游资源

旅游资源是发展旅游业的先决条件，是旅游业的基础。旅游资源与环境息息相关。自然景观旅游资源就是自然环境的一部分，保护环境很大程度上也是保护了旅游资源。环境保护与旅游资源之间是互相制约又互相促进的关系。开发旅游资源、发展旅游事业、给人类创造一个舒适优美的环境也是环境保护的目的。

（一）旅游资源的发展原理

1. 特点原则

旅游资源的开发利用本质上是挖掘和利用其特点。旅游资源的开发，既要保留其原有的特点，又要兼顾其自身的特点，还应有所创新和发展。旅游资源开发应突出民族特色和地方特色。首先是民族特色，寓民族共性于地方个性之中。有悠久历史的文明古国是我们的民族共性，各地旅游资源的特点是其地方个性。例如风景如画的漓江和雄伟壮观的万里长城都有它们各自的个性。开发旅游资源必须使其具有独特的观赏价值。

2. 共性原则

不同旅游项目之间是共生的。旅游项目是一种具有强烈的外部性的活动，具有积极的、消极的外部性。"积极的外部性"是指在参观完这个景点后，会产生一种想要再次参观其他景点的冲动。"负向外化"是指在不同的旅游活动中，存在着相克和相似的现象。旅游资源具有共生性，即自然资源、文化资源的共生性。

3. 协同原理

古代文明与现代文明、自然景观和谐共存。在开发和建设旅游资源的同时，要注意不破坏原有的生态环境和原有的风貌。比如，修建登山索道时，不能损害原始山景的优美和壮丽；高层的现代建筑尽量避开那些具有民族特色的古老建筑。要重视对历史文化的保护，不能因为现代文明的建立而破坏古代的文化。

4. 生态原理

旅游资源的开发要顺应自然环境，注重环境的保护与平衡。旅游产业之所以被称作"无烟工业"，是其不会产生"三废"，但是旅游业也会造成污染。对滨海旅游区的过度开发会对水体的生态系统造成严重的破坏，因此，旅游行业的发展对环境的影响很大，需要出台相应的法律和措施来加以保护。要注意兼顾经济效益、生态和社会效益。旅游资源的开发要尽可能少地投入，使之更具吸引力，从而获得更大的经济利益。但是，必须避免"杀鸡取卵"的错误做法，为了经济利益，盲目地利用资源，造成生态环境的损害。

5. 网络化原理

旅游是一种扩展的网络，是一种天然形成的网络。假如某个地方有一个特别的景点，就算有人阻拦也不行，游客们仍然会远道而来，会想尽办法来解决道路不通、住宿、饮食不方便等问题。旅游景区要形成一个突出的亮点，并形成一个网络，在大的区域范围内，各个景区都要发挥互补作用。

（二）开发与保护的必要性

旅游市场的快速发展给有限的旅游资源带来了极大的压力。重复建设、盲目发展加剧了资源供求的不平衡；从人文景观到自然生态，资源的保护和利用就成了一对难题。随着我国城市的发展和旅游业的不断发展，一些不可再生的文化生态资源被浪费掉了。因此，合理开发和保护旅游资源显得尤为重要。

1. 旅游业的环境效应

一方面，旅游业的发展取决于环境；另一方面，由于其自身的脆弱，必然对其生态环境造成一定程度的损害。因此，若不能有效地治理和系统地保护旅游环境，必然影响其可持续发展。旅游对生态环境的破坏主要体现在风景名胜、名湖、名泉、瀑布、名胜古迹、森林、动物资源等方面。旅游对生态的威胁：一是由于游客的大量涌入，导致基础设施的短缺；二是在旅游旺季引起的一处景点高度集中，对当地野生动、植物的栖息和生存环境造成破坏；三是对环境造成威胁的因素是来自外国投资者和地方旅游业的大量开发，而这些破坏在第三产业的旅游业中更加严重，并且产生了更严重的负面效应。

2. 在保护中开发，在开发中保护

合理开发和依法保护旅游资源，切实抓好旅游基础设施建设，打造旅游品牌。对景区开发要坚持成熟一个、开发一个，开发一个、成功一个，做到生态效益、社会效益、经济效益三者协调统一，走一条按规划建设景区、依靠法律保护资源的路子。对开发条件不成熟的旅游资源应先保护好，暂缓开发建设。对优质项目要从多方面给予支持，使之上规模、上档次、上质量、上效益，并由此提高旅游业整体水平，不能急功近利、一哄而上、

盲目发展，造成旅游资源价值降低。

3. 开发与保护并重

在发展旅游资源时，要注重开发和保护。由于保护并非临时性的，它贯穿了旅游资源的整体发展，因此，在可持续发展的观点上，必须坚持发展和保护相结合的方针，以实现可持续发展战略。

为了促进旅游业的快速发展，我们要在修复现有景区的基础上，开发新的旅游景区；同时，在合理利用新的旅游资源的同时，也要注重环保，避免破坏生态环境。要依法保护环境，在旅游风景区建设和开发旅游资源的过程中，应充分运用现有的各种法律法规，保证旅游景区的生态环境不被污染和破坏。要树立"以防为主"的新理念。旅游景区的环境保护是促进景区自然生态系统的良性循环，可以为人们提供更好的生存和发展环境。

（三）发展和保护旅游资源

开发旅游资源有利于资源环境的改善和美化，同时也为资源的保护创造了经济条件。但同时，由于旅游发展所带来的环境污染、游客的不文明行为以及外来文化的影响，也会给景区带来一定的影响。旅游资源的开发和保护是一种既有联系，也有冲突的，二者之间存在着辩证关系。

1. 互相关联和依赖

保护是发展的先决条件，而保护则是为了更好地开发利用。旅游资源是游客开展旅游活动的基础和先决条件，如果被破坏，旅游将丧失其存在的条件，也就没有了可持续发展的空间，可以先进行保护而后再开发。对于一些资源，也存在着怎样利用的争论，并且涉及开发后的环境、社会、经济和可持续发展等问题，可优先保存。同时，在开发的全过程中，也存在着对资源的保护问题。

2. 互相抵触或互相冲突

尽管旅游资源的破坏并不只是因为发展，还存在着其他社会、文化等深层次的因素，但是，由于发展带来的损害也是明显的，这与保护资源是相悖的。

旅游资源的开发必然带来一定程度的损害。可以说，没有破坏，就没有发展，从某种意义上讲，破坏与发展是一种共生关系。旅游作为一种新兴行业，当前的发展方式十分粗放，这就导致了良性发展的同时，也带来了一定的损害。此外，在人为因素的影响下，对旅游资源的开发也会造成很大的损害。由于管理不善，导致了外来人口的流入超出了其承受能力，对资源自身造成了严重的损害。

3. 相辅相成

为使更多的旅游者能够领略到我国丰富的旅游资源，我们在开展旅游工作的同时，也要注重景区的环境保护与管理，尤其是目前许多人还没有完全意识到这一问题的重要性，因此，将生态环境建设作为一项重要的工作来抓，就显得尤为重要。首先，要运用审美的眼光来做好景区的环境规划；其次，要加强对旅游者的环保意识培养；最后，要对生态环境的容量进行研究，确保可持续的开发利用。旅游资源的开发和保护应该是相互补充、相互促进的。

（四）处理好旅游资源开发与保护两者之间的关系

自然环境是人居住的地方，是人的物质来源，是人的娱乐场所。然而，长期以来，人们往往将旅游业作为一种经济行为，只注重经济效益，而忽视了旅游的普遍效应。旅游对生态环境的破坏，特别是对自然环境的损害，不但会影响旅游业的可持续发展，还会产生相应的负面影响。旅游开发的前提是要对美丽的自然环境和自然资源进行有效的保护。

环保与可持续发展已经成为一个世界性议题。旅游是一种特殊的社会、文化和经济现象，它与环境有着紧密的联系。资源环境、生态环境和社会环境是促进旅游业发展的重要条件。这一问题得到了国际社会的高度重视。

1. 实施可持续旅游发展战略

旅游开发与保护的可持续发展策略主要是从生态环境承载力、旅游开发效应等角度进行系统的探讨，从而为旅游资源的开发与保护提供科学的理论基础。研究旅游环境承载能力，可以防止过度使用资源，防止"人满为患"，从而导致资源的损失；而对旅游发展的影响进行深入的探讨，可以让我们更好地了解发展的影响，并将其扼杀在萌芽状态，保证旅游在一个健康的发展轨道上。

旅游资源开发利用后，一定比例的旅游收入将被用来保护和美化资源环境。这样做，不仅可以有效地保护资源，而且可以使其更好地发挥作用，促进更大的发展，也符合可持续发展的理念。

2. 将文化知识的内涵融合旅游业

简单地说，知识经济是基于知识的经济。信息产业是以高新技术产业集群为支撑，以信息产业为主导的新型经济体系，以信息的生产、分配和使用为基础。当前的旅游发展模式比较单一，资源保护手段相对落后，经营管理技术水平不高，这一切都表明了我国旅游业的发展水平低下。因此，引入知识经济既是新时期旅游资源的开发与保护，又是促进旅游业参与国际竞争、实现可持续发展的必然选择。在"科技兴旅"的资源开发与保护中，要采取科学的方法，把盲目的、掠夺性的、粗放的发展方式转变为集约化的发展，把发展中的资源损失降到最低。

旅游资源是人类劳动、智力的结晶，是人类历史、文化的结晶。自然和人文旅游资源常常是并存的，所以可以说，文化内涵是其生存之道。在很大程度上，资源的开发与保护都是围绕着资源的文化内涵展开的。因此，要正确认识到，文化的内涵是对资源利用与保护的辩证关系的一个重要基础。保存并尽量提高其文化内涵，是我国旅游资源开发与保护的一个新的价值目标，也是可持续发展的一个重要内容。

3. 全面发展

旅游资源的开发、保护、可持续发展是一个复杂而漫长的过程。为了使旅游资源得到合理的开发和保护，需要政府政策支持、引导和适度的管理。通过对旅游的正确引导和教育，可以促进社会对旅游资源的开发与保护，促进旅游工作者的发展。旅游资源环境作为社会和自然环境系统的一个子系统，必须使其与整个环境相适应，从而形成一个具有较强凝聚力的整体。

4. 发展生态旅游

在环保意识日益增强的今天，游客自身也将是一个重要的环保角色。目前，人们普遍认为，以游客为主体的绿色旅游、乡村旅游等是一种能够从某种意义上解决旅游和环境问题的新型旅游方式。我国拥有众多的国家级和世界一流的自然保护区，具有较强的生态旅游资源，因此，在适当的时机进行具有特色的生态旅游活动，有助于提高人们的环保意识。

5. 提高全员的环境意识

旅游环境保护是一个综合性的系统工程，需要政府部门、管理部门、当地居民和游客的共同努力。因此，要加强对旅游环境的保护与治理，必须建立健全环保管理体制，严格执行相关法律法规，并对其进行监督、管理，使之有法可依。从法制观念、整体观念、长期观念教育等方面，加强全民族和入境旅客的环保意识，是促进旅游业可持续发展的关键。环保是一件很重要的事情。各级政府要采取多种方式、多渠道筹资，确保充分的生态环境保护资金。例如，在旅游环境治理方面，要把各种排污收费收好、管好、用好；合理征收旅游资源维护费用。另外，当地政府要大力发展旅游业及其相关行业，持续提升经济实力，确保每年都会有更多的环保投入。

（五）旅游资源的发展规划

1. 目标

生态系统的多样性、物种多样性、景观多样性以及生态旅游资源的可持续利用是城市生态环境建设的主要目的。规划范围内的部分地区有时还需培育再生林以减少其他原因造成的破坏。

2. 内容

规划是一项复杂的系统工程。它涉及旅游地的经济、资源、社会、环境等各方面，需要政府和社会各界的共同努力。要对景区进行详细的调查、分析和评价，并结合市场的需要，提出总体思路、基本原则和目标。

其次，要结合旅游需求和市场特征，对旅游产品、旅游商品进行规划，并合理地选择发展方式。还需要进行旅游经营管理人员的培训。熟练又有技巧的从业人员来自有效的培训和良好的教育背景。

3. 产品设计

在环境容量允许的前提下，要尽量增加客源，吸引更多的游人。进行旅游产品的形象策划对达到此目的具有重要的影响。根据旅游资源的特定地理背景设计出独特的旅游产品，以形成不同的情调，然后对旅游地进行形象策划。

设计旅游产品时，要在不同地段设计不同的产品，重点放在不对环境造成破坏性影响和能被游客合理利用的项目上。要把景观生态学原理导入生态旅游产品的规划设计，使得人工景观与天然景观共生程度高。

四、旅游城市品牌开发

在旅游发展过程中，品牌意识已逐渐深入消费者的消费理念，极大地影响了人们对旅游目的地的选择和最后的决定。旅游城市发展对品牌意识的需求，不仅是对市场经济的要求，更是对其自身的发展与变革。只有建立起具有竞争力的区域品牌形象，旅游城市才能在今后的竞争中获得优势。

（一）城市旅游品牌的内涵

旅游城市是指具有普通城市特征，同时具备旅游功能和一定的旅游状况的城市。在旅游发展的进程中，人们的品牌意识也从原来的旅游产品，转移到了旅游地品牌这一区域旅游的总体品牌。旅游地品牌是指一个特定的地域品牌，是一个能够为旅游者提供特殊体验的利益承诺。

（二）旅游城市品牌建设的重要意义

旅游城市品牌在城市发展中起着举足轻重的作用。就旅游城市自身而言，品牌的良好口碑效果，可以提高旅游产品的附加值；同时，它也是一种无形资产，它能保障游客对旅游城市的忠诚度，避免游客流失，在激烈的市场竞争中获得更大的市场份额。从旅游者的视角看，一个著名的旅游城市可以轻易地区分出一个城市，从而缩短了寻找信息的时间、降低了寻找的费用和采购的风险。

（三）旅游城市品牌特色研究

旅游城市的品牌就是一种贴在城市身上的标签。它既反映了一座城市的整体实力，又反映了一座城市的经济、文化发展水平，同时也是一座城市旅游发展的重要标志，是一座城市重要旅游产品的形象和发展方向。

1. 整体性

旅游城市的品牌，既要体现城市的生态环境、经济活力、风土人情、文化底蕴等，又要体现城市的历史、文化、声誉，才能给目标受众留下清晰的印象。无论是报纸、杂志、电视媒体，还是口头新闻，都要保持连贯性。

2. 稳定性

钱学森在讨论城市变化和不变化之间的关系时，他认为城市是变化和不变化的结合体。这意味着一个城市在经济发展的过程中，必然发生发展和改变。旅游城市在品牌形成之后，其相对稳定。这是由于旅游城市的品牌是基于其自身的旅游资源或者城市的区域特色，而城市的文化、精神面貌等是很难改变的。旅游城市品牌在政府和企业的品牌推广和引导下，一旦形成了一种心理状态，就很难改变。

3. 可变性

由于旅游城市的发展趋势、旅游市场的竞争状况、消费理念、市场需求等都在变化，旅游目的地自身也在发生着变化。只要有足够的时间、足够的舆论、足够的力量去吸引大众的关注，一个已经发生了变化的旅游城市的品牌就会被认同和肯定。

（四）旅游城市的品牌建设

品牌是旅游城市的一种无形资产，是城市旅游竞争力、提高旅游品位、促进城市可持续发展的一个重要途径。

在市场经济条件下，城市管理思想得到了普遍的认同，通过各种方式积极地建设和塑造旅游城市的品牌，已成为城市管理工作的一个重要方面。

1. 充分利用资源

没有差异性的品牌就是没有品牌，而建立旅游城市品牌的首要基础是已经发展起来的、具有潜力的旅游资源。黑龙江省依托自然地理条件，以"冰雪旅游"为品牌，形成旅游资源优势；陕西省依托于其社会和历史文化传统，凸显其作为世界著名的古都的优势。

2. 确定目标客户

旅游市场是一个多元化的市场，游客的需要也是多元化的。对于旅游城市品牌来说，无论是启动品牌或重新处理已有的品牌，都必须能适应和唤起目标市场的需要，并明确其品牌内涵。旅游城市在品牌建设的过程中，若能正确定位，不偏离消费者的需要，不仅能为旅游城市赢得市场，还能获得其目标客户的忠诚度。以客户为中心，真正地把握并满足客户的需要，并运用特定的品牌形象来吸引特定的客户群。

3. 顺着旅游业的潮流

品牌要想长盛不衰，就必须顺应旅游业的发展趋势，适时作出科学的调整。目前，品牌经济已经席卷全球，加入 WTO（世界贸易组织）后的中国必须与世界潮流同步，旅游城市品牌必须与世界旅游业的发展趋势同行。

4. 引入文化内涵

一个城市的文化内涵越深、越富有，其旅游的魅力与竞争力也越大，其文化资产的价值也越高。因此，要对城市的文化内涵进行深层次的挖掘，以城市文化为载体，打造旅游城市的品牌。根据旅游城市特有的文化旅游资源和城市特色，从城市形态、自然环境、人文环境、精神面貌、生活方式等几个方面对其进行塑造、强化和传递，使其在旅游者心中产生一种特殊的印象。具有一定文化内涵的品牌能够为地方旅游的特点和文化做广告，并在一定程度上树立了良好的口碑。

5. 促进公民的参与

城市的人民是城市的物质和精神文化的缔造者。因此，在打造和维护旅游城市品牌时，要充分尊重和倾听公众的意见和建议，鼓励广大游客积极参与，以增强他们对城市的认同和自豪感，增强他们对城市自然资源和独特文化的保护意识，从而能够塑造出鲜明而富有生机的旅游城市品牌形象，最大限度地发挥旅游城市品牌效应。

五、世界文化遗产

世界遗产可分为自然遗产、文化遗产、文化和自然遗产。凡列入世界遗产名录的遗产地，可得到资金和技术上的帮助。同时，也可提高国际知名度，受到国际社会的保护。即使在战争期间，世界遗产也不能成为军事攻击目标。世界遗产必须具备独特性、稀有性和绝妙性等特点。世界遗产的评估、考察和审议必须具有专业性、权威性和公正性。

（一）《保护世界文化和自然遗产公约》

《保护世界文化和自然遗产公约》（下文简称《公约》）在联合国教科文组织第十七次会议上获得批准。1976 年，世界遗产理事会设立了一个国际合作机构，它把世界上最重要、最具普遍性的文化和文化遗产纳入《世界遗产名录》。在全面尊重遗产地主权的基础上，将其列入世界遗产，由国际社会进行多方协作，将其视为全人类的共同遗产。

（二）文化遗产

《公约》将文化遗产定义为"在历史、艺术和科学方面具有显著的普遍性价值的建筑物和碑刻。"从历史、艺术和科学的观点来看，建筑形式、分布均匀或与周围景观相结合，都具有显著的普遍性。文物保护范围主要有历史建筑、历史名城、重要考古遗址以及具有永久纪念意义的大型雕像和油画。

（三）自然文化遗产

《公约》将自然遗产定义为：从美学和科学角度来看，具有突出的普遍价值的由物质和生物结构或这类结构群组成的自然风貌；从科学或保护角度看，具有突出的普遍价值的地质和自然地理结构，以及明确划分受威胁的动物和植物生境区；从科学、保护或自然角度看，具有突出的普遍价值的自然景观或明确划分的自然区域，比如中国三江并流、九寨沟和武陵源。自然遗产保留区包含国家公园和其他早已指定的物种保护区。

（四）自然和文化遗产

文化自然遗产是中国泰山和黄山等自然与文化的结合。在保护文化遗产方面，《公约》要求各缔约国都认识到，确定、保存、展示和遗传其子孙后代的主要职责。在这一点上，将尽力充分利用国家的资源，并在必要时提供国际援助与合作，尤其是在财政、艺术、科学和技术领域。

在文化和自然遗产的所有权方面，《公约》清楚地指出，各缔约国应全面尊重文化和自然遗产原产地国的主权，不侵犯本国法律所赋予的财产权利，同时承认此类遗产属于世界遗产，因而，各国应共同努力加以保护。缔约国不应有意采取任何措施，以免对本公约境内的文化和自然遗产造成直接或间接的破坏。

世界文化遗产应具备以下四个方面：具有突出的普遍性、充分的法律基础、历史悠久、保存状况良好。

第三章 旅游市场与旅游消费

第一节 旅游市场及其分类

一、旅游市场的含义

在一定的社会经济形态下，只要有社会分工和商品生产，就会有市场。无论什么市场都属于商品经济范畴。市场就是买卖双方采取不同的交易方式，使商品和劳动发生转移或者使转移得以实现的场所。这个场所是沟通生产、联系消费、完成商品和劳动的流通、交换场所的综合。

（一）旅游市场界定

旅游市场的出现是随着旅游经营活动的兴起而出现的。旅游市场是指在旅游商品的供需双方之间进行交易的结果，也就是在交易中所发生的各种经济现象与经济联系。从地理上看，作为旅游经济活动的中心，属于普通商品市场，具有商品市场的基本特性，它包含了提供地点（目的地）、顾客（旅游者）、经营者和消费者之间的经济联系。

人们外出旅游，就需要他人提供各项相关的服务，并支付他人报酬。当这种服务与需求广泛存在时，就形成了市场。因此，旅游市场是由旅游服务和货币交换体现的。在现代旅游产业市场上，旅游服务已经上升到旅游产品的概念。所以，广义地理解，旅游市场泛指旅游产品的全部买卖行为和活动，是旅游产品供求关系的总和。

旅游市场的覆盖面与旅游经营的收益有着密切的联系，因此旅游市场的调查、划分、开拓和预测是旅游市场发展的重要内容。根据旅游企业的经营需求，可以将旅游市场划分为不同的区域，包括国际市场和国内市场；根据游客的年龄、性别特征，分为老年、中年、青年、儿童和妇女；根据旅游项目类型，分为观光、度假、会议、购物、体育、探险、科学考察等；根据接待人数和地域分布的不同，可以分为一级市场、二级市场和机遇市场。旅游市场调查可以明确旅游市场的现状及发展趋势，包括对国内、国际旅游市场发展的总体趋势、供求关系、市场竞争情况等进行预测，并根据市场定位，制订市场计划；通过对影响旅游市场的多种因素进行分析，以使旅游企业能够更好地适应市场的变化，从而实现对游客的吸引力。

（二）旅游市场特征分析

旅游市场不同于普通的商品市场，其销售的不是特定的实物，而是以服务为特点的各类服务。同时，旅游产品的供应和消费是同步的，并且有很强的季节性。旅游业市场的各种经济活动互相对立、互相依存，需求与供给之间存在着各种错综复杂的关系。

1. 协调性

旅游需求是对旅游产品的整体需求，但是，为旅游需求提供服务是由不同地区、不同部门完成的，这些部门要满足旅游者不同时间、不同方面的要求。因此，旅游市场的基本问题是必须把各方面服务的提供者从地域、时间和内容上协调一致，使之更好地为旅游者提供服务。

2. 指向性

旅游地自然和历史条件以及设施和服务都是促成旅游活动的基本因素，因此旅游需要是对目的地的选择和项目的选择。可见，旅游需求是指特定的旅游供给，它与一般的商品市场相反，一般商品市场的供给是对需求而言的。旅游市场的这一特点要求对市场要采取有效的经营策略，促使旅游者向特定的旅游地流动。

3. 季节性

旅游资源是企业营销活动的核心内容，其主要内容是自然诱因，其季节性特征决定了旅游产品的数量与品质。通常情况下，游客的数量都会集中在特定的季节，从而影响游客的供需比例，造成旺季和淡季的资源短缺。旅游的季节性取决于人与自然的客观特征。所以，每年的旅游市场都会有一段时间的冷清和繁荣。要使旅游产品在淡季和旺季之间的差异化，真正实现其功能的最大化。

4. 脆弱性

引起旅游需求变化的主要因素是旅游者的收入、旅游服务的价格以及其他一些非经济因素。经济危机、自然灾害、政局动荡等都会影响旅游需求的高低变化。旅游市场的这一特点反映了旅游市场经济的脆弱性。

（三）论旅游市场的现代化发展动向

从世界旅游市场的发展历程来看，旅游已经成为当今世界经济不可或缺的一部分，而旅游市场则是一个充满活力的新兴市场。如今，旅游业已是全球第二大出口业，仅次于石油行业，目前仍在快速增长。

1. 国际旅游业的繁荣

我国目前的旅游活动有三种形式：国内旅游、国外旅游、外国入境旅游三种，后两者都被称为"国际旅游"。世界上的旅游业通常都是在工业发达地区进行的，而国内的旅游已经无法适应当地居民的需要，于是就有了国外旅游和外国人进入的现象。从国内到国际的旅游方式，最早在西欧和北美等发达国家就已经开始了。

2. 发展迅猛的民间旅游

从旅游市场的角度来看，在现代旅游的起步阶段，通常是以团队旅游为主，而非团队型旅游市场则是次要的。这是因为团队旅行的流程简单、易于操作、效益更高。在大规模的旅游活动中，团队旅游逐渐被一些个人、家庭、结伴旅游取代。从过去的以团队为主导的市场模式，逐步向以团队为主导的市场模式转变。因此，要将团体旅游和非团队旅游相结合，以满足游客的不同需要。

3. 旅游业的发展水平

旅游行为可以划分为基本层次、提升层次和专业化层次。这三个层面的逐步提升，体现了旅游市场发展的规律。它的基本含义是由基础的旅游观光市场向高端的休闲购物和专业市场转变。这一转变必然导致现代旅游需求的提高，同时也会带来一系列的改变。假日休闲旅游和专业旅游更符合旅游者的兴趣，因此受到了旅游者的青睐。例如欧洲地中海国家利用日光、海滩进行的海滨度假；在夏威夷、百慕大等岛屿进行的海上冲浪，游艇和休憩；美国加利福尼亚州、日本东京的迪斯尼游乐场，品尝风味旅游、新婚旅游、体育旅游、疗养旅游等。

4. 旅游普及化的趋势日益明显

旅游在过去被视为有钱人和贵族的娱乐项目，来这里的人大多是有头有脸的人物。然而，自20世纪60年代以来，旅游不仅在各国广泛发展，也逐渐形成了一股全球性的国际旅游潮流。旅游是一种广泛的人类社会区域活动，在全球范围内都有它的身影。随着旅游大众化时代的来临，旅游营销策略的选择成为一个新的研究主题。旅游市场经营者应根据市场的大众化特征，开展丰富多彩的旅游活动，以迎合广大游客的不同喜好和需要。

5. 向发展中国家流动的旅游业

20世纪60年代初期，国际旅游的市场规模较小，主要集中于欧美等西方发达国家。自60年代末以来，在亚洲，如日本、新加坡、泰国、菲律宾等国，大洋洲临海的拉丁美洲、北非国家，如突尼斯、埃及、阿尔及利亚等国逐渐盛行。20世纪70年代，全球旅游市场已经形成了六大旅游区域。尤其是亚非拉地区的广大第三世界和发展中国家的积极参加，对于改变世界各国的旅游格局具有重大意义。比如北非，近几年来，国际旅游发展迅速。北非位于地中海南岸，与欧洲隔海相望，交通便捷，距离也很近，是欧洲各国游客寻找阳光、温暖、沙滩等休憩之地。因此，北非的国际旅游发展非常迅速。亚非拉等发展中国家和区域的旅游业在国际旅游市场上蓬勃发展，受到来自世界各地游客的青睐。这是一个特别突出的特征。

二、旅游市场划分

市场细分就是将整个市场分为两个以上的消费群体，不同的消费群体决定了该市场的经营行为。每个具有类似特征的消费者团体都被称为一个市场。

现代旅游市场战略营销的核心内容包括市场细分、目标市场选择、产品定位等。旅游市场细分在旅游目的地市场的选择中起着举足轻重的作用，对企业的长远发展有着重要意义。在现代旅游市场发展的进程中，市场的分化越来越明显。

（一）细分旅游市场的内涵

旅游企业营销策略视角的发展，主要包括市场营销、产品差异营销、目标营销。首先，旅游公司要明确其主要市场，然后在此基础上，针对不同的市场特征，设计出相应的旅游产品和市场营销方案。

1. 细分旅游市场

市场细分实质上是按照消费者的需要和欲望、购买态度和购买行为来划分市场；游客的不同需要是市场细分的重要因素。从顾客的不同需要入手，将整个旅游市场划分为两个或多个具有相同需求和愿望的消费者。

2. 细分旅游市场的重要性

市场细分有助于发现、挖掘旅游市场、开发新的旅游产品、开拓新的市场；有利于旅游市场的营销组合战略的制定与调整；这可以对旅游企业进行资源优化，获得较好的经济效益。小型企业可以通过细分市场来展示自身的力量和地位。市场细分有利于旅行社制定灵活的竞争战略；有利于企业集中人力、财力、物力、技术和信息，在市场上以小胜大、以弱取胜；这对满足顾客的需要是有益的。

（二）细分旅游市场的基础

旅游市场细分是一个复杂而又具有重大意义的项目，如何对旅游市场进行细分，也就是对旅游市场进行细分的基础。根据地理、人口、心理、行为等因素对细分市场进行分析。地理变量的构成要素以地理区域、气候、城市环境、空间位置为依据；在人口变量中，主要依据年龄、种族、教育程度、职业、收入、家庭结构等；在心理变项中，以生活方式、气质性格、社会阶级为依据；在行为变量中，以购买方式、购买频率、购买时机等为依据。但是，在旅游企业的经营实践中，对旅游市场进行细分的投资很大。随着旅游消费的日益个性化，旅游市场的细分要求进一步深入，制定合理有效的营销战略，引导旅行社进行市场细分，增强自身的竞争能力。

（三）旅游市场划分的依据

当前，我国旅游市场细分的主要方式有三种：一元变量法、综合变量法、序列变量法。一元变量法是利用某种因素对消费者的需求进行细分；综合变量法是将两个或更多的因素划分为不同的市场；序列变量是根据不同的因素对游客的消费需要产生一定的影响。

当前，对细分市场的一整套流程已经得到了广泛的认同，这就是：所选择的产品的市场范围；了解、列举分类客户的基本需要；理解不同客户的需求；调动潜在客户的一般需求；根据潜在客户的基本需要，对其进行细分；进而对各细分市场的需求与购买行为特征进行深入的分析，并对其成因进行分析，从而确定能否将其整合、再细分，对每个市场的每个部分进行评估。

三、旅游业的竞争

（一）旅游行业的竞争形式

旅游市场的特点决定了旅游公司的竞争，而不同国家的旅游发展也会使其竞争更加激烈。

市场经济竞争机制的形成，实质上是市场经济开放机制的持续运作。在此过程中，参与竞争的各方之间的互动，从一开始的相互抵触，到后来的相互排斥、相互依赖。这是我国市场经济体制由最初的不健全逐步走向成熟的过程。市场存在着竞争，但是，不同的市场之间的竞争水平也有很大的差异。

1. 完全竞争

完全竞争是一种不受任何阻碍和干扰控制的市场竞争情况，既没有国家政府的干预，也不存在生产人员的串通。在整个市场中，每个游客和旅行社销售的旅游商品的数量只占很少的一部分，都不能支配整个市场的交换，每个人都是既定价格的接受者，而不是价格的制定者。各旅游经营者生产经营的同种旅游产品是同质的、无差别的，产品具有完全替代性。对买者来说，买哪家产品都一样，卖者无法通过自己产品的特色来控制价格。各种生产要素（职工、物资、资金等）可以在不同的产业之间自由往来，没有任何约束，旅游消费者可以自由地进入和离开旅游市场，在进入任何一个旅游地区时都不受其他非经济因素的影响。

2. 独家垄断

独家垄断是指某一种商品的市场完全被一个厂家控制，而且该公司的产品没有替代品，因此该公司对其产品的定价和产量都有很大的控制权。这种情况很少见，只是在政府垄断经营或由政府授权实行垄断经营的某些特殊行业存在这种情况，如公用事业（邮政、电讯、自来水等）、烟草专卖、药品专卖等。市场完全由一家厂商控制，消费者难以寻找替代品。其他厂商由于种种条件的限制无法进入该市场。

3. 垄断竞争

垄断竞争是指一种既有垄断又有竞争，既不是完全竞争又不是完全垄断的市场结构。同类型的旅游产品市场中，旅行社的经营主体数量多，且各经营主体的生产规模在市场总量中所占比重很低，任何单一的经营主体都不能对市场进行操控，因此，旅行社很容易进入或退出。不同的旅行社所提供的旅游商品在价格竞争和市场份额方面具有明显的差异性，这些差异性使得在价格竞争和市场份额方面稍胜于其他运营商。

4. 垄断

垄断是指少数几家旅行社在整个产业中掌握着大部分的旅游供应的市场结构。每一家公司都拥有一个很大的市场份额，因此，这些公司的生产或者价格的变化都会对旅游产品和其他运营商的销售产生影响。

（二）旅游行业的竞争方式

旅游市场竞争的基本目的是吸引游客。为了提高市场份额，争夺旅行社的主要竞争对象是旅行社的组织者和提供者。

1. 减少费用

为了提高市场份额、降低成本，在一定程度上确保旅游产品的品质。

2. 突出特点

所谓"突出"，就是在旅游产品的开发过程中，要创造当地或企业的旅游产品的特点，使之与同类产品相比较，在组合设计、服务和营销方式上都有显著的优势，从而引起旅游者的兴趣和信任，形成较强的竞争力量。

3. 调控价格

价格调控可以根据实际情况采取下列措施：

（1）维持原价。维持原价指对竞争者的价格变动不作任何反应。如果公司降价会降低目标利润，即使不降价也不会损失大量的市场份额，保持原来的价格策略可以让目标市场中的游客建立起对公司的信心，进而赢得更大的市场份额。

（2）降价。降价是指追随竞争对手，调低本企业产品的价格。

（3）提价。市场竞争并不意味着都要降价。当目标市场旅游者对价格不敏感时，可以提高价格，并通过宣传促销，在旅游者心目中树立"一分价格一分货"的高质量、高档次旅游产品的形象。通常只要提价幅度能为旅游者所承受，就不仅能保持市场份额，而且可以适当增加企业的利润。

4. 增强公众意识

加强广告推广是提升企业竞争力的一种有效途径。由于旅游产品在市场上属于信息产品和半公共物品。旅游的一大特色就是由政府来做形象推广，由公司来做产品的后续营销。

5. 对品牌的评价

品牌化也是一种潮流，在这个发展的过程中，人们对品牌的关注也越来越多。只有在市场上建立了自己的品牌，才能占据一定的市场份额。在此过程中，市场正逐渐地得到规制，而这一规制更多地表现为标准化的发展。星级酒店的星级标准对整个社会的影响，包括邮轮星级标准、优秀旅游城市标准、景区标准等等，都是通过建立标准、发布标准，逐渐提高了品质，规范了市场。

6. 持续的创新

在当前的市场竞争日趋激烈的今天，人们普遍认为，旅游产品要有创意。因为目前仅依靠传统的竞争方式无法生存。现在很多地方都感受到了，很多公司都意识到了，单纯的竞争是不可能的，必须进行一些创新，这也是为什么旅游行业都有创新的原因。创新是在实践中由企业操作而成。许多东西并不是因为我们有钱，而是因为我们是否有思想和创意。

（三）我国旅游业存在的不公平竞争问题

当前，我国旅游市场的竞争态势不容乐观，其竞争领域涵盖了涉外的各种行业，而不合理的竞争也从国际市场延伸到了国内的中、短途客运。正当竞争在旅游市场中仍然占据着很大的比重，但是这种不公平的发展势头却十分猖獗，对旅游市场的供求造成了很大的伤害。

在没有公平竞争的情况下，降价是很常见的。从理论上讲，价格竞争是一种基本的竞争形式，从根本上讲，竞争中的降价行为不能被视为不公平竞争，但如果降价到了一定程度，那么边际利润率就会降低，或者变成负值，那么，正当竞争就会变成不正当竞争。竞争对手会通过损害消费者的利益来获取一定的利润。在市场经济发展的早期，不公平竞争主要是以各种社会关系为手段谋取不法利益。因此，在市场经济尚未发展的早期，那些使用欺诈、威逼、行贿等方法的竞争者往往与合法竞争对手共存。

第二节　旅游市场调查与预测

一、旅游市场调查

无论是运营商，还是投资者，都面临着一个进退维谷的困境：要想继续发展，就要不断地研发新的产品、进行新的投资；然而，新产品的研发和新的投资，并不能提供一个相对准确、完整、权威的预测模型，这就成为制约我国旅游产业发展的一个重要问题。于是，旅游行业对信息的需要是迫切的。旅游市场调查是旅游企业或旅游业相关部门自觉地、持续地、有目的地取得市场信息的重要方法之一。为了开展旅游销售研究，首先必须掌握大量的市场资料，建立信息情报制度。

（一）旅游市场调研的要点

旅游市场调研的内容包括市场需求、客源市场、旅游者购买力、竞争对手以及旅游业市场经营形象等的调查。

1. 对旅游需求的调查

主要调查：旅游客源市场对本地区或者本企业旅游产品的需求量；旅游需求的变化及发展趋势；本地区或企业的旅游产品在不同客源市场的销售情况；旅游者的满意程度以及客源市场总体流向等。

2. 对旅游者购买力的调查

主要是对旅游者收入水平及其变化进行调查，同时还要对旅游者消费结构和消费倾向进行调查。旅游者的经济收入水平决定了其用于基本生活外，还有多少可供自由支配的钱用于旅游。而可供自由支配的钱的多少决定了旅游消费的倾向，是长途还是短途，是豪华还是经济等。

3. 对竞争对手的调查

现代旅游市场竞争激烈。一个地区的旅游业要在竞争中求得生存和发展，就必须高度重视在同一个旅游市场上的竞争情况，以及与主要竞争对手在旅游服务质量、旅游人才拥有量、服务项目、资金占有、销售利润等方面进行比较研究。

4. 对市场形象的调查

主要是了解旅游者对本地区旅游产品的意见，并对旅游业的定价策略、促销策略和销售渠道是否正确、畅通进行调查，树立良好的旅游市场形象。

（二）旅游市场调研的方式与流程

旅游市场调查分为探测性调查、描述性调查、因果关系调查。探测性调查，顾名思义，就是在情况不明时所进行的一种初步调查。描述性调查是对所要调查的对象的详细情况进行全面了解的调查，是对客观事物或现象进行的如实的描述，主要是通过掌握其过去和现状的资料进行研究。因果关系调查的目的是发现旅游活动中出现的问题的原因，力求寻找出现象间的因果关系。这种调查可分为两类：一类是由果探因，另一类是由因测果。

旅游市场调查程序包括明确问题并确立目标、制订调查计划、收集信息、分析信息和撰写调查报告。

（三）旅游市场调查方法

旅游市场调查的资料来源有两种：第一手资料和第二手资料。第一手资料是目前不存在，但为了当前营销的某种目的而必须收集的原始资料。第二手资料是已经为某种目的而收集起来的已存信息。一般情况下，旅游市场调查需要两种资料共同使用。

旅游市场调研法是以获取第一手数据为主要手段，可分为观察法、实验法和询问法三大类。观察法是一种最简单的方法，它是由游客直接前往被调查地点，并利用仪器进行观察。在旅游市场调研中，普遍采用了观察法。实验法是将受试者放在一个特殊的控制环境中，通过对外部变量和检验结果的差别进行控制，从而发现不同变量之间的因果联系。实验方法是进行因果关系的最好方法。问卷调查法是指一种由旅游市场调查员根据预先制定的调查方案，用不同的方式对调查对象进行提问，并根据他们的答复来获得所需要的信息。电话、问卷调查、私人访问是目前使用频率最高的问询方式。问卷调查更适于描述性调查。

二、旅游市场的发展趋势

旅游市场预测是基于当前旅游市场和以往发展特征，对未来旅游市场发展和变化趋势做出判断，从而提高旅游规划和目标。旅游市场预测分为短期预测、中期预测和长期预测。短期预测的年限为一年或一年以内，用于确定旅游业短期经营对策；中、长期预测年限为数年或数十年，作为制定旅游业发展战略的依据。

（一）旅游市场预测的内容

旅游市场预测的内容应该包括旅游市场的总体变化与分布，旅游需求类型的变化，旅游市场的未来竞争趋势，区域旅游市场对市场需求变化的适应性。影响市场变化的因素复杂，对客源地来讲，包括不同阶层的人对旅游的支付能力，客源地的宏观经济形势，不同市场面的消费者的旅游消费特点，闲暇时间和文化教育水平，社会风俗、传统习惯对旅游偏好的影响，市场面的城市化趋势，社会政治形势等；对旅游目的地而言，主要内容有旅游产品的竞争、旅游设施的现代化程度、服务水平、管理水平、环境污染程度和保护措施、客源市场的地理位置等。由于旅游市场的变化，政府干预、自然条件的变化、疾病的发生等诸多因素的影响，使得市场的预测必须具备一定的弹性。

其实，影响旅游市场的因素有多少，预测的内容也就有多少。对那些因素调研得越深入透彻，预测的准确性就越高。直接影响旅游市场的预测内容主要有市场容量及分布构成、旅游者收入状况及消费水平、旅游者消费需求变化、市场竞争及相关行业的生产等。应该集中对那些直接构成旅游市场实体的、对旅游市场有直接影响的内容进行科学预测。

（二）旅游市场的预测方法

旅游市场的预测有两种类型：定性和定量两种。定性预测是指基于自身的经验与分析能力，根据自身的经验与分析能力，从逻辑上推导出市场变数间的相互关系，进而用自己的主观判断来估计市场变数的发展方向。定性预测是比较容易的。定量预测就是利用一定的数字信息、数学模型，对旅游市场各变量之间的变化趋势进行量化预测。量化的预测结果通常能够更准确地反映出今后的发展程度，从而为决策提供准确的基础。

1. 质量预报旅游市场

旅游市场的定性预测方法有游客意向调查法、销售人员意见综合法、专家意见法等。游客意向调查是指在预测期间向潜在游客提供旅游意向的一种方式。销售人员意见综合分析法是在无法与游客直接接触的情况下，根据销售人员的建议，对其进行评估。专家意见法是利用专家对旅游市场进行分析和判断的一种方法。专家意见的方法有专家会议法和特尔菲法两种。特尔菲法是一种由市场调研人员通过书信征求专家意见的方法，通过不记名的形式将所有观点都反馈给专家，由他们再次做出预测，如此反复，最后得出的结论是一致的。

2. 旅游市场定量预测法

定量预测的方法主要包括时间数列预测法、回归分析法以及结构模型预测法。其中时间数列预测是最常用的定量预测方法，主要包括简单模型、长期趋势预测模型、季节模型以及循环变动模型。龚珀资曲线是一种长期趋势预测模型，它适用于预测初期发展较为缓慢，随后逐渐加快，到一定程度后发展速度趋缓，最后呈平缓发展的现象。在旅游营销预测中，可用于预测旅游产品的生命周期。

选择旅游市场预测方法，一般应考虑四方面因素：预测目标和预测对象的性质、预测结果的用途、现有信息和预测的时间以及经费。

（三）旅游市场预测原理

旅游市场预测原理包含下列几个方面：

1. 可测性原理

大量消费者所表现出来的总购买力往往会呈现出一种有规律的现象，因而是可以预测的。它是旅游市场预测的一条最根本性原理。

2. 连续性原理

连续性原理是指总需求呈现出随时间的推移而连续变化的趋势。连续性原理是我们用时间序列方法进行预测的理论基础。

3. 因果性原理

在许多案例中，大多数因素的积极效应和消极效应相互抵消，使得市场需求的变动会随着某一种或几种因素的改变而发生显著的改变。

4. 类推性原理

类推性原理是指可以根据已出现的某一事件的变化规律来预测即将出现的类似事件的变化规律。当一个公司推出新的产品，它的社会需求量是多少，这个时候，企业要注重运用类推原理进行预测。

5. 系统原理

一个企业的经营活动是由相互联系、相互影响的子系统组成的。旅游企业要注意各子系统中的变量对产品的市场需求的影响，并据此对产品的预测结果进行调整。

第三节　旅行定价与市场推广

一、旅游价格概况

（一）旅游定价的含义

旅游价格是指消费者为了满足其旅游需求而购买的商品的价值。旅游商品是一种无形的服务产品，它的价值只有通过实物来体现。旅游产品的价值除了反映旅游服务本身的价值以外，还要反映服务所凭借的自然、人文、社会资源价值。

游客可以根据自身的需求选择不同的购物方法，因此在旅游产品的内容和价格上也会有差异。在国际旅游市场中，旅游价格通常是指旅游商品的基础价格，主要是指旅游地为游客提供住宿、餐饮、交通、旅游和休闲服务的价格。旅游商品的价格组成，从价值形式上分析，与其他产品一样也是由成本和盈利两部分构成的。

（二）旅游价格的种类

根据不同的划分标准，旅游价格有不同的分类。按照旅游者需求、旅游价格与价值量的关系、购买方式、产品种类和旅游范围等，旅游费用可以按以下几种类别进行分类。

1. 基础和非基础费用

根据游客的需要，可以将旅游价格划分为基础旅游和非基础旅游。基础旅游定价是指在旅游过程中，为满足游客基本需求而提供的各项服务，如住宿、交通、餐饮、休闲等。这些都是游客必须进行的消费，而如果有哪一种不满意，就会对旅游产生一定的影响。非基础旅游价格是指游客在购物、医疗、邮电、美容等方面的花费，尽管不是必要的，但如果能提供适当的服务，一定会让整个旅游的过程变得更加美好。

2. 普通和特别的旅行费用

根据旅游价格与价值之间的关系，可以将旅游价格划分为普通旅游和特种旅游两大类。一般旅游价格是指根据市场需要而上下浮动的价值，如住宿费、交通费、餐饮费等。特殊旅游价格是指价格与价值背离很大，主要由其本身的历史价值、社会价值、垄断价值所决定的产品价格，如历史遗迹、名人字画、传统工艺等。

3. 单项价格与旅游包价

按照购买方式，旅游价格可分为单项价格与旅游包价。单项价格是指旅游者采用零星购买的方式直接向各旅游相关企业购买的价格，如饭店客房价格、机票价格、门票价格等。旅游包价可以分为两种形式：一种是一次性购买某条线路进行团体旅游，另一种是只向旅行社购买部分产品，如机票、客房等小包价形式，其余活动由自己安排。

4. 旅行社价格和其他相关企业价格

根据旅游商品的类型，可以将旅游价格划分为旅行社定价和与之相关的其他企业定价。旅行社定价是指由旅行社自行安排的旅游线路、散客向旅行社预订的部分旅游商品的运营定价。其他有关企业的定价是由企业提供的单个旅游产品的运营成本。

5. 国内和国际间的价格

从旅游的角度来看，可以将旅游价格划分为国内和国际两大类。境内旅行的价格是指在境内旅行时所产生的费用。国际旅行价格是指跨境旅行所产生的费用，其中包含了出境的费用。

（三）旅游定价特征

旅游价格作为一种货币形式，其价值体现在旅游商品的价格上。旅游定价的特征是：

1. 综合性

旅游产品的综合性决定了旅游价格的综合。这一综合表现在两个方面：一方面是指资源、历史资源、地理资源、设施、服务等的复合性；另一方面也反映在企业所能提供的产品种类繁多，涉及的行业也很多，呈现出综合的特征。

2. 时令性

季节性的旅游业使得旅行社在旺季与淡季间的供需矛盾上，必须实施季节性差异化。在旅游旺季，由于游客数量的激增，必须通过涨价来控制需求，确保旅游产品的品质。在旅游旺季，游客人数下降，要想把旅游商品卖出去，就得降价。因此，在淡季期间，游客的价格也会发生一定的波动，呈现出明显的季节性特点。

3. 垄断性

名胜古迹蕴含的社会历史价值，自然风光体现的艺术美学价值，使某些旅游产品具有相当强的垄断性，其他地域或者风景点无法替代。

4. 多重性

旅游产品价值的大小不仅取决于提供旅游产品的物化劳动的多少（设备、原材料），而且还取决于旅游服务所凭借的吸引物价值的高低（风景、文物、民俗风情），他们在某种程度上具有垄断性，使这些融合了历史的、社会的、自然的因素所形成的价值在旅游价值决定中起着重要作用，因此，旅游价格呈现出多重特征。

二、旅游价格的确定

（一）旅游定价的原则

1. 由价值决定旅游商品供给价格的因素

价值是以价格为基础的，而价格是以金钱的形式体现的。不同的社会经济发展程度决定了不同的旅游产品所需要的社会必要劳动时间。在经济发达的地方，同样的旅游产品，其消耗的劳动力和其内在价值都很低，因此，它的供应价格就会相对低廉，而反过来，它就会变得更高。

2. 需求定价与旅游产品的供需关系

需求价格是指在特定时间内，消费者愿意并能够为某一特定的商品付出的代价。当商品价值固定时，供给和需求的变动是最主要的影响因素。供给过剩，需求价格下跌；反之，需求上涨。

3. 市场交易价格由旅游产品的竞争状态决定

竞争对旅游市场的影响主要体现在三个层面：旅游供应者之间的竞争、需求方之间的竞争和供应商之间的竞争导致了以更低的价格进行市场交易。由于各需求方的竞争，导致了更高的交易价格。供需两方面哪个更强大，那么价格就会对谁有利。

（二）旅游定价的要素

1. 汇率变化

汇率是指两种不同的货币的价值，也叫作"汇价"。外汇储备的变动，既是对一国外贸的影响，也是对旅游商品价格的影响。由于外国货币的购买力较高，所以国内的汇率降低对游客的吸引力很大，因此，游客们可以用较低的外汇来购买相同的商品，从而促进了游客的消费。相反，如果货币升值，就会使旅游业的销量下降。

2. 通货膨胀

如果其他条件相同，那么，一个国家或区域的通货膨胀率越高，它的价格就越高。

3. 接受国家的政策

旅游定价政策因国家或区域的经济形态而异，这与国家经济发展总体目标、政府对旅游市场的态度有关。

4. 替代性定价

旅游商品中满足游客相同的需要的构成要素之间存在着相互替代的关系，从而对旅游价格产生一定的影响。此外，旅游产品与其他高端消费之间也存在着相互替代的关系，它们的价格变动会对旅游产品的价格产生一定的影响。

（三）旅游定价的目的

旅游定价目标是指旅行社的生产和运营目标，它包括五个方面：以反映产品质量为目标，以获取最大利润为目标，以保持市场份额为目标，以适应市场情况为目标，以利于市场营销为目标。价格要体现旅游商品的品质，要做到物美价廉。旅游企业的盈利能力是一个综合的体现。以追求最大利益为目的，是旅游业发展的一种内在驱动力。市场份额的大小是衡量企业对市场需求的适应性、竞争能力、经营管理水平和定价的合理性的主要经济指标。为了维持或增加市场份额，建议采用较低的价格。同时，定价也要符合市场行情，有助于其他市场营销要素。

（四）旅游定价战略

1. 以成本为导向

该战略的出发点是以旅行社的成本为定价依据，以费用为基础，以旅行社的利润为目标，为定价提供一个合理的定价。通常采用两种方式来实现这一战略，一是总费用加价法，也叫作"加标价法"。在旅游饭店的饮食价格中，经常被使用。二是目标收入定价法，是指在特定时间内，以旅游供给主体的期望收益为基础，通过计算最终的费用和最终的收益来决定其价格。这种格式在客房价格中得到了广泛的运用，比如赫伯特法。

2. 注重需求

其主要内容有认识价值定价法与区别需求定价法。了解价值定价法是指根据旅游者对旅游商品的了解与认知程度而确定其定价的一种方式。区别需求定价又称为差异定价，它是基于游客对旅游商品的需求和对其价值的认知，确定两种或更多的价格。其主要方式是针对不同的游客、不同的服务形式、不同的地点、不同的时间设定不同的收费标准。

3. 以竞价为重点

该战略的重点在于竞争对手的定价，而非坚持价格、成本和需求之间的关系。其主要方法是：以市场上普遍采用的同类商品的价格为定价基础确定价格；遵循主导型企业定价法是以行业内具有很大市场份额或者具有很大影响力的公司的价格作为基准，而其他公司则跟随主导型公司的价格进行定价，其首要目的是规避竞争；动态费用定价法的基本原理是价格高于变化费用。

三、目标旅游市场

(一) 选择旅游目的地市场

旅游目标市场的选取是指基于市场的细分化，依据自身资源、营销能力和细分市场的吸引力程度，对不同的市场进行评价，从而确定特定的市场定位，并利用相应的产品来满足不同的市场需求。一般情况下，只有满足以下几个方面的市场，才能被确定为旅游公司的目标市场：第一，该细分市场存在着一定的细分范围，即实际的需求和潜在的需求；第二，领域没有被竞争者垄断；第三，旅游市场的细分与旅游公司的运营能力是一致的。

(二) 选择目标市场应考虑的因素

旅游企业在选择市场策略时应考虑下列因素：

(1) 旅游企业实力。如果旅游公司的资源和能力不足，无法同时满足整个市场的需求，可以采取集中式的营销战略。

(2) 产品同质性。针对差异性不大的产品采取无差异性营销策略较为合适。

(3) 市场的同质性。如果市场判别很大，就应采用差异性营销策略或集中性营销策略。

(4) 产品生命周期。在旅游产品的成长期，一般采用差异性营销策略；而在旅游产品的衰退期，常采用集中性营销策略。

(5) 市场竞争情况。若竞争对手很多，旅游企业应采取不同的或集中的市场营销战略。在竞争对手采取非差别营销战略的情况下，企业可以采取不同的或集中的营销战略。

(三) 目标营销战略

旅游企业应从本国、本地区或本公司的现实情况选择适当的目标市场，并在目标市场上进行优化组合，以实现旅游经营的最好目标。

1. 总体目标营销战略

该战略是指旅行社将一个旅游市场视为一个大的目标市场，而非细分，从而使其仅推出一种产品，并运用一种营销组合，以最大限度地满足游客的需求。其先决条件是，一种产品能适应不同的市场需求，很少甚至不去考虑消费者需求的差异性。无差异性营销策略的主要优点是可以降低旅游营销成本；其缺点是不能满足旅游细分市场的需求，不利于企业获得较多利润。

2. 多目标市场策略

多目标市场策略旅游企业将整个旅游市场分为多个市场，根据其需求特点，制定相应的产品，并运用不同的营销组合，以适应不同细分市场中的旅游消费者需求而采取的营销策略。多目标营销战略的优势在于：第一，能增加旅游企业总的销售额；第二，有利于塑造旅游企业及产品的良好形象，增加对回头客的吸引力；第三，增加重复购买的数量和次数，增强旅游企业的目标市场的竞争力；第四，可减少旅游企业经营风险。多目标市场策略的缺点是：第一，由于目标市场过多，旅游企业的生产、管理和促销费用也会随着旅游营销组合及产量的增加而增加；第二，增加了旅游营销管理工作的难度。

3. 集中性目标市场

集中性目标市场策略又称为"密集型目标市场策略"或"单一目标市场策略"，是指将旅游企业的有限资源集中使用于某一个最优潜力且能适应的细分市场上，一边在自己的目标市场上确立绝对优势，并建立良好信心。运用此策略有利于旅游企业经营专门化，提高旅游企业资源的利用率，并在目标市场上建立扎实的基础，能在较小的市场中获取较大的市场份额。但由于旅游企业将所有资源化集中在某一细分市场上，因此所冒风险大。

（四）旅游目标的市场定位

旅游目标市场定位是指在特定的市场中，为使其在消费者心中树立清晰、独特、深受消费者喜爱的品牌形象而采取的不同策略。旅游市场细分、目标市场选择和市场定位是旅游市场细分的基础，旅游市场细分是旅游市场选择的基础。

1. 对立的位置

"反"定位是指在目标市场中，通过与已有竞争对手接近的方式来赢得相同的顾客。这样的定位实际上就是与其他品牌进行直接的较量。"反"模式存在着一定的风险，如果采取不当，将会导致旅行社在竞争中失败。但是，这是一种充满挑战的定位方法，更能激发公司在逆境中奋勇前进。一旦成功，就能获得更大的市场份额。

2. 填补空缺

"填补空缺"是指旅行社避免与竞争对手正面交锋，在特定的市场中寻找"空隙"，开发现有市场所不具备的特色旅游产品，开辟新的市场。由于该方法具有低的风险和高的成功率，因此被很多中小型企业采用。

3. 另类的定位

"另类"定位是指旅行社对已上市的产品进行重新定位，即通过改变其固有形象，使其重新认知。这样的目标是要走出困境，恢复经济发展和生机。

4. 确定"第一号"的位置

"第一号"定位通常是市场先驱者采取的定位策略。因为消费者往往能牢记市场的第一号产品和头号企业，而对于其他品牌的产品和企业相对来说印象较浅。所以，旅游企业可以从众多的特点中找到一个具有绝对优势的特征，从而在市场上建立起"第一号"的品牌。

四、旅游市场

旅游市场营销是旅游产品或服务的生产者，根据消费者的需要，对旅游产品、服务和项目进行合理的定位，从而为旅游产品、服务和项目的开发提供保障。旅游营销可以从旅游景区营销、旅游饭店营销等几个方面来进行。旅游市场营销是以游客的需求为导向，通过分析、规划、实施、反馈、控制等手段，对不同类型的旅游经济活动进行协调，使游客满意、企业获利。

（一）旅游市场的含义

旅游营销是指从产品开发、定价、宣传到顾客反馈等方面进行的一种综合性的经营活动。公司的经营导向主要由生产观念、产品观念、营销观念和社会营销观念四个方面进行。

（二）旅游市场营销与一般市场营销的差异

旅游作为一种特殊的服务产业，旅游产品作为一种特殊的产品，其营销与普通的商品有着本质的区别，其差别主要有：

1. 不同的产品特征

旅游商品的生产和消费是同步的，而旅游服务则是经营者和消费者之间的相互影响和相互参与的过程。

2. 多渠道的种类更多

生产商将产品从工厂运输到消费者手中，而旅游企业则依赖于一系列的中介机构，向客户提供有关目的地、酒店、景点和交通等方面的信息。所以，他们能极大地影响消费者的购物决策。

3. 提高对客户的关注

旅游企业除了要对同顾客发生接触的人员进行管理外，还必须对服务场所里顾客的行为进行管理。因为旅游者直接参与了生产过程，所以如何管理顾客也成为旅游市场营销的一个重要内容。另外，旅游产品的质量很难像有形产品那样用统一的质量标准来衡量，而更多地体现在顾客的满意度上。因此，在旅游企业的营销工作中，除了外部营销，还更应重视内部营销工作。

4. 多方协作

旅游需求包括吃、住、行、游、购、娱等，而游客的需求水平也不尽相同，这就决定了旅游产品是由单项服务产品组合而成的综合产品，缺少其中任何一个部门的产品，都难以构成整体的旅游产品。因此，旅游市场营销离不开多部门的分工协作。

（三）旅游市场的营销环境

旅游企业在市场经济中的经济活动具有很强的社会性，其营销行为受内外控制和不可控制的双重作用，也就是说，旅游市场营销必须在特定的时间和空间内进行，而这种时间和空间条件就是旅游市场的营销环境，以及旅游企业在市场营销中的生存空间。

在微观市场营销环境中，旅游者是最主要的参与者，也是最终的消费者。满足了顾客的需求，也就是顾客对公司的营销工作的认可。反之，则表示公司的营销工作已宣告失败。要掌握旅游消费者，必须从客源的规模、客源的数量和质量的角度来认识和理解。旅游市场的宏观环境包括人口、经济、科技、政治、法律、自然、社会、文化等。这些环境因子在旅游营销中起着重要的作用，在微观营销环境的作用下，间接地发挥着重要作用。

旅游业是一个完整的市场体系，是一个由许多独立的、互相关联的行业构成的一个整体，同时也是一个由人口、资源、社会文化、政策、法律等构成的庞大体系。它受到大系统的影响与控制，也受到大系统的反作用。旅游企业在进行市场营销决策时，必须将其与企业相关的环境、市场营销活动视为一个整体，统筹考虑各个环节的相互影响，从而实现旅游市场的可持续发展。

（四）旅游产品的市场推广

旅游市场的营销组合包括产品、价格、分销渠道和促销。产品包括新产品开发、旅游产品的商标政策和旅游产品的实际内容；价格包括价格制定政策和价格管理；营销渠道主要有选择旅游产品的渠道、建立产品营销中介、制定产品营销渠道规划；旅游促销活动主要有制定旅游产品的市场计划、培训旅游人员、旅游产品的广告宣传、旅游公司的公关活动。另外，旅游企业的售后服务也是促销的附加内容。

第四节　旅游消费

一、旅游消费的含义

（一）旅游消费特征分析

旅游是一种生活方式，归根结底是一种高端的消费形式。它是指人们基本的物质和精神生活需求，如衣、食、住、行等，再加上额外的经济收入和休闲时间，旅游消费内容、消费结构、消费效果等，对开拓旅游市场、制定旅游价格、投资旅游项目、构建旅游产业结构、制定旅游经济发展战略和规划都有着重大的现实意义。

旅游消费是指人们在旅游活动中，为实现自己的发展所必需的各种物质、精神资源的消耗。旅游消费的本质可以分为以下几个方面。

1. 个人支出

个体消费主要是指满足基本生活需求和发展需求的消费。基本生活需求的消费，是指满足个人和家庭的最低生活需求所必需的生活必需品的消耗；而发展和享受需求的消费就是要提升人民的文化素养、陶冶情操、发展劳动者的智力和体能。

2. 物质和精神的消耗

从消费的内容上来看，可以分为物质和精神两大类，其中既有以商品形态存在的消费品，也有消费的服务。旅游消费是指人们在旅游活动中所得到的物质和精神的双重消费，以满足他们的发展和享受。

3. 更高层次的消费

旅游消费是一种更高级的消费形式，它超越了人们的生活需求。随着科技的进步、社会生产力的发展、人民生活水平的提高，旅游已经成为人们生活中不可或缺的一部分。

（二）我国旅游产品的消费形式

在整个人类的社会和生活模式中，旅游消费模式是一个重要的组成部分。主要有以下几个方面：

1. 消费观念

消费心理和消费观念所形成的消费意识支配和控制着人们的消费行为。消费心理是一种浅显的消费意识，是指人们在特定的情况下，通过自己的情感经历和心理活动所产生的消费动机、意向和兴趣。人们的消费心理常常受到社会环境的制约。消费观念是以特定的人生观和价值观为基础的深层消费意识，并具有相对的稳定性。消费观念的相对稳定与消费心理的相对变动，形成了一种消费观念。消费观念为人们的消费行为提供了一种模型，而消费心理又对其实际的、特定的消费行为产生了直接的影响。

2. 购买力

消费能力是指人们为了满足旅行需要而进行的消费行为。它包含了人的生理消费能力和一定的经济消费能力。生理条件、经济条件、文化条件是构成旅游消费能力的物质和精神的基础。然而，这毕竟只是一种可能的消费能力。要把可能的旅游消费能力变成现实的消费能力，还需要成熟的客观条件，即旅游者在具备生理上、经济上、文化上的完整的消费能力的同时，客观上也要有条件来获取所需要的消费资料，这才是现实的旅游消费能力，才能使消费活动得以实现和进行。

3. 消费结构

消费结构是指在一定时间内，各类旅游产品和劳务消费的数量比例和相互关系。旅游商品消费可以划分为满足生存需求的生存消费、享乐需求的消费、身体和精神的发展消费。另外，我国居民的消费结构还包含了居民的消费和公共消费之间的比率、商品和供给之间的比率。消费结构的现状是旅游消费的本质特点，是旅游消费水平与品质的体现。

4. 消费习惯

消费习惯是一种具有民族性、历史性和相对稳定性的消费行为，它在特定的情境中频繁地发生。不同国家、不同地区、不同民族的消费习惯是在各自特定的经济、文化条件下形成的，并凝聚成为一种社会心理或行为规范，是构成不同国家、地区的文化形态和民族习俗差异的重要因素。

5. 消费水平

消费水平是指在物质和文化方面满足旅游者需求的数量。任何消费方式总是要通过一定的消费水平体现出来的，特别是旅游消费品和服务总是具有一定质量的，所以，消费水平所包含的旅游产品和服务的质量，既包括精神消费品及其服务的数量和质量，又包括物质消费品及其服务的数量和质量。因此，要把握好旅游消费的数量和质量、物质消费和精神消费相结合的关系。

二、旅游消费特征分析

任何消费都是生产力发展的产物，是人民的经济增长和人民生活水平的进步。旅游活动涉及政治、经济、文化等多个方面，其消费内容涵盖了吃、住、行、游、购、娱等方面，因此，旅游消费有其特殊性。

（一）综合性

旅游消费是一个贯穿旅游全程的、持续的、动态的过程，其最突出的特征就是综合性。首先，从旅游消费行为的组成上来看，旅游活动是以旅游为核心的，但要达到旅游的目标，就必须使用特定的运输工具，在旅行过程中必须购买一定的生活必需品和旅游纪念品，同时还要解决吃饭、住宿等问题。由此可见，旅游是一种集吃、住、行、游、购、娱于一体的综合消费活动。其次，从旅游消费的客体上来看，旅游的目标是旅游商品，旅游商品是由旅游资源、旅游设施、旅游服务等诸多要素组成的，它具有物质的形式和活动的形式。因此，旅游消费的客体是由多要素、多类项目构成的复合体。最后，从参与旅游消费的各个行业来看，旅游消费是由很多行业和非经济部门共同参与的。第一类是餐饮业、酒店业、运输、商业、农业等；后者包括环保、园林、文物、邮电、海关等。这也是旅游消费整体特征的有力佐证。

（二）服务性

服务是指为满足特定需求而提供的劳务形式。在旅游活动中，首先要满足人们的基本物质需求，因此，一定数量的物质商品是必然的。但是，从整体上讲，服务消费是主要的。旅游服务消费，不但具有数量上的绝对优势，更是贯穿游客从长期居住地到景区观光，再到长途跋涉的整个消费历程。旅游服务是一个综合服务体系，包括饭店服务、交通服务、导游服务、代办服务、文化娱乐服务、商务服务等。

（三）可伸缩性

可伸缩性是指消费者对消费品的需求和种类的不同，并且这种差别会随着消费的各种因素而改变，呈现扩张和收缩的状况。因此，弹性一方面是指消费者对消费的种类、数量和质量的需求的改变；另一方面，从影响消费的各种因素来看，消费者的需求发生了变化。旅游消费是一种高水平的消费，具有很大的弹性，主要体现在：

1. 无限消费

美国马斯洛将人类的需求分为生理需求、安全需求、社会需求、尊重需求和自我满足需求。旅游消费是指在满足了一定的物质需求、安全需求之后，为了更高的需求而进行的一种高层次的消费，因此不存在数量上的限制。随着社会和经济的发展和人民的生活水平的提高，旅游的消费倾向是越来越强烈的。

2. 灵活的支出

总体上，满足人民生活需要的消费弹性很低，满足人们的享受和发展需要高弹性。旅游消费的量与质受多种因素的影响。除一般所谓的价格、收入外，国内的政治、经济状况、职业、年龄、性别、受教育程度、宗教信仰、兴趣爱好、社会经济发展水平、风俗习惯等，都会对旅游消费产生直接或间接的影响。

3. 节令消费

节令消费包含两点。一是对特定月份或特定季节的游客的消费需求。比如德国人主要是在夏天旅行，而巴黎人则是在八月。二是在一定的月份、季节里，旅游消费的重点是特定的消费者。比如，夏天去海边旅游的人很多，冬天去海边旅游的人却很少。

三、旅游消费在旅游中的角色

旅游是一种先进的消费形式，它在推动人类全面发展、提高劳动者素质、提高劳动生产率、推动经济发展等方面发挥着积极的作用。

（一）社会再生产的推动

旅游消费既是指旅游者的物质生活消费，也是指精神商品的消费。通过消费，一方面可以实现商品的价值与使用价值，另一方面也需要对物质和精神产品进行再生产。生产与消费是互相依赖、互为前提的，它们互相创造。

在经济发展中，旅游消费对经济发展的影响主要体现在：不仅要求原有的旅游企业和部门进一步发展，增加一批新的旅游企业和部门，而且要求向旅游业提供产品和服务的其他部门和行业也要相应地发展，从而促进整个社会经济的繁荣。

（二）激发劳动力再生产

完成生产过程的两个重要因素是生产资料和劳动力。劳动力再生产是物质材料再生产的必要条件，而现代大生产则要求社会为其提供高质量、高水平的劳动力，必须具备专门的技术，广泛的文化知识，较高的主动性、敏捷性、创造性和充沛的活力。要实现这一目标，既要解决劳动者的基本生存需求，又要不断地改善他们的物质生活，同时要加强德、智、体等方面的教育，以提高工人的道德和文化素质。旅游消费是一种潜移默化的思想道德和文化素养的教育，它可以陶冶身心、促进健康、开阔视野、增长知识、促进优质劳动力的再生产。近年来，部分发达国家逐渐将旅游消费视为推动劳动力再生产的重要手段。旅游消费能够恢复和发展劳动者的身体素质和智力，激发其生产积极性，使其在工作中充分发挥其潜能，从根本上促进生产力的发展。

（三）现代生活设施的普及

旅游作为一种具有娱乐性、享受性的消费活动，其目的在于使旅游者的心理享受最大化。交通工具、住宿条件、设施设备等必须具备现代化、舒适、方便、卫生、安全的特征。这些特点决定了在科学技术不断发展的情况下，生产中的某些民用新产品在普及于人们日常生活之前，首先在旅游业的经营中被采用。例如，空调机、微波炉、冰箱等耐用消费品在家庭普及之初，已在旅游业中广泛运用。这些说明了旅游消费对现代生活设施的普及和人们消费观念的转变具有重要意义。

（四）旅游商品的增值

旅游商品的价值是通过消费来实现的。首先，旅游产品的生产是以旅游产品的消费为目标的。生产依赖于需求，而需求的形成与发展则主要依赖于消费的发展。其次，旅游消费是实现旅游商品的最终价值。

四、旅游消费的构成

（一）我国旅游业的消费构成

旅游消费结构是指旅游者在旅游活动中所消费的各类旅游商品及其相关消费数据之间的比例关系。

1. 根据游客的需要，将其分为几个等级

从总体上看，旅游消费可以分为生存消费、享受消费和发展消费，旅游消费分为餐饮

消费、娱乐消费、住宿消费和交通消费。其中，食、住、行是指满足游客在旅游过程中的生理需要；而观赏、娱乐、学习等消费则是为了满足游客的精神享受与智力开发。两者之间的关系是密切的。在满足游客的需求时，既要满足他们的享乐和发展需求，也要满足他们的生活需求。

2. 从形式上看旅游消费数据

根据游客在旅游活动中的消费形式，可以将其分为物质消费和心理消费两大类。物质消费是指游客在旅游活动中所消费的物品，如客房用品、食品、饮料、纪念品、日用品等。所谓"精神消费"，就是指为旅游者提供的风景名胜、文物古迹、古今文化、民俗风情等精神商品，以及在整个旅游过程中所能享用的各种服务和精神产品。这种划分也是相对的。如果物质消费能使游客满意，则会使其心理愉悦；虽然心理上的消费主要是为了满足游客的心理需求，但是很多都是以物质形式存在的。

3. 按照旅游消费对游客的重要性进行分类

按照消费的重要性，可以将其划分为基础消费与非基础消费。基础旅游消费是一种基本的、稳定的旅游消费，如旅游住宿、餐饮、交通等；非基础旅游消费是指医疗消费、通信消费等非必要消费。

4. 将旅游目的地和游客来源进行全面分类

在旅游消费结构的分析中，往往将以上几种类型进行有机组合，并将不同的旅游目的地、不同国家、不同的旅游类型和不同的旅游支出进行综合归类，从而为旅游市场的研究提供科学的基础。

（二）旅游消费构成要素分析

旅游消费不是一种必需的消费，而是一种更高层次的享受与发展需求。旅游消费具有很强的需求弹性，很多方面都会对旅游产品的质量和数量产生一定的影响。在国际政治、经济、环境等因素的作用下，游客的收入水平、年龄、性别、职业、文化水平、风俗习惯、兴趣爱好等因素对旅游的消费构成具有一定影响。另外，在服务范围、服务项目、服务质量、服务态度、服务部门之间的协作、社会秩序等方面，也是影响旅游消费结构的重要因素。

总之，各要素对旅游消费结构的改变都有一定的影响。

五、合理安排旅游消费

为了使旅游消费的经济、文化、精神享受性达到最大化，从而使其经济和社会效益最大化，达到人们的身心健康与全面发展的目的，就必须要使旅游消费合理，必须符合下列几个基本条件。

（一） 旅游消费结构的优化

要优化我国的旅游消费，就必须从多元化入手。旅游消费的多元化，即旅游消费的内容、形式要丰富多彩。旅游消费的内容和形式的具体选择应包括参观、学习、体验等多种形式的消费需求；它不仅能消除疲劳、促进身体健康，还能增长知识、修身养性，促进身体素质和智力的发展。

（二） 促进旅游消费的供需均衡

由于受时间、地域、政治、经济、社会心理等因素的影响，游客的消费需求是动态变化的，而当消费能力形成后，其消费行为就具有了稳定的特征。合理的旅游消费，一方面要确保旅游淡季和"温冷点"的消费规模、提高旅游设施设备的利用率；另一方面，在旅游"热点"、旅游旺季期间，旅游消费水平、消费结构要与旅游目的地的接待能力相匹配。

（三） 生态环境的保护与改善

良好的旅游环境是优质旅游资源、优质产品的基础，是实现高质量旅游消费的必要前提。旅游的一个重要目的就是追求一个清新、舒适、宁静、安全的自然环境与社会环境，所以，旅游的合理消费应以维护环境、维护生态平衡为首要目标，如狩猎、钓鱼、采花旅游等，在不破坏自然生态平衡的情况下，严禁滥捕、滥猎、滥采。其次，旅游消费要合理，既要提高民众对自然资源、历史文化遗产的认识，又要筹措经费，修建污水处理设施，以改善景区的生态环境。

（四） 推动文明的发展

旅游消费是人们文化生活的一个重要组成部分，是一种具有更高层次的精神生活形式，其合理的发展应使旅游者感受到新鲜、舒适、优美、健康的生活体验，使人们热爱生活，追求理想，奋发向上，努力学习，提高思想、艺术、文化修养，预防和打击各类腐败和不健康的现象。要以丰富的旅游内容和服务项目，丰富游客的心灵，推动社会文明的持续发展。

第四章　旅游新业态

第一节　旅游新业态的概念

开发新的旅游业态是实现旅游产业升级、可持续发展的一种新思路，也是一种新的研究领域。本节主要从旅游新业态的概念、内涵、产生机制、发展模式等方面进行综述。

一、旅游新业态的概念

旅游业态是旅游经营者通过适当的经营方式为消费者提供旅游产品和服务的过程。

就国内研究而言，邹再进从经营角度出发，认为旅游业态是指旅游企业组织的经营模式、发展阶段、发展趋势以及行业范围的界定。

许豫宏从消费需求的角度分析了旅游新业态，认为旅游新业态是旅游行业根据游客的需求创造的一种新型产品，它能满足游客的心理、情感和审美需求。杨玲玲和魏小安分析了一种新业态，认为新业态是一种相对于旅游主体的新发展，将新的思路和内容融入其中，形成比较稳定发展态势的业态。张文建认为狭义的旅游业态是指旅游企业或集团经营形式；除了广义的旅游业态外，还包括旅游组织结构类型和组织形式，在产业层面上表现为众多业种和业状。汪燕、李东和认为，新的旅游业态就是要满足消费者新的消费需求，实现旅游与其他产业的融合，不断创新，综合国内外学者的观点，本节认为：旅游新业态是指旅游经营者及其相关行（产）业部门根据旅游消费者多元化需求，在组织管理方式、产品形态、经营形态等方面实现旅游产业的新的发展和突破，是对旅游产业的产品结构（业种）、旅游业当前发展阶段（业状）和未来发展趋势（业势）的一种综合性描述。

二、旅游新业态与新业态旅游

近几年来，随着旅游新业态发展的研究，新业态旅游概念逐渐被提了出来，可以理解为一些非旅游功能行业为了深化发展，实现业态创新，增加旅游功能，不断渗透到旅游业。目前，新业态旅游已经引起了旅游者的广泛关注，新业态旅游和旅游新业态之间存在着相互区别、相互交织、不可分割的辩证关系。

在发展模式上，旅游新业态就是利用新技术、新方法，不断融合、革新、更新、创新，实现旅游产业新的发展；新业态旅游是指旅游新业态中创新的一部分，也是新业态中最具挑战性的部分。它的产品特性、结构内容、功能效果和经营方式都与以往任何一种旅游业态都不同，开发难度大、风险大，如豪华邮轮、低空旅游、科技旅游、太空旅游等。从发展趋势来看，新业态旅游使原有产业具有旅游功能，使旅游业有了新的可能性，丰富了旅游业的发展。而新的旅游业态将会无限扩大其产业边界，使更多的行业渗透进来，两者之间的联系更加紧密。旅游新业态在产业层面上是对旅游业发展状况的综合描述，包括业种、业状、业势三个方面。从新业态旅游逐渐向旅游过度发展的情况看，应首先界定旅游产业的类型，再研究特定行业的业态问题；从这个角度看，前者的界定范围比后者要广得多。

第二节　旅游新业态的类型

旅游新业态的形成主要有三种类型：旅游组织形态、旅游产品形态、旅游经营模式。

一、旅游组织形态

旅游组织形态是旅游市场中出现的一种新型组织形态。一是会展旅游集团、景观地产企业、旅游装备制造业等行业间融合出现的新型业务融合组织形态。二是携程、e龙等在线旅游运营商等网络技术和旅游融合而形成的新型组织形态。三是开发家庭旅馆、主题餐厅等特色组织形态。四是加快企业发展的新型组织形态，如"如家""中国民俗酒店联盟"等旅游联合体；五是旅游产业园、旅游产业集群等多类型企业合作发展的新型组织形态。

二、旅游产品形态

旅游产品的新形态是根据市场需求而开发的一种新型旅游产品。一是结合交通工具，形成自驾车、高铁、邮轮、游艇、自行车、太空等旅游产品；二是结合特色旅游资源，开发温泉、影视、高尔夫、工业、农业、赏花等旅游产品；三是针对夕阳红、夏令营等细分市场的新产品形态；四是旅游目的所引发的旅游产品形态，如纯旅游、探险旅游、养生旅游、教育旅游、乐活旅游等。

三、旅游经营形态

旅游经营的新形态是旅游企业在销售旅游产品时表现出的一种新型经营形态。一是由多类型企业组成的联合经营形态，如峨眉山景区与旅行社组成的"峨眉山旅游专营"、酒店与航空公司联合营销等。二是网络技术应用于经营活动形成的一种新型经营形态，如"网络营销"。三是广西旅游大篷车、发放旅游消费券等新的营销途径和方式。

第三节　文旅融合发展新业态

从产业分类上看，产业分化和融合达到一定程度后，就会产生新的产业，但是产业融合的结果可能并不能完全形成新的经济活动类型和新的产业类型。因此，文化和旅游产业相融合，旅游接待服务基本活动性质不变，旅游产品具有丰富的文化内涵，能给旅游者带来更多的旅游感受和吸引力，从而提升旅游文化体验、提高旅游消费收益、促进旅游产品销售。如果将旅游和文化产业结合在一起，那么文化经济活动是主要的、旅游相关活动是次要的，产品的生产是文化和旅游的结合。

一、文化与旅游产业融合的旅游游览、旅游娱乐新产业新业态

旅游的传统对象是自然景观和历史文化遗产。文化和旅游结合的新产业和新业态，以丰富人们的文化体验为出发点，通过创意策划开发了许多旅游景区，开展了丰富多彩的休闲观赏活动。例如，利用现代科技营建不同于日常生活的文化景观，创造不同文化活动类型的主题公园；欣赏具有地方特色文化内容的山水风光和建筑背景下的实景表演；迎合都市家庭的需要，打造一座满足他们了解自然、增长知识需求、娱乐身心的体验乐园；提供康体环境，舒缓紧张心态的森林休闲和水面垂钓；利用工业遗产或特殊生产流水线组织参观游览，展示一般人很少见到的工业文化；充分发挥战时、建设时期的历史遗址、遗物宣传教育功能，开展红色研学活动；数字博物馆、现代展厅等，运用电子信息技术创造生动的图像展示。这些经济活动本质上仍然是旅游接待服务，旅游产业活动类型属于休闲旅游和生态旅游，但是由于文化旅游产业融合导致经营业态创新，甚至经济活动类型与原有产业活动形成差异导致新产业的产生。生态旅游是一种新兴的旅游产业，不同于传统的休闲观光旅游。而在传统演艺活动中结合景区实地景物和地方历史文化创意营造的实景演艺，仅仅是文艺表演服务的一种新业态，属于行业分类代码8810小类中与旅游经济活动相关的"文艺表演旅游服务"的一部分。

二、文化与旅游产业融合的旅游购物、旅游饮食新业态

随着人类社会经济的发展，购物、饮食等领域的经济活动也随之发展起来，成为接待异地游客规模旅游经济活动不可缺少的一部分。虽然实际上也有主要（甚至是专门）为游客提供的旅游购物和餐饮服务，但是它们的经济活动类型与一般零售业和餐饮业并无明显区别，只是在服务接待活动中加入了文化内容，使游客获得了更多的文化体验。这就使得目前的旅游购物、旅游餐饮似乎并未形成与原有经济活动明显不同的新产业，只是在原有的餐饮、购物、接待等活动基础上形成了一些新的业态。例如，文化与旅游产业融合，餐饮环境装饰一定文化主题，创意设计特色餐饮，提供相应文化风格的服务，包括音乐演

奏、歌舞表演等，形成旅游餐饮新业态，为消费者提供富有文化氛围的消费环境与相关文化体验，受到社会大众欢迎，在市场中不断发展。而对旅游者提供当地特色产品的购物服务活动，为了充分展示主要销售商品，如阐释当地土特产品的养生保健文化内涵，使旅游购物店兼具博物馆的文化科学普及功能，就是旅游购物文化与旅游产业融合新业态的体现。通过精心布置的展示厅，系统介绍当地特色产品，使游客了解相关文化科学知识和历史传说故事，激发游客购买欲望，促进旅游消费行为的发生。

三、文化与旅游产业融合的旅游住宿、旅游交通新产业新业态

住宿服务作为社会领域的一种传统经济活动，是接待外地游客的必要行业。从总体上看，住宿服务和文化经济活动之间存在着一定的距离，但是文化可以作为旅游服务的补充，丰富游客的消费体验。目前，文化旅游产业尚未形成新的住宿产业，而营造独特的文化氛围，丰富外来游客住宿期间的文化体验，创意设计的文化精品酒店与特色民宿都属于住宿业的新业态。北京市曾经总结出了乡村旅馆、国际驿站、采摘园、生态渔村、休闲农庄、山水人家、养生山吧、民族风苑等八个新的乡村旅游住宿业态。从总体上看，这八个类型的乡村旅游业态体现了文化和旅游产业的融合。如长城脚下的古北水镇，江南水乡周庄、同里、西塘、角直等，都是文化旅游产业融合的成果。同样，交通运输在旅游接待服务中也是必不可少的一部分。但是由于仅提供交通服务的设备空间通常比较狭窄，因此安全问题需要进一步关注。就像住宿和餐饮一样，普通的交通工具也会增加文化元素，让外来游客获得更多的文化体验。一些以旅游景点命名的列车也多以车厢内外为广告载体，缺乏与之相适应的文化特色系列服务，未能像文化主题酒店那样形成某种新业态。或许是因为游客对长途运输的需求主要是到达目的地的速度快，而对文化体验的需求并不强烈。而将住宿和交通结合起来的邮轮旅游和房车旅游，其接待服务和交通设备本身就具有一定的文化特色，而沿途的旅游活动也使游客更加注重文化体验。邮轮旅游与其他运输活动存在着明显的差异，使其在"海上旅客运输"的行业分类代码5511中形成了一个新的融合产业。房车旅游独有的文化特色是旅游运输行业中一种新兴的业态。除了长距离交通之外，城市内的行动式观光活动也呈现出文化和旅游产业相融合的趋势。北京胡同游的人力车，配以明显的地方风格装饰，提供运输服务，沿途街巷观光，是一种新型的文旅融合业态。而已经被细分为"旅游出行"和文化产业的"文化娱乐休闲"的旅游航空服务显然是一种新的产业。

四、旅游与文化产业融合的新业态

旅游和文化产业的融合，与上述三种文化和旅游产业的融合内涵不同。文化和旅游产业融合是旅游服务活动的基本属性，文化内容可以丰富旅游产品。旅游和文化产业融合是指文化经济活动和旅游相关活动相结合、产品和业务相融合的过程。而且，从目前来看，

旅游和文化产业的融合主要是形成新的商业模式，并没有什么新的产业，比如影视城原本是用来拍摄电影的，后来开放了旅游，增加了经济收入，游客在这里参观的时候，可能看到剧组在拍摄，现在有些影视城甚至提供了角色扮演和短片服务。从整体上看，文化服务和旅游服务在技术上的融合、产品和业务的融合是一种新型的市场融合。而以影视IP为基础进行创意建设的影视主题公园，如苏州和海口的华谊兄弟传媒有限公司，则不同于影视城，经济活动以文化休闲旅游为主。他们希望通过公司投资拍摄的相关影视产品，把知名IP的市场知名度转化为旅游主题公园。这是一条影视文化的延伸，也是一种文化和旅游市场的融合。经过一段时间的发展，北京798文化产业园区、成都东郊音乐记忆公园都以文化和艺术为主业，发展成为受欢迎的"网红"观光游览区。又如旅游演艺最基本的经济活动类型就是文化表演，属于文化产业，面向游客市场销售产品和业务结合，同时也与市场融为一体。

类似的还有旅游节庆，本质上就是把本地居民的庆典文化活动扩展到吸引外地游客的产品，使产品和业务相融合，产生市场融合。随着"夜间经济"的大力推广，城市夜景除了为本地居民提供休闲娱乐服务外，还吸引了越来越多的外来游客。各种特色小镇正在兴起，其内涵就是在一定的地域空间内营造出较为浓郁的特色文化，结合近年来旅游界提倡的"全域旅游"，成为旅游和文化产业融合的一种新业态。至于电视行业中开辟的旅游频道、旅游栏目，以旅游活动相关文化为主要内容，如央视财经频道的《魅力中国城》等。从产业融合的角度来看，这也是一种产品和业务的融合，同时也将电视文化市场和旅游市场结合起来。从旅游宣传活动的广度来看，各种文化传播方式、渠道都开始关注旅游产品的传播需求，积极创设文化传播形式，宣传旅游目的地及其周边产品。这些创意旅游产品既能促进文化经济发展，又能提供生产性服务，促进文化市场和旅游市场的融合。以上这些产业融合旅游和文化产业，很多都还没有形成。与原有产业经济活动有明显差异。随着社会经济的不断发展，尤其是信息技术和旅游文化产业的深度融合，新的产业融合将会不断创新和发展。

第五章　我国旅游业发展面临的机遇与挑战

第一节　我国旅游业现状

一、地方保护，缺乏竞争机制

首先，从我国旅游企业——旅行社的主体设置与管理上看，我国旅行社以国有企业为主，受国家高度保护，享有经营特权而未真正进入市场，缺乏有效的竞争与激励机制，加之旅行社体制上政企不分，因此，在旅游市场中，旅行社并不是一个完整的自主经营、自负盈亏的实体，这些因素制约着旅行社的健康发展。其次，从旅游资源开发和利用的角度看，由于受地方保护主义的影响，以及旅游资源受到我国财政体制下"分灶吃饭"的影响，各地区间旅游投资和开发都是各自为政，难以统筹，导致市场分割，重复建设，管理效率低下，从而分散旅游市场核心竞争力，使我国旅游产品在激烈的国际旅游市场竞争中后劲不足。

二、投资不足，基础设施落后

由于我国旅游资源丰富的地区大都地处偏远地区，尤其是中西部地区旅游景点多集中于民族地区，这些地区财政普遍困难，投资不足，基本形成了"以游养游"的局面。由于投资少，只能因陋就简，旅游基础设施相对落后、交通不便，主要表现为：飞机不能直接到达，或者由于航班限制，旅客数量较少；铁路也无法直达，只有汽车才能到达，但路途遥远、路况差；再加上邮电、通信等方面的不完善，很难吸引大量的客源，严重制约着旅游业的深入发展。

三、统而不活，处于封闭状态

我国旅游资源开发与旅行社经营尚未完全开放，长期处于国家垄断地位和封闭状态。不仅各旅游景点投资主要由国家或地方政府主导，甚至旅行社的建设和经营都排斥民间资本和外来资金。由于旅游资源开发主要依靠政府资金，政府长期缺乏资金投入导致边远地区旅游资源处于闲置状态或者没有得到有效开发。由于旅行社以政府或政府投资为主，导致我国旅游客源组织力量薄弱，在经营模式上采取了"守株待兔"的经营模式，缺乏有效的客源组织网络和客源管理机制。

第二节 我国旅游业发展面临的机遇

一、游客消费水平和消费结构的转变

随着人民收入水平和旅游设施的供给水平的提高，人们对外出旅游的要求也越来越高，要求吃得好、住得好、行得好。目前我国国内旅游消费结构中，食、住、行所占比重已达75%至85%，游娱支出占15%至25%。随着我国旅游产品生产、开发多样化、配套设施投资结构不断改善，旅游消费结构中、购、娱占国内旅游消费比重将进一步提高，精神消费物质比重将进一步提高。

二、旅游线路的多样化

目前，中国国内游客主要是以观光为主，活动内容相对单一。近年来，特色旅游线路不断推陈出新。如旅游自助游产品，2011年峨眉山景区面临着团队与散客结构的急剧变化，"团散比"由原来的7：3变成了现在的3：7。面对这种变化，相关负责人表示，必须开发适合自助游的旅游产品，迅速搭建网络平台，以适应旅游方式的转变。

三、商务旅游市场发展前景广阔

商务旅游是近几年来发展最快的旅游项目之一，无论是规模还是发展速度，都已成为世界旅游市场中不可缺少的一部分。据统计，每年全球旅游业收入的35000亿美元中，有4200亿美元属于企业的商务旅行支出，占全部旅游总收入的12%。目前，我国因公出国的人数占到了53.3%，其中包括公务人员和商务人员；中国国内商务旅游支出高达1700亿美元，约占国内旅游市场30.5%，每年增长20%。2012年中国商务旅游报告显示，10年内中国将成为全球最大的商务旅游目的地。

四、老年旅游开发潜力巨大

随着社会的进步，中老年人越来越注重自己的生活质量，并逐渐加入旅游大军中。据专家预测，到2050年，中国60岁以上人口将达到约4亿，占总人口的25.2%。而据资料显示，在这一快速增长的老年市场里，我国已有30%的老年人先后出游。专家预测：未来30年，老年旅游者每年都会保持7.3%的增长率。这无疑是开发老年旅游市场和老年旅游产品的最佳资源，而老年旅游市场又是中国旅游发展的重要组成部分。

第三节 我国旅游业发展面临的挑战

一、市场竞争力弱

近年来，我国旅游业尤其国内旅游业的发展较好，但竞争力较弱。就目前旅行社业、酒店业、交通业三大支柱产业而言，由于受到市场竞争力的冲击，普遍采取低价竞争营销策略，对旅游产品研发不重视，创新产品规模小，市场竞争力弱。从国内市场看，各地已形成较为成熟的旅游行业"利益链"，即"零负团费"普遍存在，导游无底薪，靠游客进店赚取利润，对国内旅游市场秩序产生了负面影响。

因此，如何开拓国内旅游市场、开发新型旅游产品已成为国内旅游市场发展的当务之急。只有提高旅游产品质量和服务水平，旅游市场才能健康有序地发展。

二、不注重综合效益

与世界上的某些发达国家相比较，国内旅游业的发展状况与发达国家还存在很大差距。目前，我国的旅游业只关注经济的高速发展，忽略了对社会和生态的影响，这种发展方式与可持续发展理念背道而驰，既造成了对环境的破坏，也影响了社会的整体效益。

三、人文环境的缺失

旅游作为文化发展的重要组成部分，开发和建设文化资源对于现阶段的旅游业具有积极的促进作用。旅游者购买旅游产品，实际上是购买文化产品、享受文化资源、消费文化资源。目前，中国国内旅游的发展不注重文化宣传，只注重盈利和市场的发展，对当地社会文化资源、人文特色的挖掘不够，忽视了当地的文化气息。在国内旅游发展过程中，这是一个普遍存在的问题。

四、产品结构单一

国内旅游产品开发水平总体较低。我国国内旅游资源相对丰富，但由于景区规划、统筹、开发水平、技术水平不高、资金投入不足等，旅游资源开发利用不充分，文化内涵没有得到深入挖掘，导致旅游产品吸引力较弱及吸引范围较小。同时，目前我国大部分旅游产品仍以传统旅游产品为主，产品结构单一；同时，旅游产品在开发过程中存在着高度的同质性和模仿性，使得旅游产品的吸引力大打折扣，既不能适应旅游市场的发展趋势，也不能满足游客日益多样化的需求。

第六章 生态旅游业的发展

第一节 生态旅游业概况

一、生态旅游业的概念定义

生态旅游是一种综合性、多元化的旅游产业，在学术界尚无明确的、公认的定义。本节尝试从生态旅游的范畴与使命入手，来定义生态旅游。

（一）生态旅游的内涵与使命

1. 生态旅游的范畴

从生态旅游的活动历程上，生态旅游的范围涵盖了三个领域：一是与生态旅游"准备"相关的产业，例如从事生态旅游咨询、订票的旅行社、旅游用品的销售、生态旅游等；二是与生态旅游相关的"移动"产业，如铁路、航空、汽车、轮船、自行车、雪橇等；三是餐饮、酒店、娱乐业等与生态旅游业"逗留"相关的产业。

从组织和管理的角度，生态旅游的涉及面较广，包括很多经济领域和非经济领域：第一类是旅游协会、饭店、运输公司（包括民航、铁路、汽车公司、马帮管理所）；第二类是商场、食品店、洗衣店等辅助服务业；第三类是政府旅游机构、旅游协会、生态旅游专业委员会、生态旅游培训机构。第一、第二类属于经济行业，可以归为生态旅游，而第三类，虽然不能列入生态旅游，但对生态旅游的发展，却起到了很大的作用。

2. 生态旅游的使命

生态旅游涉及的行业种类繁多，除了旅行社、旅游目的地管理部门等实体之外，其他行业的人都会参与到生态旅游中来，工业的界限没有其他行业那么清晰，所以光从规模上来看，还不足以体现生态旅游的性质和特征。我们还应该考虑到，通过这些公司和机构，大家都可以为生态旅游活动提供方便，并为其提供相应的产品和服务，从而达到生态旅游的目的。

（二）生态旅游的界定

生态旅游资源的开发与利用，可以满足生态旅游的需要，是其赖以生存和发展的基础；旅游服务系统是指旅游经营者利用旅游设施和手段为生态旅游者提供方便的劳动，为充分利用和发挥生态旅游资源的效用创造了必要条件，并通过一定的旅游经济实体和生态旅游政策，实现生态旅游的开发、保护、扶贫、环境教育四大职能。

二、生态旅游和传统的大众旅游业

生态旅游是伴随着传统的大众旅游发展而产生的一种新的环境问题，它与当今人类所处的时代相适应，是一种新的旅游发展趋势。与传统的大众旅游相比，在追求目标、管理方式、受益者和影响方式上都存在着明显的差异。

在传统的旅游业中，利益最大化是开发人员的目标，而娱乐是旅游者的主要目的。最大的受益者是开发商和游客，而由此产生的生态成本，则是以社会成员为主体，以牺牲环境资源的可持续性为代价，实现短期的经济利益是不可持续的。生态旅游的目的在于实现经济、社会、美学的双重价值，追求合理的效益，维护环境资源的价值，而游客、社区居民则是最大的受益者。

三、生态旅游的特征

了解其本质和特征有助于我们更好地了解其内涵，并为其制定相应的对策。

（一）生态旅游的本质特征

传统旅游是一种以文化为基础的经济产业，它以生态为依托，兼有经济性、文化性和生态性。

1. 经济性与生态旅游

生态旅游是一种具有高度的分散性产业，是一种具有不同规模、不同地域、不同组织形式、不同服务范围的企业，它们都是以营利为目标，进行独立核算的经济组织。发展生态旅游，既可增加外汇收入，又可促进轻工业、手工业、交通运输业等相关产业的发展，有利于促进当地经济的发展，促进区域经济的发展。生态旅游是一种以经济为基础的服务产业。生态旅游的基本属性是经济。

2. 文化性与生态旅游

从生态旅游者的视角来看，在生态旅游的全过程中，人们获得了物质上的满足、精神上的满足，两者是相互依赖、互相制约的。生态旅游者的所有行为实质上是一种社会性的、文化的行为，在这种环境下，生态旅游者可以陶冶情操、增加文化知识、增长阅历。生态旅游的本质特征是文化性。

3. 生态旅游中的生态性

生态旅游是一种以协调发展与保护环境的关系为中心的新的旅游方式与经营思想，它的本质是生态化。生态旅游理念是生态旅游经营与发展的重要指导思想，各有关产业的经营都需要生态化，例如，生态旅游区应坚持功能分区、旅游能力限定；旅游公司的导游员必须具备专业知识和环保意识；吃绿色食物，住房设施的建造与环保理念相一致。生态旅游的核心属性是生态旅游。

（二）论生态旅游业的特点

从其规模上来看，作为整体旅游产业的一个分支，其突出特征是综合性、动态性和可持续性。

1. 综合性

生态旅游是一个综合产业，受其生产、产品和效益的综合影响。生态旅游的生产是一个综合性的过程，需要各有关部门的协调配合，包括旅行社、住宿业、交通运输业等，也包括轻工业、建筑业、农业、林业、畜牧业等国民经济部门，还有一些非物质生产部门，如文化、宗教、园林、卫生、科技、邮电、教育、商业、金融、海关、公安、环保、保险等部门。

2. 动态性

生态旅游的空间动态变化是指生态旅游者的生态旅游与其生态环境的相互作用，即相互影响、相互关联、相互制约的动态关系。生态旅游的季节性是指由于其自身的自然状况而产生的。由于受旅游地的纬度、地势、气候、海拔等自然因素的影响，其观赏与利用的价值会随着季节的改变而出现旺季、淡季和平季，如滑雪运动一般在冬季才能进行，由于旅游者的增减，造成旺季旅游设施和服务人员不足而淡季却闲置。要想有效地提升生态旅游的效益，就必须缩小旺季与淡季之间的差异，使其得到更好的开发利用。

3. 可持续性

"持续发展"这个新概念在国际上得到了普遍的重视，而可持续发展则是一个备受瞩目的议题，其目的是在改善本地人民的生活条件，同时为游客提供优质的旅游环境，以及在发展的过程中，维持和增强环境、社会和经济发展的机遇。生态旅游模式以生态环境承载力为首要考量，并着重于生态环境承载力的研究与维护，强调生态旅游者、社区居民及从业人员对生态环境的贡献，并将旅游开发与社区经济、环境保护紧密结合，是实现可持续发展目标的有效方法和途径，是符合可持续发展理念的旅游形式。

第二节　可持续发展的生态旅游业

一、旅游业引入可持续发展理论的必然性

旅游作为一种新兴产业，对许多问题的理解与其他学科一样，都是由浅到深、由片面

到综合。当前，国内外旅游界对于旅游理论问题的理解还存在着一定的偏颇和分歧，特别是中国旅游界、理论界以及一些国家的政策制定者对此问题的理解并不十分统一。造成这种现象的原因很多，一是由于旅游业是一门综合学科，其科学体系还不完善，对很多问题缺乏系统、全面、深入的研究。二是由于人们对旅游认识上的偏差。

旅游发展与自然遗产之间存在着高度的依赖关系，其发展与旅游活动自身所涉及的领域范围广且错综复杂，目前旅游市场规模过大，旅游资源与环境危机已经成为旅游产业发展的必然要求。尽管《我们共同的未来》中并未提到旅游，但是，从旅游业对自然禀赋和社会遗产的依赖性以及生态旅游的损害等方面来说，旅游是最应该落实、最能反映可持续发展理念的一个方面。

二、旅游业可持续发展的基本理念

（1）发展旅游业要以其所处的生态环境承载力为基础，与当地的经济发展和社会伦理相适应。可持续发展是对各种资源进行综合管理的一种指导方式，旨在防止各种资源遭到破坏，保护自然与文化资源。旅游业是一种强大的发展方式，它可以在可持续发展战略中发挥积极作用。合理的旅游经营必须确保其可持续发展。

（2）可持续发展的本质在于：旅游必须与自然、人文、生态等有机结合；自然、文化、人类生活环境三者之间的均衡关系，使得很多旅游景点都有自己的特点，尤其是一些小岛和环境敏感区域。

（3）旅游对当地文化遗产、传统习俗和社会行为的影响，应予以充分考虑。在制定旅游发展策略时，需要充分了解当地的风俗习惯和社会活动，并注重保护地方特色、文化和旅游景点，特别是发展中国家。

（4）为使旅游业能为可持续发展做出积极的贡献，所有从事此项工作的人员必须团结一致、相互尊重和积极参与。团结、互相尊重和积极参与是建立在所有层面（包括地方、区域、全国和国际）有效的协作机制之上的。对自然与文化资源的保护、评估其价值是我们开展合作的一个特别领域。

三、可持续发展旅游业的目的

生态旅游作为一种可持续发展的手段，其运作目的与旅游可持续发展的目的相吻合，也就是要对旅游活动与自然、社会、经济、文化系统之间的关系进行调整，从而达到人们普遍认同的可持续发展理念。

在加拿大1990年举行的一次全球性国际会议中，按照上述可持续发展的总目标，进一步提出了实现这一整体发展目标的生态旅游必须实现的具体操作目标：提高人民对旅游业的环保效益和经济效益的认识，增强他们的环保意识；推动发展公平的旅游；提高旅游景区的居住品质；为游客提供优质的旅游体验；维护生态环境，为今后的旅游发展提供依据。

第三节　经济发展与生态旅游

一、生态旅游的经济效益分析

从理论上讲，旅游对东道国、区域的经济发展具有重要的促进作用，特别是在生态旅游中，其主要体现在两个方面：

（一）国内外汇收入的增长

这对于发展中国家来说尤其重要。在国家层面上，发展中国家因经济基础较差、国民收入较低、失业率较高、待业率较高等，需要大量的外汇，但受限于生产能力，其所需的外汇大多来自原料或初级商品的出口。许多国家都将发展旅游业视为促进自身经济发展的一个重要途径。就全球而言，目前全球的生态旅游的主要客源地是那些经济发达的国家，他们的收入普遍较高，旅游费用也较高，因此，如果能为我国带来大量的外汇，那就更好了。比如，肯尼亚、哥斯达黎加、卢旺达、泰国、斐济、澳大利亚，这些国家都以生态旅游为该国创造了大量的外汇，而旅游业则是其主要的外汇来源。

（二）发展经济，使人民富裕起来

生态旅游是一种保护生态环境、实现可持续发展的产业，因此，在发展扶贫的过程中，对有一定发展条件的贫困地区，进行有计划的开发，既可以促进当地居民的脱贫致富，又可以促进贫困地区的经济发展，同时也可以促进贫困人口的脱贫，实现社会经济的可持续发展。

在区域内发展生态旅游，可以充分利用本地的资源，让世代生活在贫困中的农民找到工作，而旅游业的发展，不但要有一大群服务人员、导游、管理人员，还要有大批的建筑工人、农副产品供应者、环卫工人、手艺人，以及为旅游业服务的工人。由于游客的旅游支出，农民参加旅游可以增加家庭收入。这就是旅游业的利润，而这些利润，则会被转嫁到当地或者社区，这对当地的居民来说，无疑是一笔巨大的财富。

生态旅游不仅给保护区带来了巨大的经济效益，而且带动了当地的经济发展，从而缓解了当地居民对资源的直接需求所造成的环境压力，使其成为当地经济发展的"龙头"，带动了交通、商贸、餐饮、娱乐、保健等产业的发展，吸纳了大量的剩余劳动力，增加了就业机会。

二、中国扶贫生态旅游的意义

旅游扶贫的理念是伴随着国家扶贫实践而出现的。随着我国旅游市场的不断发展，特别是生态旅游的发展，使贫困山区的旅游资源得到充分利用，实现了贫困地区的经济发展。在此背景下，旅游扶贫应运而生。

发展生态旅游资源可为当地经济发展创造有利条件。生态旅游资源丰富的区域通常处于经济发展相对较慢的区域。通过对生态旅游资源的开发，为其提供消费产品与服务，对推动区域经济发展有着十分显著的作用。就拿张家界国家森林公园和位于湘西、湖南经济欠发达的张家界来说，经济发展很快，尤其是游客数量的增长。随着森林公园的开发，当地的城市化进程也随之加快，从原来数万人的县城发展到如今一百五十万人口的张家界市。随着森林公园的建设和产业结构的调整，旅游吸引了大批的劳动力，使当地的人民生活水平得到了很大的改善。

第四节　我国生态旅游业的发展

一、我国发展生态旅游的一般需求

为了实现生态旅游的可持续发展，应遵循"以保护为先、开发第二"的原则。生态旅游的发展与保护是相互联系、相互依存、相互冲突的。

保护既是发展的先决条件，也是发展与利用的全过程。因为在客观上，任何形式的开发和使用都会产生负面影响，而保护就是要把负面影响控制在环境所能承受的范围之内，或者通过某种方式把负面影响变成积极的效果，从而达到对发展的保护。

它并非一种机械性的被动式保护，而是一种主动式的保护，在一定的范围内，通过一定程度的发展来实现对资源的保护。也就是说，只有在资源开发中，资源的保护才能真正地体现出来。其实，合理的发展和良好的后期运营和管理，并不会对景区造成损害，反而会成为一种保护。合理使用、修复资源可以使其寿命更长；同时，旅游发展所产生的经济利益也会以不同的方式回馈到景区，从而加大景区的环境保护投资力度。因此，在一定程度上，科学的发展也是一种保护。

因此，从整体上讲，要确保生态旅游的健康、平稳、可持续发展，最终还是要确保生态旅游资源的可持续发展，而要实现生态旅游的可持续发展，就必须遵循保护优先、发展次要的基本原则。

二、我国生态旅游业发展原则

生态旅游可持续发展应遵循下列基本原则：

（一）整体协调原则

发展生态旅游要实现效益的最大化，而不是经济利益最大化。在实际操作中，主要体现在交通流量控制上，即在满足一定的环境容量条件下，适度地提高游客的客流量；在发展的过程中，要实现经济、社会和生态环境的平衡、全面和协调发展。

（二）生态原则

生态旅游地具有很高的旅游价值，其生态环境具有良好的平衡性，容易被破坏。所以，生态性原则是贯穿整个生态旅游的核心原则，即生态规划、生态开发、生态经营管理。

（三）公平原则

在此，平等包含了代际平等，即当代和后代享有同等的生存和享受发展的权利。比如，在当今社会已有的实际情况下，对于无法保障其可持续发展的生态旅游资源，实行绝对的保护，并将其留给有条件的后代。

（四）知识原则

生态旅游客体的脆弱性决定了其对知识的依赖。在资源保护中，需要科学技术的支持；旅游者、经营管理者和当地人的生态意识和环保意识的增强，需要不断提高自身的知识和文化素质。只有全面引入知识体系，才能实现主体与客体的可持续发展。

（五）广泛参与原则

生态旅游的可持续发展不仅需要旅游从业人员、管理人员的关心和努力，还需要旅游者和当地居民的广泛参与，只有多方参与广泛合作，才能为生态旅游的可持续发展建构雄厚的社会基础。因此，坚持公众广泛参与性原则也是实施生态旅游可持续发展的重要原则之一。

三、我国发展生态旅游的政策建议

（一）思想上的革新

要破解当前生态旅游的困境和问题，首先要突破传统的观念，引进可持续发展的理念，确立合理的资源观、产业观、价值观，建立一套崭新的理念体系，从决策者、经营管理者、旅游者、当地居民四个层面，形成符合各自身份、各有侧重的观念表现。在当前的国际环境和中国的旅游发展状况下，发展生态旅游需要的全新的开发、保护、利用理念，在可持续发展理念的指引下，在市场经济的大背景下，将科学文化的内涵融入整体、正确的观念体系。

思想更新具体体现在四个层次：

1. 政策制定机构

当前，发展生态旅游的政策制定者主要是政府和旅游主管部门，在他们看来，要改变自己的观念，首先要意识到，不能以经济利益为主要目的，而要把区域经济的可持续发展作为主要目的，而不是单纯的经济发展。在此基础上，政府在制定政策时，必须注重区域经济、社会和生态环境三方面的综合效益，注重生态环境的可持续发展，不能一味追求经济利益。也唯有如此，才能防止由于片面追求经济发展而导致的政策偏离和治理的失败。其次，决策者必须真正意识到，与其他产业一样，生态旅游也是一种消耗、制造废物的产业，绝非"无烟产业""低投入、高产出劳动密集型产业""非耗竭型消费"；要充分认识到生态旅游对资源和环境的潜在消极作用，以及一些客观上无法持久的特点。只有如此，决策者们才能从客观、辩证的角度来看待生态旅游发展的问题，对现行政策中的不合理因素进行改革，并提出切合实际的、合理的、有效的政策。

2. 运营管理

生态旅游的可持续发展取决于经营者的科学经营管理，因此，必须转变"资源无用"的概念、增强"生态成本"意识，把"生态成本"作为企业经营管理的一项重要内容。要实现这种思想的转变，一方面要靠教育和宣传，另一方面，更重要的是要对现有的不合理制度进行革新，以达到对其进行制约的目的。

3. 游客

游客是生态旅游的消费者，其行为动机包括观光、考察、学习、疗养等等。他们的思想更新主要体现在建立生态平衡观，即自觉地抛弃对自然的蔑视，树立尊重自然、欣赏自然、与自然和谐共存的理念。这是游客行为有利于保护资源的最根本理念，否则，在"自然"应该为人类服务、受人为操控的理念下，游客对自然的欣赏只能停留在表面，而难以深入深层的生态层次，更无法积极地保护和提高对环境、生态的认识。因此，参与生态旅游的人必须树立环保意识。

4. 本地人

生态旅游是最大的受益者，应该像游客那样，在树立自然、生态均等的自然观的基础上，更加注重建立全新的资源观。或许，有些地方的旅游资源，如沙漠、戈壁、雪原、森林、草原、高山峡谷、民居、古城等，都是当地人所熟悉的，所以，他们改变了自己的观念，从全国甚至全球的角度，建立了一种全新的资源观。

（二）制度创新和机制创新

要解决生态旅游可持续发展的体制障碍和机制缺陷，就必须加大力度、加快发展速度，创新产业内部运行机制和外部环境体系，改革不合理因素，弥补不足，为生态旅游的可持续发展创造有利的内外部环境。

1. 改革经济体制机制

为实现生态旅游的可持续发展，需要明确产权关系，改革经营制度、成本核算和收入分配制度，加大项目资金、管理资金的投入力度，健全税收制度等。

（1）明确财产权关系。实现了产权和经营权的有效分离，彻底解决了产权关系模糊、权责模糊、权限模糊等问题，明确了产权制度。旅游景区的开发运营要逐步实现企业化，政府要尽快摆脱具体的运营管理，更好地发挥服务、规划、管理、监督等职能。在有条件的地区，可以结合当地的实际情况，采取多种经营方式，如承包经营等，既有利于旅游景区的发展，也有利于旅游资源的保护。比如浙江的浙西大峡谷、天目山石谷、白马崖，这些都是私人拥有的政府监管的模式，而且都是比较成功的。

（2）对费用计算方式进行改革。目前，与其他类型的旅游业相比，生态旅游的成本核算有很大的缺陷，即资源开发和运营过程中的外部不经济性没有被纳入成本核算系统，这是导致许多环境问题的根本原因。环境经济学中的环境成本是指在资源开发、生产、运输、使用、再利用、再循环利用等过程中对环境污染和生态破坏所需要的全部费用。在发展生态旅游的过程中，环境代价是资源损失、环境污染和环境损害的综合成本。现行的费用计算方式应建立一个全面的环境资源和生态经济核算系统，对其进行科学的评价，并将其纳入其成本核算，从而使其真正体现其价值。

（3）对收入分配体系进行调整。生态旅游收入主要由门票收入、景区内旅游服务收入构成；间接收入是指由生态旅游带动的有关行业的发展所产生的经济收入。现行的收入分配体制，一是在管理人员和当地居民中制定有关的政策，让收入在当前的条件下，对当地居民进行适当的补助，并积极吸纳当地居民参加管理、服务等工作，早日摆脱贫困；二是在旅游区与政府间适度缓解景区运营管理的经济负担，通过多种途径将旅游收入直接分配到旅游区，并增加对其他行业的税收和管理，这样既可以缓解旅游区自身上缴的压力，又可以增加对旅游区建设、保护和再投资的投入，促进旅游发展上规模、上档次。

（4）加强对环境保护的投资。利用股票上市等市场化方式，引入外资民营企业参与投资，争取与国际机构的合作，使投资主体多样化。另外，要加大对旅游项目的投资力度、增加旅游收入的回款、拓宽保护基金的来源，多渠道有效地筹集资金，保证生态旅游资源保护资金的投入。在当前形势下，提高游客的收益回馈额度尤为重要。另外，为了有效地控制保护区的发展，还应该严格控制景区的收入。

（5）其他方式。通过税收等经济手段，对环境资源进行有效的调节，比如制定森林资源税、水资源税、生态补偿税等，适当实施差别税率、优惠政策，支持生态建设，对保护措施得力、经营管理良好的企业给予适当的减、免税优惠，此外，还可利用财政、信贷等经济杠杆，调动旅游开发经营部门保护环境、治理污染的积极性。

2. 改革创新管理体制和机制

本节从资源管理、规划管理、经营管理三个方面着手，对当前发展生态旅游的管理体制和机制进行改革。

（1）对资源的管理。资源管理体制的改革和调整，主要是通过对一些生态旅游资源进行资产化管理，使其从规划、经营向市场转变。传统的价值观、传统的资源管理方式以及自然资源资产化的理论和实践经验的缺乏，都会对资源资产化的实施产生一定的影响。但从整体上来看，这是发展生态旅游资源的必然趋势，通过对其进行资产化管理，可以有效地缓解其无偿使用、经济增长虚假、生态环境退化等问题。

（2）对项目进行规划与开发。发展规划是一个涉及经济、资源、社会、环境等多方面的综合系统工程，必须对其进行合理的规划，并对其进行科学的规划。生态旅游要想持续发展，一是要对生态系统多样性、物种多样性、景观多样性和可持续利用能力进行有效的保护；二是要使旅游与社会、经济、环境协调发展。要实现这两大目的，必须从开发布局、产品设计和策划两个层面入手。

（3）经营和管理。旅游企业的运营管理是旅游可持续发展的关键，其管理方式包括旅游服务管理、游客行为管理等。

3. 制定一项全面的决策机制

由于任何一个系统的执行都需要有相应的政策，所以，如何建立一个科学的决策机制就显得尤为重要。我国需要构建一套完整的、系统化的决策体系。生态旅游政策的整体规划是指在规划过程中，要将其他社会、经济、环境、管理、政策等因素结合起来，进行全面、系统的思考，以达到经济效率与社会公平性的要求，并确保生态旅游的可持续发展。

当然，科学决策的合理性也受到了其他因素的影响，例如资源环境知识、科学知识水平等，但是，当前要解决的是决策的体制问题，只有体制问题得到了解决，决策者的整体素质才能真正地发挥作用。

（三）强化宣传教育思想

旅游宣传是生态旅游可持续发展的内在动力，旅游从业者和游客的环保意识、生态观是否正确，将直接关系旅游服务的质量和参与主体的行为。

（1）就教育的内容和途径而言，主要包括教育内容的更新和提高可持续发展的能力。

为受教育者提供生态科学、环境科学和系统科学的最新知识，以弥补知识结构上的不足。拓展教育领域，在职业教育的基础上，加强对生态旅游的宣传，使人们认识到生态旅游的概念和内涵。扩大教育途径，在有关高校开设专门的课程；为员工提供有针对性的专业技术训练，并组织相关的培训班；通过报纸、电视、广播等各种媒介，加强公众对生态环保的认识；利用宣传栏、多媒体、导游讲解等方式，对旅游者进行直接影响和教育，使其真正实现生态旅游。

（2）就教育对象而言，重点是强化四大主题。从整体上看，应该以学校教育为手段，但对于不同的主体，也应该采取不同的方法：以高级研修会、专题讲座等形式，加强政策制定者的可持续发展策略；通过长、短期培训，对游客和本地游客进行生态旅游培训，以提升其职业素养；而对于外地游客，则是以各种媒介的形式进行宣传、引导，以促进游客树立生态伦理，自觉地实现旅游行为的生态化。

（四）加强技术支持

科技是生态旅游发展的第一生产力，也是生态旅游可持续发展的必然要求。

生态学、生物学、经济学、市场学、社会学、管理学、可持续发展理论、系统科学，是生态旅游发展的重要支柱。各专业的发展，为生态旅游的发展提供了智力、手段、方法等方面的保障。从规划时的调查，包括景点资源、资源开发、环境监测、资源动态数据库、气象监测、生物资源消长变化、地貌保护、动植物保护、安全保护、景点保护、生态恢复、能源结构调整等。因此，要在理论上和实际上加以运用，才能对生态旅游发展中出现的各种问题进行及时、科学的处理。

要加强科技支持，一是要充分认识到科技在发展生态旅游中的重要性，大力推广科技知识，提高人民的科学意识，丰富人民的文化生活；二是要加大投入力度，推动有关研究工作的顺利进行。当前，在进行生态旅游的理论和实践方面，有针对性的项目经费投入较少，应通过多种途径筹集科研经费，确保科学和实践活动的顺利进行；三是要加速科技成果转化，以创建示范区、同步教育和培训等方式开展科技成果转化。

（五）完善法律制度

旅游对生态旅游的影响是累积性的，生态旅游还处于初级阶段，在很多方面都面临着严峻的问题和挑战，特别是对生态旅游造成的危害和破坏，必须加强生态旅游的法治建设，以规范和引导生态旅游的健康发展。

首先，针对当前我国生态旅游法律制度的不完善，必须加快相关法律法规的制定，以弥补相关法律法规的不足；根据不同地区的实际情况，结合当前的发展状况，制定相应的法律法规，并根据潜在的持续性和累积性适当地补充条款。对于经营管理中的局部问题，可以在适当的时候增加条款，使管理者能够依法办事；同时，可以通过问卷、专题调查、专题讨论会等多种形式，及时征求群众的意见和建议，使相关的制度和规范与变化的现实相适应；借鉴国外先进的环保管理制度，制定一套行之有效的环保监管标准，并将其作为一种规范，进行定期的监测与评估。

其次，在实施过程中的严重违法违规行为，使得法律规范形同虚设的行为，需要通过制度创新、加强执法，以及多种有效的措施，让其有法必依、执法必严、违法必究，以法律武器保障生态旅游的可持续发展。

（六）发展方式的革新

1. 发展生态旅游的方式

生态旅游与传统旅游开发有本质的不同，它以保护自然环境、历史、人文环境为基础，对旅游开发采用有节制、有选择性的开发方式，限制游客数量、旅游设施的建设，尽量维持自然与文化生态系统的完整。实现生态旅游的社会、经济、环境三大目标，经济目标的实现必须以社会和环境为基础。而一般的旅游模式，其主要目的是达到经济目的，把社会与环境两方面的指标放在一起，才是两者兼顾的目的。生态旅游开发模式因其社会、经济状况和文化环境而异，其发展模式主要有：

（1）社会参与的方式。各国自然保护区的发展历程表明，只有在地方社会积极参与保护自然环境的情况下，保护工作才能顺利开展。同时，地方社会是否能够从保护自然环境中得到经济利益，这与其对保护资源、保护生态的态度有很大关系。尤其是在偏远、贫穷的地方，要把自然保护与推动地方的经济发展、改善人民的生活质量密切联系在一起，让当地的民众因为自身的利益而参与到保护工作中来，自然保护才能获得当地社区的大力支持和帮助，从而推动生态环境的可持续发展。以社区为导向的旅游计划，为当地居民提供机会，以促进其参与旅游计划，并为当地居民创造更多的工作岗位。旅游收入主要用于改善社区的用水、电力、医疗等基础设施建设。利用当地的产品和当地的建筑风格来开发旅游设施，以拓展当地的市场。

（2）环境教育的方式。生态旅游的首要目的是加强当地居民和游客对自然生态环境的认识。旅游和环保科学相结合，设计各类旅游计划，以确保游客对自然的责任，避免因旅游活动而造成的环境损害。旅游规划是以环保为主导的。

（3）生态补偿方式。开发生态旅游可将其部分旅游收益返还给保护区，进行生态修复和保护，并支付相应的补偿费用。

（4）分享利益。旅游部门与保护区达成资源使用模式及收益分配的协议。例如，深圳市旅游公司与内伶仃自然保护区签署了一项发展旅游合同，该协议中明确了在不损害保护区生态环境、不得进入核心区的前提下，将税后收益按照一定比例进行分配。

2. 规划生态旅游的方式

生态旅游与普通旅游规划的不同之处在于，生态旅游应遵循生态原则和方法，并以生态系统特征、空间结构、功能分区为依据。

自然保护区的典型功能是以圈层结构为主，包括核心区、缓冲区、实验区。

核心区域必须划定为绝对保护区，不得兴建任何观光设施。缓冲区是为游人提供良好的自然环境和定点、定线的主要风景游览区。

实验区是一个集中的旅游基地，也是一个服务设施的集散地。在区域内，对生态环境影响最大的区域进行集中布置，限制了对生态环境的影响。生态旅游规划注重提倡保护自然，不对现有自然环境进行大范围的改造，尽可能地保持其原有的自然景观；各类建筑工程的能耗均比较低，主要是以步行道为主，节约了能耗；避免开发高耗水的旅游项目，降低水资源的浪费与污染。生态旅游注重科普、环境教育，设置专门的场所，科学地阐释景区的自然与环境特征。

（七）推行生态旅游认证

生态旅游要真正为自然保护区、生态旅游地和其周围的社区服务，就必须对生态旅游进行认证。但是，中国的生态旅游认证才刚刚开始。

在澳大利亚，拥有较高的旅游资源，目前已经有 250 多个景区获得了生态旅游资格，而获得生态旅游资格的景区数目也在逐年增加，年均增长率为 15%~20%。2002 年被联合国列为"生态旅游年"，生态旅游的认证得到了越来越多的重视，许多地区都在申请生态旅游认证。

根据国内外的实践，发展生态旅游需要科学严谨的标准。例如，韩国制定了生态旅游可持续发展的标准，以促进生态旅游业的经营者与消费者对其内涵与品质的认识；斯里兰卡为发展生态旅游，政府和旅游机构制定了环境保护、民族风俗、导游讲解、旅游通道和设施等方面的标准，并定期监测、检查和评估，确保达到生态旅游的要求。

中国是世界贸易组织的一部分，因此，在 WTO 框架内进行国际合作是非常必要的。中国拥有丰富的生态旅游资源，并将充分融入国际旅游市场，在国际旅游市场上进行公平竞争。在此背景下，开展生态旅游认证，对促进生态旅游的运营与管理、促进我国生态旅游的发展有着十分重要的现实意义。它的重要性可以归纳为：

（1）提出一种对自然或生态旅游进行规划与开发的准则；

（2）为旅游业的经营者提供可持续的生态发展服务；

（3）为经营者提供持续改进的机会，使其达到最佳的运营水平；

（4）是被认可的标识，可以用于销售；

（5）确定保护区管理人员和消费者的真实的、生态的运营模式；

（6）为保护区管理人员提供持续改善服务和减轻环境压力的手段；

（7）作为一种综合的旅行活动手段，以协助地方社区获得最大的收益，尽量减少消极影响；

（8）作为环境教育、交换和沟通的基础手段；

（9）被全世界接受的通行证。

（八）发展生态旅游应以生态伦理为道义

旅游是一种以人为目标的服务，它要求人们在生态意识的指导下，以可持续发展为首要目标，因此，旅游开发者、经营者、游客都应具有良好的生态伦理。生态伦理是以人与自然相结合的"危机道德"。任何对"人、社会、自然"生态系统有益的行为都是道德的，否则就是不道德的。生态伦理学认识到自然物具有与生俱来的权力与价值，而这种权力与价值并不受人的意志所左右，它具有自己的运作法则，是人类不可侵犯的，因此，它必须由人类来履行。

生态伦理可以让人们受到规则的约束，受到更重要、更持久的、更深刻的道德约束，自觉地思考自己的行为对环境的影响，通过内部信仰和社会舆论的力量，利用生态伦理的准则，通过自觉的行动来认识环境，并保护环境，促进环境的可持续发展。因此，生态伦理建设是推进生态旅游发展的道义保证。

第七章 旅游产品结构及优化机制

第一节 我国旅游产品的构成与影响因素

一、旅游商品的构成概况

（一）研究概述

目前，国内有关旅游产品结构的相关专著很少，而对其进行较为全面的探讨的文章更是寥寥无几。

第一部分，从旅游产品开发的视角，探讨区域间、景区（点）间旅游产品的各个元素组成及其与旅游产品之间的关系，杨森林、冯维波等从旅游产品的发展视角出发，从旅游产品发展的视角出发，提出了旅游产品结构单一、配置不合理等问题。

第二部分，从旅游产品的种类、组合等方面探讨了旅游产品结构的构建与优化，肖忠东的《我国旅游产品结构的转换》认为，旅游产品的种类发生了两次变化，即传统旅游产品的成熟与新的旅游产品的涌现，对其发展的阶段进行了分析，并对我国的大众化旅游产品进行了探讨。

第三部分，从市场营销的角度出发，探讨如何根据客源市场的特点，开发适合的旅游产品、特色产品、组合旅游产品。朱承蓉的《关于国际旅沪市场发展研究》等相关的论文和论著较多。

第四部分，从旅游产业结构的视角来看，唐留雄《现代旅游产业经济学》是其中最详尽的一篇，它不仅分析了我国旅游产品的结构，还给出了旅游产品结构的优化建议。

（二）对旅游商品的构成进行了界定

一般认为，旅游产品结构是指旅游产品的构成成分及其成分间的相互关系。

旅游产品的构成要素是指在旅游过程中，为满足旅客的食宿、行、游、购、娱的各种需求，以及各个行业、部门所提供的各种服务要素的构成比例关系。这一关系一般是指同一种旅游商品的结构比例关系。简而言之，旅游产品的构成是指在一条路线上，旅游者在交通、住宿、餐饮、观光、购物、娱乐等方面所花费的比重。

旅游产品的组合结构是指在特定的旅游需求和供给条件下，将不同的单一旅游产品组合在一起，在特定的地域内，以不同的层次、不同的时段和不同的时间分布构成不同的产品结构。它是以旅游目的为依据，体现旅游产品丰富程度和广度的一种方法，同时也是区域旅游开发程度的一个重要标志。

二、旅游产品结构影响因素分析

（一）我国的旅游资源

由于地域广袤，不同地区的旅游资源因地形、气候、文化等因素的不同，存在着很大的差异，同时由于其不可迁移性，导致了旅游资源的开发必须就地进行、就地消费。以此为依据，形成具有鲜明特色的旅游资源。旅游资源的不同导致了旅游产品的多样化，旅游资源的禀赋是决定旅游产品结构的主要因素。

第一，不同地区的旅游资源禀赋差异是导致我国旅游产品地理空间结构特点的主要原因；由于区域自然条件和区域历史文化背景的差异，使得我国的主要旅游资源多是一种或多种类型的，具有明显的区域特征。它从四川、云南，黄河、长江，向东北，直到湖南、湖北、陕西、山西、河北、河南、山东、安徽、江苏、浙江，然后，福建、广东、广西、辽宁，这片首尾相连的区域，在资源丰富和综合优势上，都是国内最好的。区域特点决定了该区域将重点放在全面发展上，并加强了旅游产品的差异化设计，使产品多元化的格局呈现出相同的特点。

第二，东部沿海、黄河中游、长江中部等旅游热点地区，旅游资源种类多、数量大、资源丰富、地域组合好，有利于形成多个类型、多层次的市场环境，有利于形成高密度的旅游产业结构，并能形成相应规模的旅游经济带或旅游经济区。而在青海、宁夏、内蒙古等西南、西北边境的一些地方，虽然旅游资源不一定匮乏，但由于地理结构和生态环境的承载力较低，没有形成适合大众的旅游产品要素的市场。

第三，其鲜明的区域特征，使其在各个区域的旅游产品体系中具有区域特征。正如一句流传于旅游界的谚语："西安2000年，北京1000年，上海100年"，这一现象从某种意义上折射出区域旅游产品的本质特性。但是，目前国内大多数的旅游目的地，甚至是相对比较发达的沿海，都尚未形成一个完整的、有特色的旅游产品系统，因此，必须重视产品形象的模糊性，限制了旅游市场的发展和产品的更新。同时，由于旅游资源的季节特性，对区域旅游产品的空间和时间构成具有一定的影响。

（二）旅游产品的市场格局

1. 国内和国际旅游市场

据世界旅游组织的数据显示，1992年至2004年，假日和商业旅行的增幅分别为24%

和21%。另外，英国旅游局的调查显示，在世界范围内，商务旅行的增长率是休闲旅行的两倍。随着国际旅游市场的多样化，旅游产品的消费重心发生了变化，旅游市场结构发生了变化。游客已不能满足于单纯的观光旅游，对旅游产品的质量、内容的要求越来越高。

国内旅游市场的崛起，使旅游市场变得更加复杂，旅游产品需要多元化、多层次化，同时，国内旅游市场也有东西市场、城市和农村市场的不同。东中西部地区的经济发展水平、居民生活水平的差异，使得旅游的频率、消费水平、经验值、旅游客体的选择等都会发生很大的差异，这就必然要求旅游产品的生产与设计发生相应的改变。在我国的旅游业发展进程中，乡村和城市之间存在着显著的差别。

第一，就出游率而言，国内游客的出游率呈现快速上升趋势，而城市的游客比例则明显高于乡村。第二，从人均旅游消费的角度来看，国内旅游人均消费水平偏低，而城镇居民的人均旅游消费水平则显著高于乡村。第三，就旅游的绝对数量而言，由于人口基数大，农村游客的出行总人次要比城市多，因此，乡村旅游的发展潜力很大。第四，城乡居民在旅游方式、动机和目的地选择上也有较大差异。城市居民外出旅游多是由单位或旅游公司组织的，而乡村旅游主要是由个人或亲朋好友组成的；在旅游动机方面，城市居民主要是为了释放自己的身体和精神压力，而乡村居民是为了探亲和朋友；在旅游目的地的选择上，城镇居民更多的是中远距离观光和休闲度假，而乡村居民更多的是都市和沿海的经济发展区域。城市和乡村的差异也会对城市旅游产品的种类和档次构成产生一定的影响。

2. 团体及个人旅客市场

当代游客特别是反复游客比重的增加，说明了大众旅游产品的消费模式已经不再满足于普通旅游的需求，而是越来越倾向于个体化。目前，个人游客在国际旅游市场中所占比例已经达到80%。从20世纪90年代中期开始，国内的散客在国内的比例也逐渐增加。1999年至2002年，中国游客的比例持续高于55%，并已成为中国游客的主要旅游形式。因此，为游客提供个性化、多元化的旅游产品，是加快发展国际旅游市场的必要手段。从国内旅游市场的细分来看，虽然我国才刚刚进入大众旅游时代，但其在市场中所占的比重已经超过了团体游的比重。

在国内旅游市场中，散客游占据了绝对优势，因此，旅游企业特别是旅行社在产品设计与组合上要更具弹性、针对性、更加多元化。所以，要积极发展散客，把团队和散客再细分，推出更多的组合。

（三）产品寿命

"产品生命周期"是市场营销中的一个重要概念。这一理论指出，旅游产品的开发经历了导入、成长、成熟、衰退四个阶段。在引入的过程中，由于旅游产品的认知程度不高，旅游品牌的知名度较低，旅游设施和交通设施的完善，广告推广的力度加大，旅游市场逐步开放，旅游人数增长迅速，进入了成熟期。在此期间，产品的知名度得到了进一步提高，旅游者的数量也在不断增长。进入成熟期后，游客的增长速率保持稳定。在旅游旺季，游客数量开始超过本地人口，投资已经开始取得较好的经济和社会效益。当旅游产品的特点越来越为人们所熟知时，其吸引力将会逐步减弱，在到达高峰之后，将会有一个缓慢的下滑。在经济萧条时期，旅游资源与环境承载能力已经达到了一个临界点，受市场竞争、新的旅游产品吸引以及环境与社会问题等因素的影响，使旅游者数量锐减，部分景点闲置或被作其他用途。

旅游产品的生命周期仍是一个与市场密切相关的概念，其本质是游客对旅游产品的吸引力，而旅游产品的寿命周期也有很大差异。一般来讲，一些有名的风景或人文景点（比如北京故宫、桂林漓江），因为名气大，经常会被纳入大众的旅游规划，再加上以观光为主，重复率低，因此成熟时间比较长、寿命也比较长。而像迪斯尼娱乐世界、深圳世界之窗这样的人工景点，则是由游客的重游率决定的，因此，生命周期很短。要想吸引更多的新老客户，就必须不断进行产品创新。要充分发挥自身的资源优势、结合自身的市场特征，开发出符合自身特色的旅游产品。而人工造景、仿造景点等，则要更为慎重，要持续地创新，才能避免步入循环衰退。

（四）旅游交通

第一，交通对旅游产品的影响。目前我国旅游商品的种类与模式，与交通条件的落后有关。此外，由于交通方式的限制和交通路线的安排，长期以来，国内的旅游者在吃、住、行、游四个方面的花费都是最大的。过度的交通消费势必对游客的旅游、购、娱消费造成一定的影响，进而影响旅游产品的发展。同时，游客对出行时间和经济成本的影响也比较大，这就会影响游客的出行。在改善了我国的交通状况后，快捷、便利、安全、高效的旅游运输工具将会给游客们带来身心上的轻松，并为他们提供更多的旅游机会。

第二，旅游运输对区域旅游产品的变化产生了一定的影响。一般说来，由于东部沿海地区的经济发展、交通便利、旅客的分布和消费者的消费意愿变化迅速，因此，对旅游商品的更替速度提出了更高的要求。而在我国西部，由于地域辽阔、旅游资源分布分散、地理环境差、交通设施落后、基础设施水平低下等，导致了我国西部旅游产品的生产与组合十分困难，同时也使其消费密度和频率远小于东部。在这种情况下，旅游商品的更新速度也会很慢。

第三，旅游运输作为旅游商品的一部分，是消费者对旅游商品品质的认知与评估的一个重要环节。其实，在国际上，很多国家都成功地将旅游公交发展为旅游商品，并获得了很好的经济效益。例如，美国旧金山金门大桥、上海浦东的磁浮铁路都是本地的旅游商品。旅游交通是游客在旅游目的地进行消费的先决条件，而交通的舒适度则直接关系游客对整个旅游线路的认知。在开发旅游产品时，要以旅游运输为主要内容，精心规划、精心组织，以提高旅游产品的综合价值。

第二节　优化旅游产品结构的对策

一、旅游产品结构优化的初步设想

（一）发展非旅游产品，促进旅游产品的多样化

传统的单一旅游产品结构不仅制约着我国的国际旅游市场，而且与国内旅游发展的需求相矛盾。在发展比较成熟的旅游产品的同时，要发展休闲旅游、会展旅游、体育旅游、生态旅游等。它既能满足我国旅游发展的需求，又能有效地缓解市场供需失衡，又能推动旅游产品升级、延长旅游产品寿命、增加旅游回头率、创造良好的经济和社会效益。与此同时，随着我国旅游市场的不断发展和日趋成熟，推出各种档次、价格的旅游产品也越来越受到市场的多样化需求。与之相比，国内的高端旅游者在旅游消费方面较为成熟，更趋向于个性化的旅游产品。而我国的大众旅游消费还处于起步阶段，对旅游产品的需求并不高，以初级的旅游产品为主。为了更好地为游客提供优质的旅游产品，满足游客的不同层次、不同的消费偏好，应发展旅游产品的多样化。

（二）增强游客参与度，促进旅游产品动态发展

旅游归根结底，是基于经验经济学的一种经验工业。旅游产品应该是以游客为中心，由旅行社精心策划的具有特殊主题的剧本，并通过为游客提供旅游体验的平台，使游客能够充分地参与到旅游活动中，从而实现旅游的全过程。为了让剧中的主角——旅游者有一段难忘的记忆，旅游服务和产品的提供者必须根据游客的市场需要，精心设计旅游主题，制作出一套完整的旅游体验剧本。在提供旅游产品时，旅行社的工作人员是导游，而一些工作人员（以一线工作人员为主）也会参加演出，为游客服务。迪斯尼乐园之所以能够在如此激烈的市场竞争中保持领先，离不开它所提供的丰富的参与性和良好的旅游体验。所以，在旅游产品结构的优化中，必须加强旅游产品的参与度。

（三）从低级旅游产品到高档旅游产品的逐步转型

第一，深入挖掘旅游产品的历史与文化内涵。旅游产品的开发与整合应以娱乐、审美、教育和经验为导向，深入地处理旅游产品。

第二，要精心包装旅游产品，提升旅游产品的附加值。针对旅游产品的资源和市场特点，确立鲜明的主题，在特定的区域内形成与其他景区相区分的主题旅游产品。

第三，在旅游产品的设计、内容的编排上要有新的思考。旅游产品的种类要针对消费者的需求和自身的特点，发展适合自己的旅游产品。现已建成的集商务、娱乐、购物、休

闲娱乐设施于一体的中央娱乐中心、娱乐中心商业区,能很好地满足现代商务人士的需要。

第四,从粗放式发展到集约化。通过将个性化旅游产品的实体和服务等元素进行模块化,使其能够高效地制造出标准化的模块,并根据游客的需要,实现动态组合,达到节约旅游费用和满足游客需要的目的。

(四) 打造地域特色旅游产品的地域特色

我国的旅游产品具有明显的区域特征,无论是区域的集中程度,还是资源的空间分布,由于没有统一的规划,导致了区域间旅游产品结构的趋同性。应着重指出,要形成总体的优势,不一定要简单化,但要把旅游景点的个性和整个地区的优势相结合。

二、旅游产品结构优化的几点对策

(一) 发展非旅游产品

第一个是旅游产品。在过去的十多年里,我国已经建立了一大批国家级、省级旅游度假区和各类旅游胜地,能够吸引到世界各地的游客。所以,要明确旅游产品的概念,对国内外旅游市场进行对比,合理实施分时休假制度和点数销售体系,利用假期旅游的热潮,开发出适合我国的度假产品。

第二个是商业及会议旅游产品。随着全球经济一体化和我国出口贸易的不断发展,高消费的商务旅游、会议旅游等都将在国内得到快速发展。国内的部分中心城市、地区的商业、金融、政治、科技等中心城市已具备了发展上述两种类型的旅游基础设施和场地,特别是上海、北京、广州、深圳等城市,在国际旅游市场中,作为商业和会议旅游的新兴力量更有潜力。

第三个是专门的旅游商品。目前,我国已形成了一套具有鲜明特点、品种多样的专门旅游产品体系。在这一背景下,有必要进一步加大力度。首先,对现有的精品线路进行整理,突出主题,形成鲜明的特点,避免重复。其次,深入挖掘产品,按照主题进行细致的包装,增强旅游产品的市场号召力和影响力。最后,要健全旅游产品的配套服务系统,提高旅游产品的附加价值。

第四个方面是生态旅游。生态旅游的多种形态,既符合现代人休闲、回归自然的需求,又是实现旅游可持续发展的一个重要内容。我国幅员辽阔,拥有丰富的资源,是发展生态旅游的有利条件。21 世纪,生态旅游产品将成为最有活力的一种旅游产品,具有巨大的发展潜力和广阔的市场空间。

(二) 推动旅游业发展的更高水平

在推动旅游产品开发向高端化转变的过程中,要积极构建和完善具有自身特点的旅游产品体系。文化旅游产品是指以各种文化载体、以各种形式向游客提供的以区域文化为内容的旅游商品。构建文化旅游产品体系就是对文化旅游产品进行深入、广度的系统开发。在深度上，要根据不同区域的人文旅游资源特征，发展出有自己独特的文化旅游产品。在广度上，既要发展具有观赏价值的文化旅游产品（如传统的风景文化等），又要发展具有文化特色的文化旅游产品（如民俗文化、艺术文化）。体验型的文化产物也有不同的等级，而艺术文化的参与度要高于民俗文化，这是对文化和旅游资源的深度挖掘。

（三）强化区域旅游产品一体化

要积极营造有利的环境，促进区域旅游合作的"大板块"协同发展。"十五"时期以来，全国旅游产品的区域一体化与市场协同发展已经初见端倪，以粤港澳"大三角"为引领，以江浙沪无障碍旅游区为标志，开展了一系列跨省旅游产品的联合开发与营销活动。同时，"黄河金三角"——晋、陕、豫，东北三省和西南六省的区域旅游产品区域合作也已经开始，并产生了一定的市场效应。在加入 WTO 后，国际旅游市场面临着重新划分的情况下，我们需要在各大旅游地区之间加强区域合作，实行旅游产品开发策略，即"资源共享"和"市场共享"。通过合作开发大地区的旅游产品，可以凸显我国旅游产品的特点，提高我国的国际旅游市场竞争力，同时也能改善国内各地区之间的竞争状况，使资源相近、交叉地区的旅游产品从过去的重复推出同类产品，形成相互雷同的替代关系，转变成优势互补、各具特色、合理有序发展的市场共赢格局。

（四）改善旅游区的交通条件

加大对旅游地、陆海、空域的交通体系的投资和建设，特别要注意减少中、远距离旅客的心理和经济风险。完善区域内和各地区的交通运输网络，使各地区的旅游交通更加快捷、灵活、畅通；同时，要将旅游运输转变为运输型旅游。旅游专列、豪华邮轮、旅游公交线路等，使"游"在"行"中，丰富旅游产品种类，减少游客对时空、空间的真实心理感受，提高游客对旅游产品的满意度。

（五）在旅游产品开发中强化互联网技术

目前，世界上某些旅游发展较为成熟的国家，大多数的旅游产品都是以网上的方式进行销售。在美国，70%以上的旅游商品都是通过互联网来销售的。目前，国内的旅游产品在网上销售的比重还很小，许多企业的产品销售和购买都没有进入网络，网络的作用还没有完全发挥。因此，在旅游产品在线交易平台的建设与完善中，可以实现在线支付，不仅可以为消费者提供即时的咨询服务，也可以为旅行社提供更好的产品购买服务。随着旅游产品的发展，互联网的功能日益凸显，完善的网络体系将成为旅游企业在国际市场上生存和发展竞争的关键因素。

第三节　旅游资源向旅游产品转化的机制分析

一、旅游资源与旅游产品

（一）旅游资源的界定

苏文才、孙文昌认为，旅游资源是指自然界或人类社会中凡能对旅游产生吸引力、有可能被用来规划开发成旅游消费对象的各种事与物（因素）的总和。旅游资源一定要具有旅游吸引力，而且能够为旅游业开发所利用；还体现出了一个基本趋势，即对旅游资源概念的认识是动态变化着的，并且随着人们认识的不断深化和旅游经营者的不断开拓，旅游资源的内涵还会继续得到丰富。

（二）旅游产品的界定

从世界范围来看，旅游产品是一种综合产品，是旅游吸引交通、餐饮、休闲活动的综合产物。从旅游供给的角度来看，旅游商品是旅游经营者利用各种旅游设备、设施和环境等因素，为旅游市场提供各种服务要素的总和。旅游产品是旅游经营者为实现旅游目的而开发和提供的一切商品和服务的总称。

（三）旅游产品与旅游资源的关系

本节从旅游资源、旅游商品等方面进行了论述，我们可以发现，旅游资源与旅游产品之间既相互联系又有较大区别。一方面，旅游产品是建立在一定的旅游资源基础之上的，即便这个产品不是实物形态的景点，而是由旅行社、航空公司或酒店所提供的各种服务，这是整个旅游活动的一个重要组成部分，也是一个整体的旅游产品。另一方面，旅游资源要经过开发、修饰、包装，才能成为实际的旅游商品，而旅游产品在经过广告、促销、消费之后，才会产生真正的经济价值。这是因为旅游资源是原料，要做成旅游产品，就必须按照市场需求进行筛选、加工甚至再创造，最终形成适合市场的商品，而开发加工出来的旅游资源，只是其中的一个环节，而非整个产品。一种旅游资源可以被开发、包装成不同的旅游产品，一种或多种资源是其基础。因此，旅游资源是开发旅游产品的前提与依据，而旅游产品则是其转化的结果与外部表现。当然，从旅游资源到旅游产品的转化是一项相当复杂的系统工程，它受多方面因素的制约和影响。因此，认清这一转化过程中各相关利益体之间的关系和矛盾，及其在旅游资源向旅游产品转化过程中的动力机制和作用机制，对我国旅游产品的开发具有非常积极的意义。

二、旅游资源向旅游产品转化的动力机制

简单地说，旅游目的地追求旅游经济效益和社会效益的动机与游客的出游需求是推动旅游资源向旅游产品转化的动力机制。在这一转化过程中，与旅游活动相关的各方，既拥有共同的市场利益，又存在诸多的利益冲突。

（一）外来旅游者

游客在进行旅游时，总是期望能够获得更多的信息、获得更多的乐趣，以得到最大限度的心理满足，同时也能让自身的经济和休闲时间发挥最大的作用。因此，旅游者的行为规律和需求特点就成为推动旅游资源向旅游产品转化的一种重要的原始力量，而且这股力量会在很大程度上决定着旅游资源向旅游产品转化的方向和转化的方式，即决定转化后旅游产品的最终形态。

（二）旅游目的地政府管理部门

旅游目的地政府管理部门的利益价值和决策目标，相对来讲则复杂得多。长期而言，旅游地政府当局期望利用旅游资源促进地方经济发展，提高人民的生活水平，并且在这一过程中，尽量使旅游资源的利用，遵循可持续发展的原则，做到既保护当代人的利益，又不危害后代人的利益。但在实践过程中，由于可持续发展原则缺乏操作性、一种旅游资源如何开发才不会危害可持续发展、如何开发可促使其可持续发展等问题没有定量化的标准。何况，旅游环境保护缺乏明确可行的指标体系，使旅游目的地政府管理部门在很多时候无章可循，以致常会发生最初的动机是好的，其行为最终却破坏了旅游资源的情况。在处理旅游目的地长远利益与眼前利益，经济效益与社会效益，国家利益与企业、居民利益等关系时，旅游目的地政府管理部门由于面对多目标的决策问题（要兼顾各利益），其决策结果有相对的不确定性，在实践中会因为各方力量对比变化而有所变化。

（三）旅游目的地的企业

这里所说的旅游目的地的企业，是指那些直接或间接从事旅游资源开发的有关单位。在发展旅游资源的过程中，关注的重点往往落在如何用最少的投入获取更大的产出，追求的目标往往在于企业利润最大化，至于旅游资源的可持续发展等问题对他们来讲则相对次要。正是由于旅游企业在进行产品开发时存在着这种趋利性特征，从而刺激了企业不断加大投入，对旅游资源进行持续性开发，旅游企业因而就成为推动旅游资源向旅游产品转化的重要动力。同时也应该看到，由于这些企业投入直接决定着旅游资源的转化方向和转化方式，企业发展的战略眼光和对市场的把握程度必然制约着旅游资源向旅游产品转化的市

场效果。此外，由于过分追求利润，还可能使旅游企业对旅游资源进行掠夺性和破坏性开发，造成旅游资源的浪费和生态环境的破坏等恶果的形成。

(四) 旅游目的地的居民

旅游目的地的居民希望通过旅游资源的开发来提高生活水平，从而能给他们带来实实在在的利益。通常情况下，在旅游业发展的初期，目的地居民的生活得到改善，旅游业对其生活的消极影响不明显，这时居民的满意度较高，积极配合并推动旅游资源向旅游产品转化这一过程，是旅游资源转化的外部动力之一。但随着旅游业的快速发展，大量旅游者涌入，由此产生了大量的环境与社会问题，一旦当地居民觉得所失已远远超过所得时，旅游目的地居民的不满行为就有可能成为旅游资源向旅游产品转化的阻力。这种阻力会随着旅游资源的开发而不断增强，并导致阻力行使权力的途径不断增多。因此，在现代旅游资源开发过程中，旅游目的地居民扮演着一位重要的角色，并成为推动或阻碍旅游资源向旅游产品转化的一支重要力量。

总之，以上各种不同利益主体对旅游资源向旅游产品转化过程所持的不同态度和利益取向，形成了旅游资源向旅游产品转化这一过程中各种影响因素的作用机制。因此，把握和协调好旅游资源开发过程中的各种关系，协调好各方面利益，就可以把阻力转化为动力，把动力更好地发挥出来，确保旅游资源顺利地转化为旅游商品。

三、旅游资源转换为旅游商品的功能机理研究

(一) 旅游者因素

1. 游客的旅游需求对旅游资源转换的影响

游客的旅游需求与动机是其旅游行为的重要因素。游客在旅游目的地的选择上存在着相对集中的特点，在游客数量较多的情况下，会产生旅游流量。由于旅游业的发展，游客数量的增加，许多原本已经被人们淡忘的地方风俗和文化活动重新被挖掘和复兴；随着市场需求的增长，传统手工制品也随之发展；传统音乐、舞蹈、戏曲等重新得到重视和挖掘；那些长久处于消亡边缘的古建筑重新被修复和管理。由此可见，旅游者的旅游需求促进了当地传统资源的保护与开发。促进资源的产品化过程中，旅游者活动也带来了许多消极影响，如在旅游资源开发过程中，当地文化可能被不正当地商品化，当地的文化和社会生活可能在外来冲击下发生改变等。如果这些消极影响积累到一定程度，就可能使当地政府和社区居民对旅游资源开发持消极态度，使原本应该进行开发的旅游资源难以被产品化。

2. 旅游者的行为规律影响旅游资源向旅游产品转化的模式

尽管游客在旅游目的地的选择上是独立和分散的，但在一定时期内，旅游者的流向和

流量仍然表现出一定的规律性。从出游空间角度看，旅游者大多以近距离旅游为主；从产品角度看，旅游者倾向于选择风景名胜区、地区的经济文化中心、与原来居住地具有较大差异的旅游目的地。旅游者的这些行为规律使旅游资源的产品化过程呈现出许多不同特点。旅游资源能否转化为旅游产品不仅取决于旅游活动强度高低的级别、旅游目的地人们的积极性，还取决于旅游目的地社会经济发展水平、可进入性等客观条件。因此，旅游资源的开发不能没有重点地遍地开花，这样只会导致旅游目的地之间的恶性竞争，使资源的产品化过程受阻。

从一般意义上讲，旅游地旅游资源向旅游产品转化过程都应选择"中心地"发展模式或"核心—边缘"发展模式，在旅游资源的空间开发顺序上，严格遵循旅游者的一般出游规律，优先发展旅游中心城市及王牌景区（点），或者以知名旅游景区为依托，形成旅游产业带，带动周边区域的旅游发展。由于旅游资源的转换是一个长期的、复杂的、持续的系统工程，任何旅游资源开发都需要有计划、有重点和有步骤地进行，如果先期增长极没有培育出来，旅游投资的经济效益和社会效益就不能发挥，这样势必影响后续投资。反之，通过中心城市或王牌景区开发的成功实践，既鼓舞了资源开发相关利益者的士气，又塑造了良好的品牌、赢得了客源，促成旅游资源向旅游产品良性转化。

（二）政府因素

第一，政府政策和采取的措施会影响旅游资源向旅游产品转化这一过程。目前我国许多省份为了推动地方经济的发展，纷纷开始打起了旅游牌，很多省市还把旅游业定为了重点产业、重要产业或支柱产业。政府在旅游业发展方面的工作思路和产业定位在很大程度上决定着旅游资源向旅游产品转化的方向、形式、进程与效果。例如，1999 年昆明世博会之后，云南的旅游业发展上了一个新台阶，但云南省委、省政府认识到自己和国际、国内先进水平之间仍存在着很大差距，因此继续提出推动旅游发展的新举措。通过加强行业管理、提高旅游服务水平，在旅游业的可持续发展中，实施名牌战略，加快精品建设，集中力量开发了几个世界级和国家级名牌旅游景区（点），大大提高了云南在国际国内旅游市场上的吸引力。

第二，政府影响旅游目的地形象的塑造。研究表明，旅游者在选择出游目的地时面对众多的旅游地常常会犹豫不决，旅游地的知名度、美誉度等诸多因素对游客的决策产生影响，旅游地通过形象设计，可以增强识别度，引起旅游者注意，从而诱发出行。由此可见，旅游目的地形象已经成为影响游客出游决策的一项重要因素，而且形成了普遍的共识，即以旅游目的地形象为中心进行资源整合是实现旅游产品转化的关键。而在我国旅游业发展早期，品牌意识、形象意识淡薄，一些旅游资源是自身的品牌，如长城、黄山、长江三峡等。而今，随着我国旅游业的发展，激烈的竞争意味着如果没有一个具有鲜明特色的旅游形象，将很难赢得市场。因此，对旅游景区的形象建设提出了更高的要求。

旅游目的地形象也是一种资源，而且还是旅游地的品牌。这里所谓旅游目的地形象是指人们对该旅游目的地的感知、印象、信念和观点的综合。旅游目的地形象的确立是一个分阶段的、动态的，旅游全行业共同努力的目标，必须同旅游地的生命周期发展阶段相吻合，而且必须根据旅游地阶段性发展需要和市场需求进行动态的调整。同时，在旅游目的地形象的创立过程中，如果单凭某个企业或某个景区也是不现实的。企业最终会因为势单力薄或经济实力不济而草草了事。如果没有旅游相关行业的共同配合，即便是景区树立起了比较完美的形象，整个旅游产业链某个环节如果没有把握好，游客对旅游目的地整体形象的认知还是会大打折扣。因此，旅游目的地所在的政府必须树立大旅游、大市场、大产业的发展思路，强调对内管理和对外协作，联合旅游全行业来共同营造、经营和维护旅游目的地的整体形象。

第三，政府管理职能与市场化的矛盾会影响旅游资源向旅游产品转化的资源配置过程。由于政府管理职能与市场化之间存在矛盾和冲突，这些矛盾和冲突会使旅游资源向产品转化过程受阻。同时，各国特别是发展中国家在发展的过程中，都有一个共同的经验。旅游产业是一项综合性强、外部经济性明显的产业，政府引导的旅游发展具有很好的可信度、较强的协调能力和一定的资金筹集能力，是推动旅游业迅速发展的必然要求。我国旅游资源开发主要应采取"政府引导、企业参与"的市场化运作模式，做到旅游景区产权清晰、责权明确和政企分开，是资源保护与产品开发并重并实现两者良性循环的有机结合。

第四，政府的宏观调控也会影响旅游资源的转化。当旅游业过度发展威胁到旅游资源的可持续性发展时，政府可能采取措施限制旅游资源利用的方式方法，这些政府措施会影响旅游资源向旅游产品转化的过程和转化的效率。在某一特定时期，任何景区或地区的接待人数都要达到一定的限制，以确保景区的生态环境质量和满足大部分的游客需求。一旦旅游者过多就会造成过度饱和与超载，旅游活动场所承受的压力就会超出其正常的容纳量，旅游承载量的急剧增加可能导致非常严重的后果，并会对旅游业本身产生极大的消极影响。因此旅游地环境容量和旅游流量两项指标影响和决定着旅游资源向旅游产品转化的方式、方法，在旅游资源向旅游产品转化过程中必须重点考察这两项指标。

（三）旅游企业的因素

旅游目的地政府在旅游资源的产品化方面起着举足轻重的作用，但政府"主导"并不等于政府"主干"，政府所有的工作是为了调动旅游企业积极性、促进资源的合理流动、提高旅游经济效益。第一，旅行社运作对旅游资源产品化的影响。在实践过程中，在旅游资源产品化进程中，旅行社扮演着举足轻重的角色。在开发新型景区时，要充分考虑旅行社团队的作用，实现快速激活市场、以团队带动个人的滚动发展。其次，它能有效地克服阴影区域的影响。由于马太效应，地区知名度最高的景区将会吸引大批游客，而其他品位和价值不高的景区则很难展现出它的魅力。因此，通过旅行社来规划路线、调整旅游资源配置，就是克服"影子地带"效应，由"互相制约"转变为"依存发展"的一种有效方式。第二，有利于景区的联合营销，我国的旅游资源非常丰富，各景区都是独立的经营单位，在市场上进行营销活动，吸引游客。但旅游景区的发展要多层次、多角度地考虑，通过旅游企业的旅游产品发展路线，把旅游景区串联起来，共同销售，在无形中形成空间聚集效应，从而产生"1+1>2"的市场放大作用。第三，旅游景点企业化经营对旅游业的冲击。目前，我国旅游景区经营的模式大多是以企业化经营为主。一方面，景区企业化管理为旅游资源的产品化提供了有力的支持。旅游景区企业化经营使得景区在实现自身盈利的同时，也具备了较强的盈利动力，可以实现旅游资源的自负盈亏。同时，旅游景区企业化运营与管理也给景区带来了一系列问题。很多景点都采取了"一人一组"的经营模式。管委会在对公共资源进行管理的同时，也在利用资源性资产进行企业化运作，以期获得最大的收益。但是，由于资源保护与经营项目的目的属性不同，且多个目标之间存在着矛盾与冲突。有的景区组建了一个具有资源性资产经营权的大型旅游企业，对其进行了长期的保护。但是，在某些情况下，由于企业自身的短期利益，还不能充分利用景区资源，避免游客过量进入。

（四）本地社区居民要素

旅游从广义上说，是社区与社区之间的一种活动，社区是旅游发展的基础，没有社区的健康发展，旅游业就不能健康发展。因此，要想减少旅游发展对当地人民的负面影响，必须采取下列措施：

第一，激发社区居民对旅游开发的积极性。在把社区居民看作经济人的情况下，居民必须对其进行收益、成本的比较。社区居民在旅游规划和决策中的参与常常是公共利益的行为，其结果是每个社区成员共同分享的，但是，参加这些活动需要花费大量的时间和机会。因此，居民参与社区活动的内在动力必然受到限制，而其最重要的问题在于如何激发其对社区的参与。

第二，要健全社区居民参与旅游开发的决策机制；社区居民参与旅游发展的决策程序需要以特定的政治体制来反映，社区居民参与地方旅游发展的决策程序主要包括以下三个环节：首先，投票、选择代表参与等。其次，是怎样把各种偏好结合起来，也就是说，怎样才能决定最有利于社区整体的决策。最后，尽管可以识别出有利于社会发展的政策和提案，但这些政策和提案是否符合政府的目的，还是由各级行政部门来执行。在此，应该建立一个遵从模式、让管理者接受社区的建议。只有当政府和民众的观点一致时，社区的参与就会失效，而社区的参与不会对政府的决定产生任何影响，也不会改变当前的社会福利。

第三，促进社会成员的平等参与。在制定旅游发展政策时，以提高社区整体利益为目标。社区参与是一种不同于传统方式的政治决策程序，但是它不能直接或自动地为社区居民提供附加利益。社区参与本质上是指社区居民通过影响相关的旅游决策程序，让相关的政策能够顾及居民的利益，从而有利于本地居民，但是这个过程和结果未必符合效率原则，也不能判定是否达到了公平的分配。因此，要改善社区在旅游业中的收益不大问题，首先要改善居民的资源拥有状况，例如提升他们的旅游技术，以及改变社区对自然资源的所有权状况、发展集体经济等。浙江横店集团正是以集体经济和股份经济为基础，为当地人民带来了共同的财富。

总之，只有建立起一个良好的机制，旅游资源向旅游产品转化的过程才能顺利进行，旅游产品开发才能取得最佳的经济效益、社会效益和环境效益。在我国未来旅游产品开发实践中，应充分运用市场机制的资源配置作用，同时发挥政府的规制调控功能，协调好政府、企业、社区居民等各方的利益，促成旅游地旅游资源开发的双赢或多赢。

第八章 旅游业公共关系的传播

第一节 旅游业公关的传播及其特征

公共关系工作就是谋求组织被公众及社会理解，是为形成、强化公众对自己组织的良好印象所做的一切努力和基础性工作。要达到这一目的，就必须对传播和传播的特点有个透彻的了解。

一、旅游业公共关系传播

（一）传播的含义

1. 定义

所谓传播，就是人与人之间信息的双向交流与共享的过程。传播的过程大致可以表达如下：组织或个人在获得信息之后，将这些资料编入特定的符号，经由媒体或直接传送至目标大众，而接收方则将所得信息符号编制为信息，使信息到达目的地。在这个传播过程中，它拥有三个必不可少的要素，即传播者、传播符号和传播对象。

2. 传播过程三要素

（1）传播者。传播者就是在传播过程中处于主动者一端的组织或个人。在旅游业公共关系传播过程中，旅游业组织自然就是传播者。作为传播者的旅游业组织要对大量的向外传递的信息进行筛选，并将要传播的信息编成一定的符号，然后将这些信息符号发送出去。

（2）传播符号。符号是人类在传播信息活动中表达信息含义的工具，像声音、文字、图画、姿态、表情等都是符号。符号在传播活动中起代表作用，它是信息的载体。在传播活动中，传播者使用的符号必须是传播对象也熟知、理解的东西，否则，信息传播就会失败。这一点对于旅游业组织来说尤为重要。因为旅游业所接待的游客来自不同国家和地区，他们有着不同的文化和习俗，如不注意彼此间的差异，就会产生误会，出现适得其反的结果。例如，在我国，人们习惯用点头代表同意，摇头表示否定；如果到了印度，你仍以此符号形象与当地人沟通，那就大错特错了，因为印度人与我们的习俗正相反，点头表示否定，摇头表示肯定。

（3）传播对象。传播对象又叫作受众，是传播内容的接收者，可能是个体，也可能是组织。在传播过程中，传播对象接收信息符号，译解符号，并对符号内容作出反应，即反馈，这样，传播者才能更好地理解信息传播的作用。

（二）传播的过程

1. 单向传播

1948 年，美国人哈罗德·拉斯韦尔以其《社会传播的结构与功能》一书的出版而成为传播学的开创者。在本节中，拉斯韦尔提出了一种典型的传播理论模型，即"5 W 模型"，它把传播行为分解成五大要素：

（1）谁是传播者？

（2）传播的内容是什么？

（3）传播途径是什么？

（4）谁来传播？

（5）传播的效果如何？

（A）作为沟通的首要环节，它是传递消息的主体。在这里，传播者要承担"制码"的任务，也就是把信息按照被传人能够了解的方法，编入传播程序。制作时必须准确，以免造成讯息的干扰。

（B）是传播过程中的第二个环节，是传递信息的媒介。在此阶段，我们要小心地消除"噪音"。"噪音"是指任何干扰信息的传播，包括时间、空间、客观和主观等。

（C）是沟通的第三个环节，它是接受讯息的人。在此过程中，受话人要进行"译码"，也就是对传播的符号进行恢复。事实表明，被传的人根据自己的立场、观点、方法和喜好来理解传达的信息，不是简单地被动接受而是主动分析，有选择地吸收。在其对信息的还原过程中，越能保持信息原貌，越能取得理想的传播效果。

（D）是传播过程的第四个环节，是传播效果。受传者获得信息后，会产生一系列的心理活动。这些信息使他们产生喜怒哀乐，改变其言行，导致其新思想、新行为的发生，最终产生传播者预想到的或意料外的各种结果。一般说来，产生效果的过程，是由受传者接到信息后，通过引起注意—情绪变化—态度转变—采取行动四个环节来体现的。

（E）是传播过程的第五个环节，被称为反馈。信息传播的客观效果有积极的或消极的、有明显的或潜在的、有即效的或长久的，呈现出多样式。它们通过各种渠道反馈到主传者那里，使主传者总结经验、找出不足，为新一轮的传播做好准备。

2. 两级传播

"思想首先从电台和报纸传播到'舆论领袖'，然后又通过他们传播到社会中较少活动的群体。"换句话说，信息的传递，是一个"媒体—舆论领导者—观众"的二级传播方式。在此，"意见领袖"作为中间环节，具有重要的地位和意义。意见领袖也被称为"舆论指导"，是指在社会生活中具有广泛知识和经验的"权威专家"，他们的观点对大众产生了很大的影响。

二、旅游公关的特征

旅游的本质是把无形的服务给顾客，而非实物商品，是一种体验商品。对于这个商品的印象，常常是决定顾客是否会购买的关键要素；而这也与其品牌形象有着千丝万缕的关系，从某种意义上讲，旅游与其产品形象是一种有机的关系。从这个角度来看，旅游行业做好公关工作的重要性是显而易见的。旅游公关的特点决定了旅游公关的传播特征：

（一）现代化的通信工具

在今天的社会中，旅游部门的公关沟通方式越来越现代化。从报刊、广播、电视到互联网络等现代媒体，它都是通过互联网实现信息传递的。

（二）宣传手段的多样性

在进行公关宣传的时候，可以通过书面印刷，如书刊、报纸上的广告、介绍、新闻报道；也可以通过电讯形式，如广播；还可以通过影视手段，利用电影、电视进行图文并茂的传播。当然，最直接的方式是通过游客进行传播，这也是最令人信服的方式。所以有人讲，"接待好一位游客便培养一位公关员"。

（三）全员公关

由于服务工作是通过旅游从业人员与游客在相互交往中实现的，所以，旅游工作者的一举一动都代表着企业形象。因此，他们自然也就肩负着传播企业形象的重任，在旅游业中，每个工作人员都是企业的公关员。

（四）效率化

因为现代通信技术能够大量、快速地进行信息的拷贝与传递，使得传播活动能够覆盖范围广、速度快，并具备很强的舆论影响，因此，无论是在空间上，还是在时间上，都是最有效的传播手段。

第二节　旅游业公共关系传播形式与媒介

在旅游业公共关系活动中，良好的传播媒介和传播形式是实现有效传播的关键。能否正确选择传播媒介和采用恰当的传播形式，同时也是衡量公关人才的一个重要指标。

一、旅游业公共关系传播形式

根据旅游公关的性质和特征，旅游公关传播可以分为四种：人际传播、群体传播、组织传播和公众传播。

（一）人际传播

1. 定义

人际传播是指人们彼此间面对面地或个人与个人亲自进行的信息交流和传播，如相互交谈、打电话等。在旅游业中，这种人际传播主要存在于旅游服务接待人员与游客之间、游客彼此之间、游客与其亲朋好友之间以及旅游企业员工彼此之间和其周围亲朋好友之间。

2. 分类

（1）没有媒体的面对面交流。也就是说，参加传送的人，都是在同一个时空中进行交流，可以看到对方的表情、动作、语言。它一般是通过语言、动作、表情等进行交流，例如：饭店每天接待大量的游客，为其提供接待服务；旅行社导游员与游客交谈；旅游企业公关人员在走访中的交谈、接受记者访问、接待参观人员；以及组织各种会议、演讲、座谈；等等。

（2）不直接接触的人际关系。参加通信活动的两个人，在不同的时间或不同的地点进行通信，信息的传递必须借助一定的媒介。这种传播主要利用书信、电话、电报等媒介进行交流，如书信往来、电话联系、致贺电、寄问候卡片等。

3. 特点

（1）双方的参与。在人际传播中，传播主体和客体是相互传播的，具有高度的参与性和针对性，并且双方的传播角色不断互换、传播和接收。特别是融洽的人际沟通，往往分不清谁是主动的传播者、谁是受传者，确切地应该说，双方都是传播者和受传者。

（2）传播符号的多样性。传播科学把人们之间相互沟通的各种方式叫作"符号"。在交际中，人们除使用的语言、文字、图像之外，还有眼神、表情、动作、姿势、服饰、物品、时间、空间、环境等，这些都是通过各种形式的信息来激发的。

（3）灵敏度反馈。由于人际交流大多是面对面的，因此，通过双方的语言、动作和表情，很容易就能看出交流的效果。在交流的过程中，两人都有提问、倾听、写作和阅读的能力，他们可以根据反馈的内容、方式和符号进行分析，从而消除隔阂、减少误会、消除冲突、增加共识。所以，人际沟通的最大特征之一就是对信息的敏感、容易调节和适应。

4. 方法

可供旅游企业或组织公关人员实际操作的人际传播方法主要有以下几种：

（1）游客传播。游客传播是指对旅游业每天接待的大量旅游者之间的交流。旅游的主体是游客，也是旅游业的生命线。向旅游者的宣传活动，基本上是通过以下方式进行的，企业的经营管理人员和普通员工是通过日常的管理和接待服务等工作来完成的。旅游服务人员在从事对游客的人际传播时尤其要注意对一些人际传播媒介的巧妙运用。这些媒介主要有以下几种：

①有声语言。有声语言媒介是语言媒介中的一种，交谈、演讲、谈判、讲话、报告等都属于有声语言媒介，它的特点是在沟通中反馈信息及时、效果明显，是人们相互交往、相互依存必不可少的工具。对于人与人之间直接交流沟通的方式——人际传播来说，有声语言或称口头语言必然是其最主要的工具，人际传播离不开有声语言，有声语言的表达和运用直接影响人际传播的效果。

旅游业是以服务为中心的行业，它的基本宗旨是"服务周到""顾客至上""宾至如归"和"殷勤待客"，而要做到这一切，语言在其中所发挥的作用不容低估，为此，要求旅游公关人员及所有服务人员都要讲究语言美，提倡使用文明语言。比如，讲话的态度要真诚、亲切、谦逊，语气要和缓、平稳，语调要优雅，语言要优美。

②体态语。体态语也称为身势语或人体语言，主要指通过表情、动作和姿态来传情达意的一种无声语言。有声语言是面对面人际传播的最主要的工具，但是，在实际的交际中人们还经常运用表情、姿态、动作等无声语言来传播信息。如点头、微笑、一个眼神、一个手势等都是无声语言。它们不仅有相当丰富的感情色彩，而且很有表现力。

旅游行业在使用人际交往的时候，游客传播是最重要、最广泛的一种交流方式，它渗透到了旅游服务和管理的各个环节中，而游客的传播效果也是十分显著的。尽管面对面的人际交流活动范围狭窄，但从旅游发展的角度来看，一个在旅游目的地取得良好的人际交流后，往往会在返回居住地后，对所看到的国家和区域进行免费的宣传，因为这些广告都是亲眼所见、亲耳所听，所以更具可信度。如此一传十、十传百，往往能形成很好的"口碑效应"，起到很好的宣传效果。因此，对游客的人际传播必须给予重视。

（2）政府公众传播。各旅游企业和组织的发展必须得到当地政府以及有关旅游管理部门的支持与合作，同时，政府和公众对公司、机构的评估是一种极具权威和说服力的。例如，在公共关系沟通中适当引用政府舆论的结论，如质量信得过单位、星级评定等荣誉证书、荣誉称号，将会收到意想不到的效果。因此，做好对政府公众的传播，获得他们的好感和信赖是十分重要的。而公共信息的传播则是以人际沟通的形式进行的。例如，积极地将公司或机构的工作报告给政府，介绍公司或机构，请政府领导和相关人士来参观，检查、指导工作，并根据政府的要求采取相应的措施。

（3）潜在游客传播。潜在游客传播是指针对位于目标客户群中潜在的旅游者的交际行为。主要采取"走出去"的方式，例如，组织一批国外的推广队伍；组织一支演讲团到世界各地做现场讲演或即席演说，以加大推广力度；组织各类旅游交易会、展览会、博览会，以及举办研讨会、演讲会等。通过面向客源地公众的广泛的人际传播交往并结合运用大众传播手段，可以有效地增加旅游客源地对旅游目的地的了解，以达到争取潜在游客、扩大客源市场的目的。近年来，我国各省市的旅游业界已普遍开始重视通过派团走出城门、国门去进行实地的考察和交往的办法来加大促销宣传力度、拓展客源市场。

（4）特定人物传播。在走出去进行人际交往的同时，旅游目的地还可以通过"请进来"对具体的人进行宣传，以扩大影响力，取得良好的效果。目前，国际上比较常用的一些基本方法有：一是邀请外国旅行社代理人、旅游中间商。根据国内各个旅游机构的经验，这一群体的宣传与服务质量往往会影响一段时间的客源。因此，各旅行社要由经理亲自出面或亲自组织安排，给予可能的礼遇和优惠，搞好沟通，建立感情。二是把外国记者邀请过来。其基本做法是邀请客源国家或地区声誉好、影响大的新闻媒体机构中如报刊、电台、电视台的记者、导演、节目主持人以及摄影师与旅游文章撰稿人等游览或参观访问，通过人际传播方式与其建立起感情联系，通过提供免费住宿、交通和优越的采访条件等，促使其回国后发表文章，或在电台、电视台播放采访报道的节目。由于是以客源国记者的身份做报道，提高了报道的客观性和可信性，易于被人们接受，传播的效果比花钱做广告推销要好得多，花费也相对少很多。

需要注意的是，派出去、请进来的人际传播办法往往不是孤立地运用一种传播方式，而是需要几种传播方式，如人际传播方式、大众传播方式等相互结合和共同运用才能达到良好的传播效果。

（二）群体传播

群体传播是指人们在某一小群体范围内进行的信息传播活动。在旅游业中企业搞的信息发布会、与客户的座谈会等都属于此。

（三）组织传播

组织传播是指在一个正式的旅游组织或机构内相互交流信息或观念，使成员在其中有共同的目的和利益，并能协同完成特定任务的传播活动。这是一种有组织、有领导、有一定规模的信息传播，这种传播具有疏通企业内外渠道，密切企业成员之间和企业与企业之间关系的作用。

（四）大众传播

大众传播是指在新闻、出版等专业媒体的帮助下，利用报纸、杂志、广播、电视、电影、书籍等现代媒体，向广大的读者提供大量的拷贝。这一交流的特征是：

1. 通信系统的高度专业化

当代大众传媒是一个很有特色的产业。这就要求有专门的组织和人员进行这方面的工作，而传播组织则要根据传播者的意愿和受众的需求选择、筛选、加工。如电台、报社、编辑部、出版社、记者、编辑等。现代大众传媒要借助现代印刷、摄影、广播、电视、卫星等多种高技术手段，对技术水平的要求非常高。大众传媒可以快速、大规模地复制资讯，而且可以快速、广泛地散布资讯。所以，旅行社在使用媒体的时候，不能插手媒体的工作，而应该给予帮助和合作，并且要在日常生活中与各媒体保持良好的关系，不断地传递消息，增进彼此的了解，以便为自己的利益服务。

2. 广泛宣传的目标

大众传媒具有开放性、面向社会的特点，具有广泛的受众群体，涉及不同地域、不同阶层。

大众传播接受者众多，动辄数千人，涉及不同地域、不同阶层、不同空间；大众传媒是一种广泛的媒介，它可以广泛地传播信息，能在极短的时间内，让社会各阶层的人都能得到它，它的目标是大众，传播速度极快，覆盖的范围也很广。大众传播，无论是在时间上，还是在空间上，都是最有影响的。一条消息可以在一个区域、一个国家乃至全世界传播，因此会造成很大的影响。这是人际关系无法与之相比的。所以，旅行社、饭店、航空公司等要想获得更多的关注，大众传播是一个很好的途径。

3. 传播形式的多样性

大众传媒包含了印刷品、电视、通信等多种媒体，因此其传播途径多种多样。

4. 信息反馈困难

由于大众传播多是单向的，由于没有直接、有效的反馈渠道，反馈的时间较长，难以及时、准确、充分地反馈。其受众广泛而不确定，针对性较差，且和传播者之间又没有直接的、即时的联系，因此，信息反馈间接而缓慢，传播者难以及时、准确、充分地予以把握，评价传播效果的工作量较大。

5. 采用的传播手段高度技术化

像借助摄影、传真、电视、互联网络等，技术水平越来越高，传播的速度也越来越快。

二、旅游业公共关系传播媒介

旅游公共关系活动的媒体种类繁多，包括大众媒体和其他媒体。

（一）大众传播媒介

1. 广播

广播的覆盖面广、传播速度快，通常没有时间和空间的限制，能比较及时、大范围地传播给受传者。它不要求受传者有较高的文化层次，接受容易，可边做事情边收听。广播的节目制作、播放成本低廉，它以语言和音响作为传播的主要手段，它可以通过语音、语调、语速的变换以及丰富的表达方式来强化传达的效果，使其富有感染力，能够引起听者的想象力。广播节目的专业化，又使社会组织易于识别听众与组织的诉求对象是否一致，易于选择利用。但是广播无法展现图像，它以口语化方式播放，文字简洁，但不易深入。广播在固定时间内播放，稍纵即逝，受传者无法像运用报纸、杂志那样易于保存和反复使用。因此，广播需要反复播出方能收效。

2. 电视

电视播放在时间上具有同时性，在空间上具有同位性。随着生活水平的提高，电视机也已经普及每个家庭，有效范围较广，人们往往在业余时间与家庭亲友等一起收看，情绪较好，易受感染。电视既有音响又有图像，同时诉诸人们的听觉和视觉，综合应用文字、图像、声响、音乐等，直观、形象地传播，有亲切感，易于理解，一般也不要求受者有较高的文化层次和艺术素养。并且，电视还可以采用特写、全景、定格、重播等各种表现手段加强受传者的印象。但是，电视在排定的时间内播放，一看就过，使受者不能很方便地加以保存和反复使用，需要反复播出才有效果，同时，电视制作费用较高。电视广告影响大、富有感染力，这是它最大的优点。

3. 报纸

报纸又称为新闻纸，它种类繁多、覆盖面甚广，是一种最重要的印刷类大众传播媒介。报纸的优势在于它与全国各地的各种社团保持着紧密的联系，是目前国内最主要的新闻媒体之一，它具有弹性大、版面灵活等特点，可以根据新闻内容和数量调整版面，不受约束。在任何时候、任何地点都可以有更多的选择。报纸报道要深入细致，适合于反复思考的问题，也适合处理有深度的内容。报刊资料易于查阅、储存，可以剪贴、摘录成各类相册，以便以后可以反复查阅。新闻媒体具有专业性和新闻传播的有效性。报纸最大的缺陷就是受到了出版条件的制约，没有广播、电视等传播信息的迅速和及时。

4. 杂志期刊

期刊是一种主要的报刊媒体，也被称为杂志。期刊的优势在于种类繁多、发行量大、读者范围广；同时，它具有很强的专业性和针对性，读者基础相对稳固，报告内容也较为详尽。与传统的报刊相比，新闻期刊拥有充足的采编时间，精心组织，内容丰富，具有很强的学术和历史价值，便于保存、查找、反复阅读；其不足之处在于发行周期长，且不如电视节目动人。

（二）其他传播媒介

除了大众媒介之外，旅游业组织在进行公关活动时，还可视具体情况而选用其他媒介。主要有如下几种：

1. 电话、传真、电报、电脑网络、信函、卡片等

借助电话、传真可将有关信息以声音或文字、图形甚至图像（利用可视电话）的形式

迅速传播出去。现在邮电系统推出的多种礼仪电报业务无疑给旅游业组织开展公关活动又提供了新式手段与途径。电脑网络也是一个全新的媒介系统，像天津"信息港"工程中的应用系统"天津热线"的开通，就可以使公众通过计算机系统在网上查询到关于旅游景点和旅行社服务信息等内容，这对旅游业组织开展公关活动无疑提供了新的帮助。针对个人的信函、卡片，如圣诞卡、生日贺卡、问候信，对于加强公众对组织的认同与建立良好关系的作用是不容置疑的。

2. 印刷、音像宣传品

旅游业组织可以通过编辑、发行小报、杂志、通信等向消费者宣传，扩大影响；也可以文集、影集、画册或宣传手册、单张宣传品、海报、POP 宣传品、条幅等形式进行公关宣传。此外，还可以通过制作幻灯片、录像带、录音带等音像制品来作为传播手段。

3. 实物媒介

旅游业组织可以制作一些带有本组织标记（图案、名称）的优良、精美的公关礼品，如卡片夹、笔架、背包，或者是企业文化衫。由于它们都是专门设计的，所以其宣传、纪念、情感价值远远大于使用价值，是开展公关活动的良好媒体手段。

4. 员工媒体

员工是企业形象最主要的载体，特别是对旅游业来说，这一特点更为突出。因为旅游业是服务性行业，它的工作必须是在员工与客人彼此交往中才能完成，因此，员工工作表现如何，将直接影响企业形象的传播。所以，旅游业组织的员工从站、立、行、说话、表情、仪容、仪表到服饰就都成为传播组织形象的媒介。由此看来，加强对企业员工仪容仪表、说话谈吐、礼节、礼貌等诸方面的培养是非常重要的。

（三）网络媒介

因特网是迄今为止人类所掌握的最先进的通信媒介，也是 21 世纪信息高速公路的雏形。它通过计算机、光缆和现成的电话通信线路，把世界各地数以千万计的用户连接在一起，构成了一个全球性的计算机互联网络。它能够进行文字、数据、图像、声音等多媒体信息的交流，具有极强的传播和交流作用，为当代公关工作的发展开辟了新的思维方式、新的策划思想、新的媒介。因特网具有跨越时空、高度开放、双向沟通、个性化、多媒体、超文本、低成本等特性。因此，它将很快成为现代社会最具影响力的一种新的大众传播媒体。作为旅游组织、企业、机构来说，如果不懂得运用 Internet 的强大功能从事公共关系活动的话，就可能成为信息化社会的落伍者。

1. 因特网对舆论的影响

舆论是一个整体的知觉、集体意识和权威群体的共识，它的形式也在不断地改变。

（1）互联网对舆论工具的作用。在舆论传播中，大部分人的共识，不仅是通过人际沟通，更是通过大众的沟通，借助报纸、广播、电视等一系列有组织的"通道"向广大民众传达。从"通道"这个媒介上看，互联网要比报纸、广播、电视等传统媒体更具优越性。互联网上的资讯来自全球，人们可以在网上随意出入，这就决定了互联网上的资讯种类和容量是其他媒介无法比拟的。任何人只要上网，就可以像全球 170 多个国家、数以百万计的网站那样，自由地挑选和发表自己的信息。多媒体技术与计算机技术、网络技术、数字技术、通信技术的融合，极大地增强了网络信息的传播速度，使得信息的传播不受时间、地点、频道、国界、气候等因素的制约。

（2）互联网对舆论行为的作用。互联网不同于其他媒介，最基本的差异在于它的交互和个性化。因特网具有独特的互动技术，使受众从被动的状态转变为与新闻社的编辑和其他受众交流，真正实现双向、多方位的互动交流。另外，互联网具有高度的个人化特征，使观众能够作为信息的提供者发表意见，将所看到的、听到的或自己的观点输入网络中，传播到整个世界。

（3）互联网在控制舆论方面的作用。信息化和开放化使得人们的视野变得前所未有的开阔，思维也前所未有地活跃起来，在互联网上，高度个人化的行为使得受众面对各种事件和观点的选择，而哪一种观点更具有说服力，能得到全世界的广泛支持，每一个入侵者都能清晰地看到。目前，CCTV 正积极筹备建立"华语"国际频道，以适时地传达中国政府的呼声、引导全球舆论、扩大中国的影响力。

2. 网络传播的方法和途径

作为一种大众媒体，网络传播面临着两个问题：一是主动地传递组织信息，也就是通过网页、邮件等方式进行传播；二是分析和监督网上舆论。具体来说，通过以下方式进行网络传播：

（1）使用网页来建立网站。网页是目前互联网上使用最多的一项服务，人们上网的时候，有超过半数的时间都要面对各种各样的网页。该网站可以显示文字、图片、音频、动画等，是当前互联网上最受欢迎的一种信息传播手段。网络广告相对于其他媒介来说，有以下几个独特的优势：

①传播范围广，传播速度快。在互联网上，组织的网页不受时间和空间的限制，可以24 小时不停地向全球传播。无论在哪个国家，只要有互联网，都可以在第一时间看到最新的新闻，这是任何一家传统媒体都无法比拟的。

②详尽、生动且灵活性强。组织在网页上发布的组织概况、产品（包括产品各种性能参数）等信息，可以制作得较为详尽，便于受众仔细地查看；利用电脑技术，可以把信息处理得更生动，图文、声像并茂。此外，在传统媒介上发表新闻是很困难的，即便可以修改，也需要花费大量的金钱。而在因特网上的网页信息可按照需要及时变更，确保其正确性、适时性，且费用支出也较少。

③可准确统计受众数量。组织在传统媒体报纸、电视、广播、路牌上发布信息，几乎

不可能准确统计有多少受众。而在互联网上公布的页面，则可以由访问人数计数器系统进行准确的统计，而且可以查阅其时间和地域分布，从而有助于组织更科学地进行市场开拓。

④利于目标受众群主动查询及保存信息。相对传统媒体广告的强迫性而言，因特网网页广告则属于一种按需广告。只要在网上使用知名搜索引擎，查询者可以很快搜索到自己所需的资讯，如同查电话簿上的电话号码，而且所查到的信息可以非常方便地下载、编辑和保存。

（2）通过互联网进行新闻通告的发布。网络新闻发布在扩大公众关系的过程中扮演着非常重要的角色。当一家机构在网络上发布一则新闻通告时，应当注意下列事项：

①即时新闻。互联网媒介与传统媒介相比，其最大的优点在于其即时性。为了达到预期的效果，一家机构想要最快速地传播一个事件，不仅要是把它放在网站上，而且要放在媒体上。

②网络媒体与传统媒介的协同。如果人们可以在同一时间看到同样的消息，那么就可以很容易地在网站上找到相关的信息，例如，企业可以在网站上建立一个清晰的链接，并将其张贴在相关的页面上。

③在网上建立广泛的媒体联系。在公司推出新产品或新服务时，最好将相关信息及时地传递给想要发布该信息的网站。组织可以创建一个使用者的电子邮件清单，或透过网页电子邮件清单收集有关本组织产品的使用者的电子信箱，并将该机构的最新资讯及时公布。

④与其他机构建立联系。组织的在线新闻发布应当包含组织伙伴、客户等信息，并将其链接添加到公告中。尽管这样做可以分散部分访问者的注意力，但是在某种程度上，这也会提高公司的整体形象。

（3）充分发挥网上舆论的作用，营造良好的社会环境。舆论在当代社会中据有举足轻重的作用。组织公关工作的一个重要内容是对民意进行分析，并对其进行有针对性的宣传，以营造一个良好的社会舆论环境。在企业的公关活动中，网络舆论也是一个不容忽视的因素。互联网为公众舆论的传播带来了方便，它可以打破时空的限制，及时、广泛、深入地交流意见。

（4）借助网络广告及时宣传组织。传统广告宣传模式有固定的广告内容、精确的时间安排，针对一般大众宣传商品，媒体主要是电视、广播、报纸、杂志、户外媒体等。它主要依靠大面积播送、单向信息传递和强势信息灌输来劝诱消费者购买产品。网上广告可全天候24小时随时发布，不受时间限制，更为灵活、方便。网络广告在手段和方法上均与传统广告有较大不同，组织应灵活运用相应的网络广告手段。相比较而言，网络广告的最大特点是即时互动、信息空间大、廉价。与传统的广告相比，网络广告的优势主要表现在：一是对网址的宣传是网络广告的主要内容；二是科学合理地进行商品信息分类；三是合理选择有影响力的网站设置标牌广告。

三、旅游公关关系对传播媒介的选择

开展公共关系活动的过程实质上就是信息传播的过程。在公共关系计划组织实施过程中，根据公共关系目标的要求，选择最佳的传播媒介，是提高公共关系计划成功率的重要保证。传播媒介的选择是一项复杂的工作，为此公共关系人员必须注意以下两点：

（一）公关人员必须对各种传播媒介有深入全面的了解

各种传播媒介各有所长、各有所短、各有鲜明的特点和一定的适用范围，同时又具有各自的局限性。公关人员必须对各种传播媒介有深入全面的了解，才能进行选择。只有选择恰当，才能事半功倍，取得良好的传播效果。

（二）信息、媒介和受传公众是一个传播的整体过程

公关人员还必须认识到，信息、媒介和受传公众是一个传播的整体过程，因此，公关媒介的选择除了考虑媒介本身的优缺点外，还应该在考虑旅游产业特征的基础上，充分考虑旅游信息的传播特征和受众特征。

就内容而言，内容简单、时效性高的新闻，可以选择广播电视等电子媒体，其传播范围广泛、传播迅速。对于比较复杂、详细、需要反复思考的内容，最好选择报纸、杂志等印刷媒体，这样可以使人从容阅读、慢慢品味。针对某些重大的专题公关活动，新开发的旅游热点、热线介绍等，可以采用视、听结合的电视、电影等媒体，既有色彩又配以解说员生动的声音，其效果就大大优于报纸的文字说明。

从接收信息的受传公众来看，大众传播的效果取决于受传公众接受信息的多少和对信息的理解程度。而受传公众又来自不同的社会阶层，具有不同的文化层次、职业特点、生活方式以及接受信息的习惯等，因此，每个人受传播影响程度的大小也是不一样的。大众传播还必须对受传者进行多方面的、细致的考察。比如，对喜欢阅读思考的知识分子，采用报纸、杂志等传播媒介进行信息传播的效果较好，而对于偏远山区的农民则选用广播更为合适。

因此，只有把握好信息、媒体和公众的特性，才能使媒体更好地发挥其作用。

第三节　旅游公关的理论与实践

旅游公关传播的特点是专业、具体、细致、实用。这一部分将重点放在新闻发布会、展览会、开放参观、宴会、庆祝活动、赞助活动、联谊活动、社会服务、公关广告、新闻策划等。

一、新闻发布会

新闻发布会是一种比较正规的形式，它是一个组织和媒体之间建立和维持联系的一种形式，它的特征是：形式比较正式、隆重、规格高，容易在社会上引起广泛的注意；在此基础上，双向交流在广度和深度上均优于其他形式。但这种格式耗时长、费用高；而新闻发布会对演讲者和主持人的要求也是非常高的。

新闻发布会的组织应注意：

（一）会议之前的筹备

（1）决定是否需要召开招待会；指定主持人和演讲者；筹备演讲和报告大纲。

（2）要实现确定出席招待会的新闻工作者的人数和名册。新闻发布会的邀请函必须发给有关问题的媒体和记者，如果活动的规模和影响力局限在一个特定的区域，则不需要向其他区域或更广泛的媒体发出。接待邀请函应该在一星期前寄给与会记者，这样记者才能安排好采访的时间，然后通过电话联系。对于突发重大新闻事件，可以通过电话或电报直接联络。

（3）记者招待会的场所环境要与所要报道的新闻内容相一致，地点要尽量选择交通便利的地方，在会场内要有电话、电报、互联网等服务，以保证会场内外的信息流通。

（4）新闻发布会的日程安排，不得与重大节日、盛大庆典或其他重大新闻活动发生冲突，以免影响新闻发布会的召开。由于大部分媒体对截止日期的限制，记者可以在会议期间或会后有足够的时间来编辑和发布有关的新闻。

（5）为了让记者们能更好地了解新闻发布会上的内容，他们必须提前做好准备。此材料包括文字、影像、实物等，如有机会在记者会上拍照，须提前告知有关摄影记者，并由主办单位负责录制或现场摄像。对于一种产品，记者们甚至可以亲自去体验、去试用，这样才能让他们的新闻写作更准确、更形象。

（二）会务须知

（1）新闻发布会之前，请为每一位嘉宾安排专人指导，并在本子上登记；为客人安排座位，区分主次，避免因人数过多而造成混乱和不愉快，并有专人带领客人入座，保持秩序。此外，每个人都要发一条新闻稿，上面有新闻稿、技术说明书、会议主持人的相关简介和新闻发布会的主题。为新闻工作者做好广播录音、电视摄像、灯光照明等筹备工作并为客人提供其他必需的服务。

（2）新闻发布会的流程要紧凑、细致，例如，在开场时，先宣读开场白，然后是谁讲话，接着是记者提问、回答问题、招待会结束时的参观等等。

（3）新闻发布会上，主持人要在新闻发布会上充分发挥主持人的作用，积极活跃新闻发布会的气氛，积极引导媒体提问；对不愿意公开的新闻，要有礼貌地向媒体说明，新闻工作者通常会尊重媒体的观点，不能随意插嘴，也不能用各种动作、表情和语言表达自己的不满；当遇到无法解答的问题时，不能用"不清楚""不知道""我不能说"来答复，要灵活；所公布的资料必须正确，如有差错，则要立即更正。此外，记者提问的时间、招待会的时间要适当地掌握，新闻发布会要有一个正式的结束。

（4）对出席新闻发布会的所有记者都应当一视同仁，特别是在提供新闻方面不能偏袒任何一方；在会前或会后，可以适当地安排记者对相关话题或相关人物进行深度访谈，以便对某一问题进行深度报道；对没有到场的记者，可以向他们发出有关招待会的新闻资料，并积极联络，方便他们报道有关情况。

（三）会议后的回馈

（1）及时整理会议纪要，对会议的组织、布置、主持和回答问题进行总结，把所学的内容进行总结和存档。

（2）收集参加者对本次会议的反应，检查其是否达到了预定目标，或对其在组织进程中存在的不足之处进行了反思，以便在今后的同类活动中予以克服和改善。

（3）搜集参加会议的新闻稿，根据会议记录，查看参会的记者有没有发过稿，要打电话感谢；同时，要对新闻稿进行分类分析，找出舆论的倾向性。如果发生对本次活动不利的报告，应当立即作出反应。

二、展览会

展览会是一种专业的公关活动，它以集中的实物进行演示，与各种媒体相结合的方式，对企业的产品和形象进行宣传。展会是比较重要的公关活动，其具有强烈的直观性和真实性，使观众产生强烈的心理上的刺激，不但能加深观众的印象，还能极大地提升企业和产品在观众心中的信誉。同时，展会也能引起媒体的广泛关注，通过媒体将展会的盛况传播给大众，从而达到更好的宣传效果。因此，展会是一种多个媒体的联合推广。

（一）展览的作用

展览会通过实物、模型、图表的形式进行宣传，既能教育大众、传播信息、扩大影响，又能让组织找到自我、宣传自我、提高效益。

第一，要发现自己。中国有一句老话，叫作"酒不厌巷"。诚然，优质的商品能被社会认同，更多的人就会选择它。凡是好东西，都会促使消费者自发地去做广告，这就不可避免地产生了"有酒不怕巷子深"的现象。而且，在自然经济的情况下，只此一家别无分店是客观的事实，所以，"酒香不怕巷子深"。然而，随着商品经济的发展、科技的飞速发展，商品与生产者的独特性已经不复存在，如果没有其他手段，靠个人的沟通，就很难让美酒散发出更多的香气，所以，"酒香也惧巷深"。

第二，是自我推广。展览会通过客观的方式，如实物、文字、图片、图表等展示成果和特色。与其他宣传方式相比，它具有更强的说服力，从而极大地增强了公众对企业和产品的信任。高品质的产品、精美的图片、动人的解说、艺术的摆设、悠扬的音乐，让参观者有一种身临其境的感觉，大大增强了组织的自我宣传的吸引力。

第三，提高收益。公关的根本宗旨是真诚合作，互惠互利。作为一个机构，必须找到自己、宣传自己。然而，为了最后的利益，我们一定要以一种真诚的心态，服务于社会和公众。展会宣传自己，向社会宣传"深藏好酒"，也为社会服务、为消费者提供购物指南，美化大众生活。

（二）展览形式

展会种类繁多，从不同的视角，可以分为很多种。按展会的性质分为交易会和宣传展；按场地划分，可分为室内展览和室外展览；按展览内容划分，分为综合展览和专题展览；按展会的大小，分为大类和小类。另外，展览会也包括国内、国际、固定地点和流动展览、长期和短期展览。主办单位应结合自身实际，合理选择展会的形式，达到最佳效果。

（三）组织展会

展览会是组织企业进行公共关系的绝佳时机，主办单位要抓住这次机会进行宣传，传达必要的信息，增强与大众的交流。为了让展会顺利举办，主办单位必须认真做好下列工作：

第一，对参加展览的必要性、可行性进行了分析。在举行展会前，必须对展会的必要性、可行性进行分析。展会在人力、物力、财力上的投入，若不进行科学的分析和论证，很容易产生两种不利的结果：一是成本太高，不值得；二是盲目临时组织，效果不理想。

第二，要把题目弄清楚。每一场展览都要有一个清晰的主题，以不同的方式体现主题，例如主题口号、主题歌曲、标志、纪念品等等。要搞清楚产品质量、品种还是宣传机构的形象；是为了提升公司的形象，还是为了消除大众的误会。

第三，要考虑展览的组织形式。企业所生产的产品组合的深度、广度、密度都不同，项目、品牌也有很大差异。参加展会的产品，产品的深度、广度、密度如何确定，产品的项目与品牌如何搭配，都要仔细考虑。

第四，要选好时间和地点。选址要考虑三个方面：交通方便吗？环境对你有好处吗？照明系统、音响系统、安全系统、卫生系统等辅助系统是否完备？如自行举办展会，应选择交通便利、环境适宜、设施齐全的场所。

第五，做好材料和预算工作。筹备资料是指为展会筹备资料，例如设计和制造展览会会徽、会标、纪念品、说明书、宣传小册子、幻灯片、录像带等资料，其中包含展览背景资料、前言、结束语、品名目录、参展单位目录、展览方案等资料的撰写与制作。举办展览需要投入一定的经费，例如场地和设备租金、运输费、设计布置、材料费、媒体费、劳务费、宣传资料制作费、通信费等。在编制这些预算时，通常要预留5%至10%的储备金，以便调整。

第六，对员工进行培训。展览会工作人员的质量和熟练程度直接影响展览的整体效果。所以，对于展览人员，例如讲解员、接待员、服务员、商务洽谈人员等，都要进行公关、展览专业知识和专业技能、市场营销、社交礼仪等方面的训练。

在展示和销售期间，可以从以下四个方面进行规划和管理：

（1）确定展会的主题、目标、单位、项目和标准，并向有关单位发出邀请，并通过媒体发布广告等形式将参展企业集中。展览的主题、目的、类型、费用、时间和地点等，都要清楚地向展商说明在此过程中，应当明确告知参展者有关展览展销的主题与目的、展览会的类型要求与费用、展览的时间与地点等信息。同时，作为组织者，还要考虑展览会主办地的交通状况、天气因素以及发生一些意外情况后的处置预案；准备展览会的辅助设备，制订展览展销的预算经费等。

（2）对员工进行诸如讲解员、接待员、相关专业人士等的培训，并设立一个专门的组织来向公众公布信息。主办单位的工作主要有：在展销的时间和地点选定后，举行新闻发布会，发出新闻；并请媒体出席，尽量在各种媒体上及时报道有关开幕式和展览的新闻，以便在展会召开前，在大众中引起广泛的反响；同时也能增加观众。安排好新闻部的工作，为新闻报道做好各项配套的宣传材料。

（3）展销会期间，新闻社将始终保持开放状态，以便主办单位、观众和媒体之间能够及时进行信息交流；如遇重大事件，可向新闻界单独召开新闻发布会；在展销过程中，如果遇到优惠活动、演出、重要领导参观等，要及时进行现场直播，以扩大展会的影响力。

（4）在展会结束后，公关部门应当及时搜集媒体的有关报道，并对各类评估进行汇总；与有关部门进行交流，总结工作中的经验和教训，并将其保存起来，以便在下一次的相关活动中提供参考。

三、开放参观

为使公众更好地认识和对他们的各种活动的支持，社会组织可以有组织地举办公众访问，并邀请该机构的员工家属、新闻机构和其他对该机构有兴趣的人士到该机构内部进行详细的访问，并借此机会向公众进行宣传，以此来树立一个社会机构的形象。

开放参观是一个很好的机会，也是一个非常复杂的工作。

（一）决定访问日期

在决定游览时间的时候，一定要小心避免与重大的节日或者社会团体的重大事件发生冲突。由于大多数民众在重大节日时都有自己的安排，在重大活动中，游客无法看到正常的工作场景，同时也会增加接待工作的压力。另外，也要考虑相关的主管能否出席。

（二）设立专业组织

组织对外开放参观，应当设立一个统一的机构，由一位以上的决策人士担任，并由有关部门的领导和特定的工作人员担任。

（三）为提高认识做好准备

对此类活动的宣传要给予足够的关注，事前要向新闻界通知，借助媒体进行传播。同时，还要做好组织内所有人员的宣传，让大家了解开放参观的意义和目标，人人都能自觉参加。

（四）确定开放参观活动的范围

开放参观的内容大致可以分为现场观摩、介绍和实物展览三大类。一般的社会团体所采取的步骤是预先制作出简洁明了、图文并茂、印刷精美的小册子，由现场向市民发放，并与口述、实地观察相结合，使民众能够亲身体验工作场所，通过实物或雇员的实际行为，来展现社会组织的本质。最后是实物展示，以资料、模型、样品的展示方式，向大众提供更多的解释。

（五）游览线路的选定

选择一条游览线路的首要条件是能吸引游客的注意力、确保游客的安全，而且不会对组织的正常工作造成持续的干扰。游览线路要有清晰的标示，在游览开始前，必须提前做好安全防护，并在必要的位置设立警示标志或路障，以防止出现事故。

（六）做好解释和接待工作

对解说人员要提前进行精心挑选与训练，以便能熟练地了解各参考点的讲解内容。导游员必须佩戴醒目的胸卡，对来访者进行礼貌的讲解，并耐心、仔细地解答来访者的提问。接待客人要做到热情、体贴，要安排适当的休息地点，要有招待人员、茶水等。

（七）做好送行工作，听取来访者的意见

在参观后，要做好送行工作，认真倾听来访者对组织的意见和建议，并仔细搜集来访者的意见，并将其整理、分析，然后呈交相关部门。

（八）平等地接待所有来访者

对来访者，无论身份高低，都要以诚恳的态度接待，对来访者的看法，不得因人而异。

四、交流研讨会

在公关工作者的眼中，"开会"是"每个人都有自己的特殊情况，在同一时间和地点聚集在一起，就共同感兴趣和认同的话题交换口头信息"。公共关系的重点在于其信息交流的作用，所以其研究范围也仅限于沟通式的。这种沟通式的会议，其功能和目标就是使社会组织和大众之间的情感交流、保持友谊，通过口头交流来实现，这样的会议通常包括礼节聚会、"对话"以及例行公事。

（一）仪式性的集会

公关人员经常要为公司组织举办各种派对，以增进双方的交流与理解。这种会议通常没有直接的利害关系。谈话只是一个次要的话题，而谈话的方式则是最重要的。所以，会议组织方一定要在形式上多加努力，才能让整个大会充满欢乐的氛围。如果参加会议的人有共同的兴趣爱好，可以举办聚会、唱歌、娱乐聚会、化装舞会等。

为了让气氛变得愉快，我们可以用"主随客便"的方式来表达他们对话题的看法，而不是把话题转移到他们最感兴趣的话题上，而是尽量从他们的观点中挖掘出一些值得称赞的东西。如果客人们对他们所谈论的主题不感兴趣，那他们就会尽力去找他们感兴趣的东西；如果客人在同样的问题上有意见，那么主人可以充当"和事佬"，找到两个人之间的共同点，让这个话题继续下去。

（二）关于"对话"的问题

对话是指党政机关就各种重要的政策问题，与广大人民群众进行广泛的磋商和交流。因为其着重于"了解和交流"，所以也可以归纳为公关。在公关实践中，对话是非常有效的方法。

在公关实践中，"对话"具有以下特征：参与人之间经常会有一些不同的利益或者某些信息隔离。也就是说，双方之间的利益冲突，或者是情报上的冲突，或者是误会。所以在谈话中，谈话的内容一定要讲"诚"，要坦率，要真诚。我们应该将所有的问题都摆在桌子上。只要"诚"，遵守礼节，即使和另一方争吵，吵到脸都红了，因为必要的争吵也是"诚"的体现。在这一点上，对话类似于官方谈判，但它们之间最大的不同是，谈判通常要求最终达成一项确定的协定，在协定中，各方的利益都要在数量和质量上有明确的规定；议中双方利益关系得到质与量两方面的明确；而对话则无须得到一个明确的格局，它追求的是一种"知晓和理解"的境界。因此，对话的"诚"，贵在"以诚感人"，感情色彩是对话所必须加以重点渲染的。可以说，在对话过程中，感情的融洽要置于利益关系明确的目标之上。

（三）例行会议

例会是指由各社会团体因工作需要而举办或参与的一次会议。在这种场合，讲话一定要做到：第一，要简短，要尽可能地短，不到万不得已，绝不背诵；第二，要突出所谈论的话题，让每一位参加者都能感觉到所谈论的话题和他们有关；第三，在整个会议期间，要不断地发现和总结主题，并提出自己的观点，从而使整个会议的进程得到调整和推动。

五、庆典活动

庆典活动是一个机构在其内部有重大事件或重大节日时，组织通常把它看作一种制度和仪式。这可能是一个特殊的事件，或者是一个重要的公共关系事件。庆典的"第一印象"常常会留给大众。现代企业的管理者应该尽可能地运用节日和其他合乎逻辑的活动，使民众自觉地接受。为了提高知名度和声誉、树立可信度，很明显这与现代公关的理念是相吻合的。

（一）庆祝活动的种类

从形式上看，庆典分为五类：开幕庆典、闭幕庆典、周年庆典、特别庆典、节庆等。开业典礼也就是所谓的"开幕式"，是指首次向公众展示组织新面貌的各类庆祝活动；闭幕庆典是在闭幕典礼或在重大事件的最后举行的一次庆典；周年庆祝是一项组织在发展进程中所涉及的各项内容的一次周年庆祝；特殊庆祝是一种组织通过举办一些具有特殊纪念意义的活动，以增加其知名度；节庆是指在社会公众重大节日期间，组织或参加的庆祝活动。

（二）庆祝活动的组织方式

不管是庆典还是仪式，都要根据天时、地利、人和等因素进行充分的准备。现代社会的各种庆祝活动越来越多，因此，企业的决策者应该在适当的时候，挑选对组织和社会都有益的重要事件或节日。如果有充足的准备，一年只需要做两到三次就可以了。

当然，这并不是一件简单的事情，特别是一场盛大的庆典，涉及的范围很广，也很复杂，所以公关必须仔细地计划。具体来说，要把一场庆祝活动办好，必须做到以下几点：

第一，仔细挑选目标，邀请客人，确认客人。本次庆典将邀请政府领导、行政首长、知名人士、社区公众代表、同行组织代表、组织内部员工及媒体记者等参与。

第二，要对庆祝活动进行适当的程序安排。庆典的流程主要有以下几个环节：一是有专门的主持人，负责宣布活动的开场，再介绍嘉宾，然后是主办方的领导和嘉宾发言；一些需要剪彩、参观的活动；安排沟通（或座谈、宴请，或安排喜庆、余兴的活动，在饭桌上进行沟通）；重要来宾的留言、题字（本活动亦可于开幕之前）。

第三，负责接待工作的组织。在庆祝活动之前，所有接待工作都要做好。接待及服务工作人员要妥善安排，相关工作人员在活动开始之前各就各位。接待贵宾必须由单位负责人接待。在正式的活动开始之前，要为客人准备一个特别的接待室或会议室，让客人们可以在会议开始之前和公司的负责人进行交流。入场、签到、剪彩、留言等活动均由专业人员带领。

第四，物资准备和后勤保障工作。在庆典现场，必须有音响、文具、电源等设备。如果要剪彩，就用彩带、鞭炮、锣鼓等，也要在特别的时候做好准备。此外，还应该事先准备好宣传品、横幅和赠送给客人的礼物。送出的礼物必须是与该事件相关的，或者是公司的标识。此外，为了增加活动的气氛，还可以安排一些短而精彩的文艺节目，可以由公司内部人员或者相关的文艺团体、工作人员来演出，力求独具特色。

总之，要认真、有礼貌、有秩序，这样庆祝活动才会圆满成功。庆祝活动展示了社会组织向社会大众展示自己的社交水平、文化素质等方面能力。此外，还可以通过邀请名人和新闻工作者来扩大其影响力。一般的庆祝仪式有法定的假日庆祝、特定的节日，特别是"日、周、月、年"的庆祝仪式、签署仪式、颁奖仪式、授勋仪式等。

通常的庆祝仪式并不复杂，时间也不长，但是要做到盛大、丰富多彩、令人产生强烈而深刻的好感，绝非易事。在举行庆祝活动时，公关人员要做好充分的准备，热情地接待，有秩序地进行宣传、组织。

六、社会服务

在公关活动中，以创造企业的无形资产为使命，不能忽视服务，而服务则是建立企业信用的最好方式。大众不但听取他们的意见，还观察他们的行动。行为是最有力的语言。一个机构要想真正赢得民心，就必须做到言行一致，为大众服务。

服务过程是通过多种媒体和活动的综合手段来实现与大众的交流。不同的机构向大众提供的服务也不尽相同。例如，在企业的营销活动中，为顾客提供一系列的、完备的服务，这就是公关的本质。主要体现在：

（一）对消费者的教育与指导

为指导消费，根据顾客需求，提供免费的消费教育、培训和咨询等服务。这样的服务贯穿消费者在购买之前的教育、指导、培训、咨询等各个环节。消费的教育方式有：

（1）为消费者提供指导手册、出版物等信息的编辑、发行。

（2）组织现场演示和实物展示，以便顾客了解新产品的性能、功能和技术。

（3）举办培训课程，向销售员和顾客提供关于产品使用和维护、维修方面的知识和技术。

（4）设立展示厅、咨询台、热线电话等，对顾客提出的问题进行解答。

（5）将新产品的信息提供给报纸、杂志、电台和电视台。

（6）制作录像带作为操作示范和辅导的手段。

（7）举行研讨会，交流使用新产品的经验心得。

总之，为消费者提供各种具体的介绍、示范、指导、咨询、培训等服务项目。企业通过这种服务，能够有效地培养消费者对企业及其产品的信心和好感，甚至吸引消费者主动参与新产品的市场开发活动。例如，进行新产品的试用，请消费领袖和广大顾客参与优质产品的评比活动，从而达到消费教育引导的目的。

（二）销售服务

从公关的观点来看，好的销售服务可以为高质量的商品增加无形的价值，是建立客户信任的一个重要步骤。

（1）销售中间环节。除各环节密切配合、服务措施一致、服务态度热情外，服务员、售货员的个人形象、精神状态（如淡妆迎客、统一着装）、购物的氛围（例如灯光的明暗、装修的色彩、商品的陈列、橱窗的布置、柔和的音乐等）都很重要。

（2）提供的服务。包括维修、安装、送货上门、三包、跟踪随访等多种品质保障。除定期的售后服务之外，也可举行大规模的免费保养服务，或举行大规模的信息咨询，以扩大公司的影响力及便利消费者。

（三）顾客群体

消费者的系列化也就是所谓的"消费组织"，就是通过消费教育、引导消费、提供良好的售后服务来培养自己的拥护者、爱戴者，建立稳固的客户群、销售关系。消费者的系列化程度通常以"品牌名称"（客户在购买某种商品时，标明其所购买的商标的比例）和"商标一致性"（客户在购买某一商品时，对某个品牌的偏好，比如"所有家电都必须是××品牌"）体现。高的系列化标志着公司和产品良好的品牌形象。

通过对消费者的调研，掌握消费趋势，对其进行有针对性的教育、指导、服务、组织、创造。因为其在企业中的作用要大于企业的生产和运营，在企业赢得人心、树立信誉方面起着举足轻重的作用。

七、赞助活动

资助是指社会团体通过捐款为社会公益或社会活动提供经费或物资的一种特殊的公关活动。赞助它是一种社会捐赠的行为，是一种信用和情感上的投入，是一种改善社会环境和社会关系的最好方法。归纳说到赞助，主要有四个方面：一是寻求新闻效果，二是扩大社会影响力；加强广告的作用，增加经济价值；与大众沟通，改进社会关系；增加社会福利，塑造良好的形象。赞助的范围很广，涉及社会生活的方方面面。包括赞助体育活动、赞助文化活动、赞助教育、赞助福利、赞助宣传用品、专业奖励、赞助展览会以及支持本地的特别项目等。例如，韩国三星电子借首尔举办奥运会的契机，赞助国际奥林匹克运动委员会，借此成为国际奥委会的顶级赞助商，不但极大地提高了企业的形象和产品档次，更重要的是企业由此真正走向国际化，公司销售额在接下来的两年里，连年翻番，显示器产品由名不见经传而一跃成为行业老大，手机及芯片等产业也跃居国际同行的前列。

在我国，随着公共关系事业的蓬勃发展，赞助活动也已经引起社会各界的极大重视，不同社会组织向社会的赞助也越来越多。前几年比较著名的有健力宝饮料、李宁牌运动服赞助中国奥委会的成功案例，还有并购了 IBM 个人计算机部门后的联想国际，成功赞助了2008 年的北京夏季奥运会，使得联想计算机在接下来的几年里成为国际奥委会的顶级赞助商；以及"蒙牛"牌牛奶赞助湖南电视台的 2005 年超级女声总决赛，据统计，由于"超级女声总决赛"在全国观众中的广泛影响，蒙牛牌各类产品的销售全面飘红，销量比平时提高了近一倍。

第四节　旅游业公共关系广告

今天，广告已经充斥了我们生活的各个角落。在商品经济高度发达的社会里，不管你是否愿意接受，每天都必然要接触大量的各种类型的广告。广告对于我们来说是一个既熟悉又神秘的事物。说熟悉，是因为我们接触得太多了；说神秘，则不仅仅是由于我们总是在不知不觉中被其影响和左右，还是由于广告的技巧和手法总是在不停地创新，使我们目不暇接。

一、公共关系广告的产生

（一）公共关系广告的出现

广告是大众信息的传播活动，更是大众性的经济信息传播活动。随着商品经济的发展，当企业意识到自己的产品需要通过报纸、电视、广播等大众传播媒介进行宣传，而大众传播媒介又意识到这是自身获取收益的重要手段时，现代广告就开始萌芽了。现代广告的发展首先是从以宣传商品为主的商业广告开始的，其首要的工作就是将商品的信息传达到消费者的心里，并且在他们的心里生根发芽。当人们需要去市场、商店购买某种商品时，只要一见到商品，脑海中就会自然而然地浮现出一个商品的图片，从而在不知不觉中建立起一种信任。

大量的企业通过广告活动，首先向消费者介绍自己产品的信息，然后通过反复的广告活动，使人们对产品更加熟悉，由熟悉产生信任，这是人类相处中最基本的一种心理因素，这种因素存在于各人种、民族以及所有人的相互关系之中。我们喜欢最了解的东西，而不喜欢那些不熟悉的东西。常言道："熟悉产生满意。"人们对过去熟悉的东西感觉可靠，而对那些陌生、异样的东西却持怀疑、谨慎的态度。享有盛誉的名牌产品，如德国的奔驰汽车、日本的松下电器、我国的中华牙膏等始终畅销，原因就在于此。

公关广告是一种以企业为对象，通过购买大众传媒的使用权，来进行企业组织信誉、树立企业组织形象的一种广告。企业公关广告和产品广告之间存在显著差异。

公关广告通常是一种长期的经营活动，它的特点是对公司的形象进行宣传，其内容包括公司的特点、声誉、对社会的贡献、对公益事业的关怀与支持。企业公关广告的制作与播放周期较长、成本较高，其目标是让公众认识企业、信任企业并购买企业产品，从而达到"公众—企业—产品"的认识路径。而产品广告是一种以最快速度达成多卖产品为目标的企业广告。因此，其广告的内容主要是促销内容，宣传的是产品特色，广告的制作和播出周期一般较短，制作播出费用相对于公共关系广告来说一般较少，其目的是使公众认识和购买本企业的产品，走的是"公众—产品—企业"的认识路线。有人干脆把商品广告和公共关系广告的区别概括为：商品广告是推销产品，公共关系广告是推销企业。

（二）公关广告的类型

公关广告有多种形式，其中最常用的有：

1. 实力型广告

实力型广告是以广告的方式，将组织的实力展现给大众。就公司而言，它的重点在于展示生产、技术、设备、人才等。

实力型广告是公关广告中较为常见的一种广告形式，下面是美国霍尼韦尔公司发布的一条强有力的广告：

1885年，霍尼韦尔公司成立于美国明尼阿波利斯城，位于明尼苏达州。目前，全球拥有78000名员工的分支机构和办事处，每年的销售额达到66亿美金。霍尼韦尔是世界上最先进的自动化和控制技术，同时也为太空和国防事业做出了巨大贡献。

霍尼韦尔公司的宗旨是：与顾客携手前进，协助客户达到双增双节的目的。为满足广大客户不同的应用和需要，工业控制及自动化控制的仪表和系统由各地的公司负责设计和生产。霍尼韦尔公司的控制系统在英国和世界各地被广泛应用，如用于工业、农业、商业、电话，以及宇宙航空等。这种实力型广告的主要目标是让大众对企业的经济、技术、人才等有更多的认识，从而建立起一种良好的购物氛围。

2. 概念式广告

概念式广告是一种将管理哲学、价值观念、传统风格和企业精神传播给社会的一种广告。善于经营的企业家和经理人，都非常注重企业的价值观的培育与塑造，在内部产生凝聚力，在外部产生吸引力，让企业的形象、理念、口号深深地印在大众的心里。下面这三个广告是最典型的概念广告："可口可乐是真的可口可乐"（可口可乐）；"时间即金钱"（深圳）。

3. 信用广告

信用广告是一种最直观的公共关系广告，它可以提升企业的声誉和企业的良好形象。信誉广告的宗旨是要树立守法公民、社会公仆、为社会经济发展做出贡献或愿意赞助社会公益的形象。可以在企业的主张、政策、开发项目、服务水平、举办社会活动、赞助社会福利、解决社会问题等方面进行信用宣传。例如，利生运动器材公司的《为中华体育事业发展做出贡献》《海鸥手表赞助十一届亚运》等，都是具有可信度的广告。

4. 声势广告

声势广告以宣传机构的重大活动为主，例如新工厂落成剪彩、庆典等，目的在于营造声势、扩大影响力。1997年除夕，上海（三菱）升降机十周年庆典，在上海电视台进行了实况转播。

5. 商标广告

商标广告是一种公关广告，其主要内容是对商品的商标进行宣传。品牌的广告宣传以产品的品质为根本，很多公司通过向社会提供高品质的商品和服务，通过做品牌、保品牌的广告，来建立品牌的形象，而品牌的形象也会反过来推动公司的产品的销量。例如："车到山前必有路，有路必有丰田车"（日本丰田汽车公司广告）；"行万里路，喝万力啤"（万力啤酒广告）；"男人穿名牌，女人穿时髦，华表时装名牌加时髦"（华表时装广告）等就是比较典型的商标广告。

6. 祝贺广告

祝贺广告是一种以各种形式的公众贺喜为主题的广告。如果有一家新公司开业，同行的公司都会登出广告，一是恭喜，二是想要合作；这也是一种鼓励公平竞争的方式，可以让他们有更多的机会。这种广告的惯例是，公司向新开业的公司提供一定的广告费用，并在新开业的公司的广告上签名祝贺。这样可以让开业单位在财政上得到直接的好处，而赞助商一方也可以认为是对彼此的友好协助，并借此机会使公司的名字出现在报刊上。20世纪50年代，法国白兰地生产商利用美国总统艾森豪威尔67岁生日这个绝佳的时机，借着"祝寿"的机会，把法国白兰地酒推向美国，这是一次非常成功的庆祝活动。

公关广告除上述6种之外，在实践中也存在着其他形式，并且将会产生新的类型。但要注意的是，公关广告通常不会被固定的形式束缚，它常常会有多种不同的组合，特别是与商品广告紧密地联系在一起。因此，在实践中，公关广告应该能够灵活地把握，使之更好地发挥其功能。

（三）公共关系广告的作用

公共关系广告作为广告的一种重要形式，越来越受到企业的重视，究其原因，是公关广告所起到的多种作用，是无可取代的。

1. 建立企业形象，提高产品销量

正如前面所述，在市场竞争中，当企业的形象成了决定产品销售的主要因素时，才产生了公共关系广告。因此，公共关系广告从其产生开始，最终目的就是推销企业的产品，许多公司都会将公关广告与产品广告结合起来。公关广告在塑造企业的社会形象、营销产品方面也扮演着举足轻重的角色。以天津手表厂为例，1980 年 5 月，该厂赞助了在沈阳举办的"海鸥杯国际女排邀请赛"，由于其他同类产品销售不佳，仅沈阳一地，该厂所生产的海鸥手表销售额较上年增长了 30%，多销售近 11 万只，增加营利 21 万元。赛间，还有许多外商争相同天津手表厂洽谈生意，促进了该厂产品的出口。

2. 提高企业信誉，吸引社会各界的投资

在资金市场比较健全，投资主体多元化的情况下，能够左右投资公众投资意向的主要因素是企业声誉。金融公众会根据企业声誉的高低，决定投资与否和投资多少。很难想象一个信誉卓著的企业会对投资者没有诱惑力，也很难想象一个声誉低劣的企业会使众多的投资者竞相解囊。有一句话说，如果可口可乐被大火吞噬，世界银行的巨头们会在次日登上报纸的头条。事实证明，公共关系广告可以为企业赢得大量投资。

3. 治理企业环境，为企业发展打下良好基础

无论是企业内部还是企业外部，都存在着若干复杂的关系，这些复杂的关系构成了企业的内、外部环境。从内部环境而言，它包括了企业与职工之间的关系；外部环境则包括企业和原材料供应商、协作商、销售商之间的关系及企业和银行、政府机构之间的关系。公共关系广告有助于这些关系的改善和调整。

从企业外部环境来看，前面谈到的公共关系广告吸引社会各界投资已是改善外部环境的一项内容。此外，通过公共关系广告，树立良好的企业形象，还可以使与企业有供应关系的原材料供应商、中间商、零售商更愿意与本企业开展稳定和扩大的业务联系，结成更稳固的关系。

就企业内部环境而言，企业和职工的关系可以通过公共关系广告紧密地连接在一起，增强企业的向心力，利用公共关系广告宣传本企业的情况，既让职工了解企业的成就，也让职工了解企业的薄弱和不足，促进职工和企业之间的相互理解和沟通。日本"丰田人"开着日本"丰田车"，做着"丰田"的公关宣传，让每个丰田人都能从心底里感到一种自豪感，从而提高公司的凝聚力。

4. 为企业吸引人才

人才是决定现代企业竞争能力的最主要因素，通过公共关系广告，树立企业良好的社会形象，对于吸引人才具有很大的作用。在人们的心目中，经常做公共关系广告的企业必定实力雄厚，有前途，有发展的可能，在这样的企业里，自己才更有可能发挥自己的才

智。因而，人们更愿意进入这样的企业就职。

公关广告是公司走向社会的"清道夫"，是企业获得消费者、金融公众、政府和合作伙伴之间的一种桥梁和纽带，是增强企业向心力的重要手段。公共关系广告把企业价值观、企业方针和企业精神巧妙地结合在一起，给社会和公众以巨大影响，使企业形象悄然进入人们的心中。

二、旅游公共关系广告的创意与策划

小小一则广告、一个画面、短短的一句话就能打动大众、激起人们的共鸣，从而树立公司形象、宣传商品，这是一件很有意义的事情。而公关广告的创意和策划，则是公关广告承担重任的关键。这就要求在做广告前要先了解企业的情况，然后选定目标，再决定广告的主题、手法、媒介等，如此，广告的效果就会更好。

（一）对旅行社现状的剖析

在对旅行社经营状况进行分析时，首先要了解和把握公众的真实态度。一是调查、考察，直接认识；二是通过与同类企业的产品销售比较分析。前者的精度更高，但是成本也更高；后者成本更低，但是结果不够精确。

在获得了大众对公司的看法之后，进行状况分析的下一步工作，就是要搞清楚大众对公司的不友好态度，并寻求对策。例如，速溶咖啡问世之初，销路打不开，产品不被公众接受，原因是在许多国家，一般家庭主妇把煮咖啡作为拿手厨艺，而选用速溶咖啡会使丈夫觉得妻子偷懒或治家无方。针对这种情况，就必须通过宣传，如召开品尝大会，或宣传速溶咖啡的省时省事、味道醇美，从而改变公众的消费观念，使其接受这一产品。如果公众对企业的态度是冷淡的，如对保险公司不感兴趣，不愿去参加保险，则可以通过公共关系广告，介绍保险公司的发展和规模，介绍保险事业给公众带来的好处，使公众感到有兴趣。关于公众对企业的无知，原因可能有很多，通过公共关系广告，可以起到使公众从无知变熟知的作用。确定了企业的处境以后，就可以确定公共关系广告要完成的任务，做到有的放矢。

（二）选定目标对象

为了改变大众的不良态度，树立良好的形象，在公关广告中，要正确地选择目标，就是要决定广告的受众范围和受众群体。公关广告的目标对象是不同的，它可以分为八类。

1. 政府

所谓政府，既包括国家的政权机构，又包括地方政府。在国外，政府对企业同样有重要的作用，这一作用主要表现在两个方面。第一，政府是法律的制定者，尤其是反垄断法，对一些大型企业有着重要的制约作用。第二，政府是最大的公共产品的购买者。企业通过公共关系广告，可以影响政府的购买决策，有利于产品的促销。从国内情况分析，随着我国社会主义市场经济体制的建立，政府的职能亦开始转换，指令性计划亦要逐步转变为以国家订货为主。因而，通过企业的公共关系广告影响政府有关部门，有利于政府更好地为本企业服务和增加对本企业的订货量。

2. 社区居民

任何企业都处在一定的空间范围之内，所谓社区居民，就是企业或工厂所在地区的公众。企业的存在经常会给社区居民带来许多困扰和不便，如排放的废气、废水、废渣对环境的污染，噪声对社区居民正常生活的影响，将原料堆在工厂外面的大街上，对周边居民造成极大的不便，这当然会招致舆论的不满。因此，首先要搞好与所在地区公众的关系。

3. 雇员

雇员包括管理人员和一般职工，他们都是企业公共关系广告的目标对象，对他们进行公共关系广告宣传，目的是要使全体职工了解企业过去的历史、目前的规模和成就以及发展的远景计划，使职工团结一致，共同为建设一家现代化的企业而奋斗。有不少企业是通过编辑企业刊物来协调企业和员工的关系的，例如，日本三井公司自己编辑发行了一本《三井生活》，并向员工发放，企业每次招聘员工的时候，都会办一次入会仪式，把这份刊物送给他们，并在封面上印上"欢迎新人社员诸君"。

即使是在面向企业外部的公共关系广告中，也可以带上一句话，起到激励职工的作用。正如美国米多罗拉电子公司在其广告中所说的那样："职工参与到管理中，改善品质和产出。"员工看到本企业的广告中提到自己，很容易产生一种自豪感，于是会更加努力地工作，随时提供合理化建议。

4. 供应商

供应商主要是指原材料、能源的供应商及企业的协作单位，它们与企业之间的经济关系十分密切，对企业的生存和发展具有重要作用，是利益相关者。因此，在企业公关中，供应商也是一个非常重要的目标，与他们建立和发展良好的关系，可以获得供应商更大的支持，乃至与其结成命运共同体。

5. 财务公众

财务公众包括企业的股东、银行和与企业有信贷关系的其他金融集团和机构。企业财务公众是企业资金的注入者，也是企业命脉的掌握者，企业必须使财务公众了解企业的财务状况是健全的、企业是有前途的。各大海外公司每年都会向股东和金融机构发送《年度报告》。这样的《年度报告》印刷精美，使收到的股东感到投资这家企业是值得的，使金融界在对企业有了深刻的了解以后，乐于在资金上予以支持。此外，许多企业往往在年终结算以后，利用各种宣传媒介，刊登公共关系广告，以取得更广泛的财务公众的支持。对于一些股份制企业来说，这也是影响其他股民投资取向的重要手段。

6. 经销商

经销商是企业商品流通中的一个重要环节，是企业通向市场的桥梁和纽带。企业与经销商之间的关系是决定企业产品能否顺利进入市场的重要因素。特别是当企业准备进入新的市场和需要沟通新的经销商时，企业与供销商的关系就更为重要。这一关系的形成和巩固往往也需要依靠公共关系广告。

7. 舆论领袖

舆论领袖主要是指一些在社会上具有较大影响的人士，他们的演讲、文章、评论可以影响许多人。这些人士包括报刊的新闻记者、评论家、文艺体育明星等，此外还包括一些政界人士。由于这些人对舆论和公众的影响较大，他们对企业的印象、态度和好恶往往可以影响相当一批人，因此，舆论领袖虽然数量不多，但与企业形象关系很大，是企业公共关系广告的重要对象之一。

上述七种对象，是企业的基本公众，其中每一种公众都有自身的特点，如消费者公众数量多、分布广，而企业的供应商和协作单位可能只有若干家，相对集中。每个企业，需要根据企业自身处境状况和发展需要来确定自己的广告对象，使企业的公共关系广告更好地发挥作用。

（三）广告主题和广告定位

人无完人，企业更是如此，任何想通过公共关系广告把企业打扮得完美无缺的想法都是无法实现的。恰恰相反，按照这一目标制作的公共关系广告，必然是一则失败的广告。

一则好的公共关系广告，不论其广告内容长短，都是在向公众宣传企业某一方面的良好形象，如告诉公众本企业的技术力量雄厚、资金力量雄厚，或宣传自己全心全意为公众服务，或塑造企业热心公益事业的形象等。因此，在为公关广告制定行之有效的推广方案时，必须要做的就是找准自己的公关广告把公司置于有利地位。

1. 广告定位

具体来说，广告的定位要从企业的力量和大众的心理来进行。

（1）公司的力量。企业实力是指企业经济、技术能力和在行业内处于何种位置的企业。一般而言，处于行业领导地位的大型公司，其公关广告的一项重要内容，就是要在技术和经济上进行宣传，以彰显其时代的先锋人物形象。而在行业内，如果没有占据绝对优势，那么就可以采用"甘居第二"的战略。

（2）大众的心态。大众心理是大众对企业的一种价值观念，也就是大众对其商业行为的内在标准。例如：在我们国家，很多人都把国企看成更可靠的公司；大部分青年人热爱体育，并对那些关心并支持中国体育发展的公司抱有善意；也有人说，合资公司的技术和经济实力都要高于国内的公司；社会大众也更相信关注社会福利的公司是好事。企业公关广告要想达到更好的效果，就必须从大众的心理因素入手。

大熊猫是我们国家的"国宝"，是全世界人民的共同财产，我们公司的商标"熊猫"是一种光荣。得知四川大熊猫因为缺乏食物而面临生命危险，我们非常担心。为回应中国自然保护联盟的呼吁，我们呼吁全国各地以"熊猫"为标志的企业与全国民众一起，共同开展爱国行动，共同探讨相关事宜。为了拯救大熊猫，为了让它变得更漂亮，为了提升"熊猫"的声誉，他必须尽自己最大的努力，让"熊猫"为国家争光。

2. 广告内容

广告准确定位以后，就可以决定宣传对象和内容了。很多广告把公司的产品精心修饰过，让人觉得，除了天仙，就属自己的公司最漂亮。这种铺天盖地的公关营销策略，势必导致广告的效果不理想，其根本原因在于广告的内容不够丰富。

广告的主旨是广告的精髓，是通过思维、提炼、浓缩，用简单的语言、动作、画面、声音来传达其核心理念；以主题来展示公司的特点、塑造公司的品牌。公关广告的成功与否，取决于公关广告在创意中的运用。

广告的主题一旦确立，就需要用特定的方式来传达。公关广告的主体是否能够与大众进行充分的沟通，直接影响其表达方式。在设定的目标下，表现广告的主题应在新、绝、深、美四个层面上进行。

（1）题目要新颖。这是一种超越其他广告的技巧。英国吉尼斯啤酒是已有200年历史的老产品，为了扩大本企业的影响，它除进行大量广告宣传外，还出版了许多书，其中有一本《吉尼斯世界纪录》，把世界上最长的、最短的、最高的、最快的等东西都记录在内。因为它知道什么是最长的、最短的等经常是人们在酒吧间中争论不休的话题。这本书出版就印制了43万册，后被译成22种文字出版，成为世界各地家喻户晓的畅销书。该企业通过这种出版物和消费者建立了良好的关系，因此，"不管你是否喝啤酒，你一定喜欢吉尼斯"成为某些人的口头禅。

（2）主题要独特。就是要想出一些别人想不到的事情，这样才能在一开始就有很大的影响力。如台湾某丛书的广告："书与酒，价格相同，价值不同"，通过书与酒的对比，突出书对人类的益处，让人叫绝。

（3）主题要有深度。就是在确定题目时，要深思熟虑、要精练，使题目具有深意，引起大众的联想和灵感。如台湾某儿童用品生产企业的广告是"小孩是大人的复制品"，短短的九个字，极富有哲理，且寓意深刻、回味无穷。

（4）主体要优美。就是要让大众感受美、享受美、印象美。日本富士彩色胶卷曾以"盒中自有花满谷"为主题，含义深刻，使人不禁联想起美丽的富士山，从而对富士胶卷产生信赖。

三、旅游业公共关系广告的媒介选择

旅游企业的公共关系广告，必须借助于一定的媒介，才能传递给公众。公共关系广告媒介是做广告者与广告宣传对象之间联系的纽带和桥梁。公共关系广告媒介的选择是否得当对广告效果和广告费用高低具有重要影响。

（一）广告媒介的一般性分析

广告媒介多种多样，但在现实的公共关系广告的宣传活动中，一般只选用其中几种，据统计，在公共关系广告最为发达的国家——美国，企业的公共关系广告主要分布在下列十种媒体中：消费者杂志、报纸副刊、报纸、户外、电视网、电视插播、辛迪加电视、有线电视、广播网、互联网。对于以上十种广告媒体，不同的企业也有不同的偏好，如福特汽车公司所使用的首先是电视网，其次是消费者杂志，最后是广播网。而西尔斯·罗勃克则不用电视网，而是以报纸为主，消费者杂志次之，最后是广播网。下面简单介绍怎样选用广告媒介。

一般而言，媒体能否胜任公关广告的承载力取决于对公关广告的优缺点与局限的分析和评价。对不同媒体进行分析与评估，必须有一套符合其宗旨的准则。

1. 媒体准则

总体而言，媒体标准包括以下方面：

（1）传播媒介的普及。媒体的普及程度越高，广告的覆盖面越广，越能取得更好的效果。

（2）媒体目标和广告目标之间的连贯性。媒体的宣传目标是不同的，广告的目标在于使受众对其所传达的讯息产生足够的关注，而他们所关注的对象只是媒体客体中的一小部分，而大多数媒体客体则对此毫无兴趣。在运用媒体进行广告宣传时，要使其与目标保持一致或尽量保持一致是广告媒体的一个重要环节。这种一致性，不仅在于数量上的一致性，而且在质量上也要保持一致。这对于广告的有效性起到了很大的作用。在此原则下，企业应该尽量找到符合其广告目标的媒体。

（3）媒体的吸引力。媒体的吸引力对广告的吸引力有很大的影响。此处的吸引力包括两层意思：一是当同一广告可以在不同的媒体上进行投放时，其价格也是一样的，那么它就会吸引更多的受众；二是当同一媒体在不同地点（时段）投放广告的成本是一样的，那么在哪一时段（地点）的广告更能引起消费者的注意。

（4）重复的广告。如果在特定的媒体上进行广告宣传，能够让受众不断地被接受，那么这样的媒体就会比不重复的媒体更有价值。

（5）采购条件。采购条件是指购买广告的时间和版面的困难程度，能否满足广告宣传的需要。

2. 媒体分析

（1）新闻媒体，普及性。一般而言，报纸发行量较大，覆盖面广的全国性报纸适合于对象是全国性公众的广告宣传；地区性报纸在地区内影响较大，适合于广告对象是某一地区公众的广告宣传。

一致性。报纸的读者对象是有差异的。据北京抽样调查结果表明，《人民日报》的订户以机关团体为主（26%），而个人订阅较少（0.25%）。因此，如果企业的公共关系广告的对象是团体或机关工作人员，则《人民日报》这样的全国性综合大报较为理想。而如果广告的对象是以一般市民为主，则选择各地的晚报、广播电视报可能更为合适。

吸引力。很难评价报纸广告与其他媒介广告相比哪种更具有吸引力。一般而言，报纸的新闻性强，容易吸引人们在看新闻的同时接受广告，不过报纸不像电视那样具有丰富的视觉图像（图画变动、色彩），这也会影响广告的吸引力和表现力。在同一报纸上，广告所占面积的大小及所处的位置不同，引起读者注意的程度也有差别，广告所占版面越大，越能吸引读者注意。

反复性。正由于报纸的新闻性强，所以寿命一般较短，不太可能重复阅读。

时效性。报纸的时效性较强，只要在广告的购买和制作环节不出问题，基本能保证在较短的时间内让广告见报，而且报纸的出版周期越短（如日报），时效性越强。

制作水平。报纸的广告制作水平无法一概而论，只能在具体的广告宣传时针对具体的报纸进行调查。不过，报纸与电视相比，制作受硬技术限制大一些，与杂志相比硬技术限制也比较大。

购买费用。关于广告的购买费用，因报纸不同而有所差异。报纸广告的计价方法一般有两种：一种办法是按广告版面计价，可分为整版、半版、1/4 版、1/8 版；另一种办法是按行、按字数计价（当然还要视字号大小而定）。需要指出的是，报纸广告的收费高低和报纸发行量大小成正比，如《人民日报》和《人民日报·海外版》虽同为人民日报社的报纸，但由于二者的发行量差别很大，因而广告费亦有很大差别。

（2）杂志媒介。

普及性。据《中国统计年鉴》资料显示，我国平均每人拥有的杂志比报纸还要多，可见杂志的普及程度还是比较高的，这也是杂志作为广告媒介的优越性。

一致性。要想使媒介目标与广告目标相统一，就需要对其进行分类，以找到合适的类型。

吸引力。一般而言，除面向社会团体的杂志外，其他杂志个人订阅的比重较大，而且大多是固定订户，具有一定的知识水平，经济条件也较好。杂志给人的视觉形象优于报纸，所以从这个角度讲，杂志吸引力大于报纸。但不同的杂志对公众的吸引力是不同的。就同一杂志而言，不同的版面引起读者注意的程度也不一样。一般来说，封面最能引起读者注意，其他版面次之。

反复性。杂志的寿命一般比较长，而且传阅率高，读者阅读广告的反复性强，这是杂志优于报纸之处。

购买条件。杂志的购买条件与报纸基本相同。

购买费用。杂志广告大多在有限的版面上刊登，其费用的计算一般按广告版面大小确定，当广告需要彩印时，费用更高。不同的杂志，由于其发行量不同，广告价格亦不同。也可以通过计算每百万册广告费的方法进行选择。

（3）广播媒介。

普及性。目前，我国广播电台达 461 座，市县级有线广播电台 2546 座，已在全国形成了一个庞大的宣传网，覆盖了全部国土面积，并影响周边国家。从 1980 年元旦开始，中央人民广播电台率先开办广告节目，目前每天的广告节目时间在 1 小时以上。

一致性。目前我国的广播宣传已深入千家万户，广播媒介对象与广告对象保持高度一致。值得注意的是，在具体的广告宣传中，应考虑广告对象的地区差别，以便采用合适的地区广告媒介方式。

吸引力。广播媒介是通过听觉向媒介对象传递各种信息，在这一点上广播媒介与报纸和杂志媒介显然不同。在同一广播媒介中，有三个方面的因素会影响广告的吸引力：第一，广播声音的清晰程度，不同的波段、不同的地区收听的清晰程度不同；第二，在广告节目中，安排在前的广告与安排在后的广告对人的吸引力不同；第三，广播的内容和时间。

反复性。广播的声音转瞬即逝，给听众留下的只能是记忆。因此，用广播做广告反复性较差。

购买条件。一般而言，由于广播时间较长，购买相对容易，但也要视具体情况而定。

时效性。一般来说，由于广播播出时间较长，因此时效性较好。

说明性。广播媒介的时间限制性较强。在有限的时间内，将详细而复杂的广告内容表达清楚是较困难的，因而其说明性较差。

制作水平。广播的表现手段只限于声音，因此，要充分利用声音的优势来表现广告内容，其制作的硬技术较受限制，软技术视具体电台而定。

购买费用。广播广告的购买费用是按时间计算的，即价格与播出时间成正比，这一点与电视相同。但与电视相比，广播的广告购买费用要低得多。在国外，相同的时间广播与电视广告的价格比是 1：4，在我国，广播广告价格更为便宜，如中央人民广播电台每分钟的广告播出费用是中央电视台第一套节目在相同时间内播出费用的十分之一。

（4）电视媒介。

电视将人的视觉和听觉充分地结合起来，利用运动的图像和声音给人留下更为深刻的印象。利用电视媒介做广告，有其独到之处。

普及性。随着电视在我国的普及，目前电视已经成为十分普及的大众宣传媒介，看电视节目已经占用了绝大多数公众的晚间时间。

一致性。电视媒介与报纸和杂志不同，其综合性较强，照顾了社会各界各个阶层，这对广告宣传很有好处，使媒介对象基本包括了广告对象。

吸引力。与其他媒介相比，电视媒介是吸引力最强的，其原因就是电视集视听效果于一身，而且视觉的色彩吸引力很大。当然，电视媒介只给广告宣传提供了一个良好的条件，至于广告如何吸引观众，很大程度还与广告的制作技术有关。另外。在电视媒介中做广告受电视播放时间的影响很大，并且在多频道并存的情况下，广告节目常被跳过不看。

反复性。电视同广播一样，声音和图像转瞬即逝，广告收看的反复性差，补救的办法也只能是加大播出频率。

制作水平。电视广告的制作水平因电视台而异。近年来，崛起了一批具有较高水平的专业广告制作公司可供选择。制作水平对广告效果影响很大。

购买费用。电视广告的费用是很高的，除广告播出费用较高外，广告制作费用也十分惊人。要制作一个好的电视广告，需要导演、编排、美工、音乐、声响、灯光、摄影等方面的合作，在这些方面所支出的费用，往往是广告播出费的几倍乃至几十倍。如果企业缺乏一定的经济实力，对电视广告就无法问津。采用一次制作、多次使用的方法，可以相对降低制作费用。

（5）企业对外刊物。

企业对外刊物是许多企业普遍采用的一种公共关系广告媒介。这类媒体的普及程度较低，无法与前面四类相比。尽管吸引力不大，但其一致性很高，在反复性、购买条件、保存性和购买成本上都要好。它的最大优势是解释强、说服力好，企业可以将想要宣传的内容，包括企业和产品，全部融于刊物之中。

（二）广告媒介的综合评价与选择

从前面对几种主要媒介的一般性分析可以看出，每一种广告媒介均有其独特优点与不足，究竟选择哪一种媒介形式，就需要对各种广告媒介进行综合分析评价。

1. 评价标准数量化

对各种广告的综合评价是在一般性分析基础上进行的。首先要将上述十大标准尽可能数量化，在此基础上，得到各种媒介的综合评价值，这样就便于对各种广告媒介进行分析比较。在十大评价标准中，每个标准的计量水平是不一样的，有的可以精确计算，有的只能按等级判断。现将每个标准的数量化问题分述如下：

（1）普及性。为了方便不同媒体的对比，媒体的普遍性应以广义的指数来表达。我们目前选择的衡量标准是"媒体接触的数量"。就电视而言，是看电视的人数；而报纸杂志则是读者的数量；就电台而言，就是收听的人。

（2）一贯性。对于媒体与广告客体的关系，可以归纳为四种情形：重合、覆盖、交叉、分离。

（3）吸引力。不同媒介的吸引力是不同的，但要把这些差别数量化是十分困难的。解决这一问题的办法，主要是经验判断或抽样调查。抽样调查可以得到较为准确的不同媒介的吸引力大小的排名，但其费用较高。经验判断法则可以在企业广告活动的调查阶段，请一部分专家来评议，给每种媒介吸引力打分。指标名称为吸引力评价。

（4）反复性。反复性的数量化方法也是靠经验判断和市场调查获得的。指标名称为反复评价。

2. 评估指数的量化

对评估指标进行数量化后得出的资料是原始资料。由于原始数据的计量单位不同，且比较基数不一致，各指标之间很难进行比较，也就不能进行各种指标综合比较。为解决这一问题，需对原始数据进行两方面的整理。

（1）数据同序化。十个指标中数值大小与它所表明的问题有时并不一致，有的指标数值越大，说明越有利于做广告；而有的指标数值越大，却说明越不利于做广告。为了统一标准，必须将原始数据同序化，也就是说，对指标数值进行调整，使其都是越大越好。具体调整方法是计算反指标的倒数，使反指标变成正指标。

（2）数据同度量化。数据同度量化就是去掉所有指标的计量单位，以相对数形式表示。计算方法很简单，就是将每个指标的最大值抽象为100，其余值与之相比，算出相对数值。

3. 媒介综合评价与选择

对不同媒介进行综合评价的过程，实际上就是选择过程。综合评价与选择的最简单的方法就是将每一媒介的标准化数据相加后进行排序，排在最前面的，即分值最高的就是企业要选择的媒介。

但是，这种简单的评价和选择方法有其不足之处，因为各评价指标对广告宣传的重要程度不同，而且差别较大。只有充分考虑各指标的重要程度，所进行的评价和所做出的媒介选择才更有科学性。指标权数的确定有许多方法，这里仅介绍两种：

（1）专家评定法。这种方法的具体做法是：选取一组专家，由其对各行业的状况进行分析，将十项指标按照重要程度排序，再将其调整成权重，从而得出各媒体的综合得分。根据位次确定权数的方法为：先计算每个位次值的倒数；将所有位次倒数值相加；用每个位次倒数除以所求得的和，即得权数。

（2）主要因素分析法。该方法从企业关注的主要问题入手，对主要指标给予了更大的权重，而对次要指标则不加区别。如企业关心的主要是如何尽快让广告与公众见面，则与速度有关的指标可以分配给较大的权数，而其他指标的权数可以小些。

第九章 云南旅游业的发展现状及问题

第一节 云南旅游资源

一、云南旅游资源优势

云南被誉为"彩云之南、万绿之宗"。这里山河壮丽、自然风光秀丽，北半球最南端终年积雪的高山、茂密的原始森林、陡峭的峡谷、发育典型的喀斯特地貌，使云南成为"自然景观博物馆"，加之云南众多的历史古迹、多姿多彩的民俗风情，为云南增添了无限的魅力。

云南旅游资源基础深厚，开发潜力巨大。旅游资源类型齐全，品位高，具有鲜明的特色和垄断性。独特的地理环境造就了云南的千姿百态、雄伟壮丽。气候类型多样，生物系统完整，与东部地区截然不同。几千年来，各民族和平共处，各有其独特的文化习俗和性格，创造了丰富多彩的民族文化、悠久的历史和浓郁的民族民俗景观。以美丽、富饶、神奇著称的云南，一向被外界誉为"秘境"，吸引着世界各地游客。

云南旅游资源十分丰富，自然景观与人文景观相互辉映。壮丽、神奇的自然风光往往与人文景观相融合、相辅相成，形成特色旅游区建设和综合开发的有利条件。云南旅游资源空间分布和组合，使资源数量和质量优势得到加强，开发潜力巨大，为旅游业的发展奠定了坚实基础。

二、云南旅游资源开发原则

（一）开发与保护相结合原则

开发旅游资源的目的在于发展当地的旅游业，以实现经济效益。既不能盲目扩大旅游规模，又不能片面地追求经济和社会的快速发展，更不能因片面强调旅游资源保护而抑制旅游发展。在开发云南旅游资源时，应考虑文化传承与环境承载能力，避免造成旅游地吸引力下降等负面影响；旅游开发必须遵循经济利益、社会利益和环境利益相统一的原则。

（二）特色性原则

特色性即差异性。旅游资源的生命力在于其鲜明的特色。只有特色，才能吸引人的注意力。旅游经济本身即注意力经济，应注意旅游景点间的差异性，体现人无我有的特色。旅游资源的开发本质上是对当地特色旅游资源的发掘和利用。旅游资源开发既要保持原有特色，又要使原有特色更加鲜明、创新与发展，绝对不能因开发而破坏原有特色。

（三）共生性原则

共生性原则就是一种旅游活动和另一种旅游活动的共生关系。旅游项目是一种具有强烈的外部性的活动。所谓的正向外部性是指在旅游活动中的相容、相辅相成、协调一致，在参观完这个景点后，会产生一种想要游览其他景区的冲动。负外部性是指在不同的旅游活动中，不同于协作形式的相克和相似。旅游资源具有共生性，即资源与自然资源、文化资源的共生性。例如，展馆与宾馆、商场、交通设施、自然景观、人造景点等是相互依存的。因此，要注意各个景区在一个特定的区域中的协调。

（四）网络化原则

旅游业是一种扩展的、天然的网络。在发展云南旅游时，我们常常强调要有整体意识，充分利用云南的旅游资源。其实，假如某个地方有独特的景点，就算有人阻拦也不行，游客们仍然会远道而来，会想尽办法来解决道路不通，住宿、饮食不方便等问题。目前的问题是，各景区是否已经形成了一个亮点，有没有形成网络，各个景区之间是否存在着一个巨大的区域互补性。

（五）当地居民参与原则

旅游业是劳动密集型行业，在接待过程中，很多工作都是由人工完成的，而且要进行面对面的、人性化的、直接的服务，这就要求具备大量的劳动力；旅游行业的就业机会很多，而且大部分工作都不需要太高的技术，所以大部分的女性和青年群体都有了就业机会。在开发旅游资源的过程中，要充分调动当地居民的积极性，使其在一定程度上改善当地居民的生活水平。

三、开发利用云南旅游资源的方略

（一）建立一个统一的领导机构，加强规划与管理

长期以来，由于存在着多个领导、条块分割等问题，导致旅游资源的综合利用与保护不能实施。要实现这一目标，必须建立垂直分层的统一管理体系。在开发中，要按照"全

面规划、积极保护、科学管理、永续利用"的原则，以及"保护第一"的原则，因地制宜，统一规划，妥善处理好保护与开发、旅游与教育、资源保护与社区发展之间的关系。一旦批准，要按年度、分项目"按部就班"地进行，逐项进行，逐年累积，逐步推进，绝不能马虎，同时，监管机构要明确责任，这样，才能真正把旅游资源的保护和管理工作做好。

（二）设立"旅游特区"，走多渠道投融资的路子

在特定的旅游资源开发条件下，旅游发展是一个复杂的系统工程，涉及很多部门和环节。要有选择性地建立"旅游特区"，在特定地区实行特别的政策和措施，扩大对外开放，在投资、管理、税收等方面给予一系列的配套和支持，以解决一些困难，推动旅游业快速发展。

云南旅游发展需要加强基础设施建设，应采取多种形式的投资融资方式。首先，要积极地设立旅游发展基金，建立相对稳定、合理的引导资金，加大每年对重点精品工程的投资力度。要坚持"国家、地方、部门、集体、个人一起上"的原则，把全民都动员起来。为吸引各类投资创造有利的条件，制定有利的政策和优质的服务。比如，允许外商租用旅游胜地、开发旅游资源、建设基础设施等。

（三）开展环境影响评价，提高环保意识

旅游资源的开发必须以可持续发展为基本目的，以保护环境为先决条件。旅游主管部门要与相关部门共同制定一套与旅游业可持续发展相适应的评价指标体系，尤其是在大气污染、资源利用、废物处理等方面存在问题时，应采取相应的对策，降低其对生态环境的负面影响，并发布旅游环境质量报告。

不合理的发展源于观念上的误区，没有认识到人与自然之间的关系，也没有认识到环境污染给人类和后代带来的危害。环境意识可以引导人类的行为，合理地使用资源，维护生态平衡。要充分利用新闻媒体宣传环保知识，向广大游客宣传法律法规、环境保护知识，并鼓励公众监督旅游资源的开发和生态环境。

（四）加强政府宏观管理职能

旅游管理机构的职能要从直接的、微观的管理向宏观的、间接的管理转变，以规范企业的经营行为、市场秩序，协调内部、外部的关系，从而为企业服务。对旅游资源进行调查，制订科学的、系统的计划，并对其实施监督。负责对外的宣传和推广工作，做好旅游安全、人才培训、信息交流、统计等工作。加强旅游法律制度的建设，根据有关法律、政策、规章等，研究制定相关的地方旅游法律法规，使旅游业的经营活动走上法制化、规范化的轨道。

第二节　云南生态环境

一、高品位的自然旅游资源

云南旅游资源的开发对象主要是具有云南特色和吸引旅游者的自然旅游资源和人文旅游资源。云南自然生态环境既是旅游资源的背景，又是旅游资源的衬托。云南十大风景名胜区以云南特有的生态环境为主体，具有极高的品位。如路南石林为世界罕见的高石芽喀斯特景观；滇西北地区三江并流是世界上典型的高山峡谷地貌景观；玉龙雪山是世界上纬度最低的现代山岳冰川景观；西双版纳具有高纬度的热带生态景观；云南省106个原始自然生态环境中保护较好的自然保护区，具有开发森林旅游的潜力。如果保护得当，云南省自然生态环境将源源不断地为云南旅游业提供丰富的自然旅游资源。

二、舒适而优美的生态环境

云南自然景观得天独厚，自然生态环境优美。在气候和环境条件上，滇中的昆明地区，年平均气温变化不大，全年平均气温为14.5℃，不冷不热的"天然空调"让人很舒服。就环境空气质量而言，云南山地原始森林生态系统具有充足的氧气、清新的空气、绿意盎然的生态环境。就环境美感质量而言，受地质构造的影响与控制，云南众多高原湖泊多依山而建，高原湖泊周围山峦常因断裂构造而形成直立崖壁，山水相间的空间格局，环境美感质量较高。因此，云南旅游开发对高原湖泊的开发深度、广度都比其他自然环境强。滇池是云南唯一的国家级旅游度假区，大部分省级景区都坐落在高原湖泊中。

第三节　云南旅游业发展现状

一、基础设施不断完善

截至2019年底，云南省旅游企业已超过1万家，固定资产超过400亿元，服务范围覆盖500余个国家AAAAA级景区，星级旅游酒店600多家，旅行社450多家。同时，昆明至国内各地航线基本开通，并开通昆明—大理—丽江旅游专线，目前已初步形成云南旅游、购物一体化的综合性旅游产业。

二、市场制度体系初步建立

旅游业在云南省具有独特的地位，云南是我国西南边陲省份，由于地理环境的影响，工业发展相对落后，旅游业在全省经济中的地位更为突出，对云南经济结构的调整也起到了促进作用。2000 年，云南省经济结构相对落后，第一、第二、第三产业的比重为 37.2∶24.9∶27.9，但两年后，已形成了以第二产业为主，以第一、第三产业为辅的经济结构。

三、旅游总量持续增长

2000 年以来，我国经济进入了快速发展阶段，人们更加注重身心健康发展，2000 年云南省旅游总收入 33901 万美元，其中外汇收入 211.43 万美元；2010 年云南省旅游总收入 114124.14 万美元，旅游外汇收入 1006.83 万美元；2019 年云南省实现旅游总收入 529902.15 万美元。2019 年云南省旅游总收入为 2000 年的 15.6 倍，年平均增长率为 260%。

第四节　云南旅游业发展存在的问题

一、旅游体系过于单一

纵观云南省的旅游景点，基本上所有 AAAAA 景区和国家级景区都是以名胜古迹为主，如大理古城、丽江古城、重建中的香格里拉古城、西双版纳等民族文化。同时，云南省缺乏文化主题乐园，使得喜欢挑战的游客很少去云南旅游。此外，雨崩等热带雨林原始村落的文化开发程度低、宣传力度不够，导致云南旅游体系过于单一、后续发展动力不足。

二、城乡旅游一体化旅游开发落后

目前，云南省的旅游市场主要集中在大理、丽江、香格里拉、西双版纳，乡村旅游的发展很慢，像雨崩这样的特色旅游景点还有很多，但是由于道路和宣传不到位，这些乡村旅游、农业、民俗旅游的发展还不够完善，无法为当地旅游带来更多的利益。

三、旅游智能化服务落后

21 世纪是信息化时代，信息化已经成为各个行业的制胜法宝，云南省的信息化建设明显跟不上旅游业的发展步伐。举例来说，在搜索引擎中搜索云南旅游景点的情况，大多是以旅行社为主的企业进行宣传的，而云南当地的旅游景区缺乏官方网站，相关的宣传措施也不到位。此外，新兴的微博、微信等平台在云南旅游宣传中的应用也不多。

同时，在基础设施智能化建设方面，云南旅游智能化建设也呈现出一定的滞后性，如酒店、停车场只能预订等问题。

第十章　加快云南旅游强省建设研究

第一节　旅游强省建设内涵及重要性

一、旅游强省概念的辨析

自 2009 年国务院下发关于加快发展旅游业的意见以来，全国已相继有多个省、市、区提出加快旅游强省建设的目标。但通过分析比较各省有关旅游强省建设的内容，发现不仅对旅游强省的概念模糊不清，而且对旅游强省建设的内涵特征也不明确。因此，首先有必要对旅游强省与旅游资源大省、旅游大省、旅游经济强省的概念进行简单的辨析，为进一步明确旅游强省建设的内涵特征提供理论依据。

（一）旅游强省与旅游资源大省的比较

从旅游强省与旅游资源大省的比较来看，旅游资源大省通常是指一个地方拥有大量丰富的自然和人文旅游资源，并具有发展旅游的相对比较优势和基础的地区；旅游强省则是指面向旅游市场消费需求，依托丰富的自然和人文旅游资源条件，已开发形成完善的旅游产品体系、旅游综合接待服务体系和以旅游产业为核心的综合性旅游目的地。旅游资源作为大自然赋予的条件和人类社会发展的结晶，是旅游发展的重要前提条件和基础，但旅游资源优势能否转化为经济优势，则取决于旅游开发建设和旅游产业的发展。云南是一个旅游资源大省，丰富多样的自然资源、悠久的历史文化和独特的民族风情千百年来一直存在，但其真正转化为经济优势是从 20 世纪 80 年代以来，通过大力开发旅游产品，加快旅游产业发展，才使云南从旅游资源大省转变为旅游大省。因此，旅游资源大省不能等同于旅游大省，更不是旅游强省，只是为旅游大省和旅游强省发展奠定了重要的资源基础和条件。

（二）旅游强省与旅游大省的比较

从旅游强省与旅游大省的比较来看，旅游大省通常是指接待游客和旅游收入的数量规模较大，并相对高于其他省、市、区的情况，实质上是体现了旅游发展"量"的规模水平；而旅游强省除了具有一定的游客数量规模外，更强调旅游的综合性功能和带动作用，包括旅游发展对经济发展、产业带动、文化建设、社会进步、生态环境保护等多方面的促进作用，体现的是旅游发展"质"和"量"的综合水平。

（三）旅游强省与旅游经济强省的比较

从旅游强省与旅游经济强省的比较来看，旅游经济强省是从经济产业的角度，更多地强调旅游业对经济发展的促进和贡献，主要是针对提高旅游业的产业经济地位而提出的，如云南省早在 20 世纪末期就提出建设旅游经济强省的目标。旅游强省不仅注重旅游的经济属性，还注重旅游在政治、文化、社会、生态等方面的积极影响。旅游是增强人们亲近感的最好方式。因此，从云南建设旅游经济强省向旅游强省的提升，既是对旅游业综合功能属性的认识和观念上的提升，也是把旅游业培育成国民经济的战略性支柱产业和人民群众更加满意的现代服务的客观要求。

二、旅游强省建设的内涵特征

早在 2009 年《国务院关于加快发展旅游业的意见》中就明确"旅游业是战略性产业，资源消耗低，带动系数大，就业机会多，综合效益好"，实际上已对旅游强省乃至旅游强国的内涵特征做出了定论，即明确指出了旅游业与经济、政治、文化、社会发展和生态环境保护的内在联系及其重要功能作用。因此，云南旅游强省建设的内涵特征应该包含以下几个方面。

（一）旅游强省建设的经济性特征

旅游强省建设的经济性特征就是要把旅游业建成云南经济发展的动力产业。旅游是一种新型的经济活动，它不仅是现代服务业的一种重要形式，也是一种新型的经济活动。因此建设旅游强省，加快旅游产业发展，既要遵循现代经济发展的客观规律，又要把握现代服务经济的发展趋势和要求。从近代经济的发展历程来看，经过农业经济时代、工业经济时代，人类社会正在向服务型经济迈进。海外经济发达国家在完成农业和工业化进程之后都相继进入了服务经济时代，其服务业的产值和就业在国内生产总值（GDP）和就业者中的比重都已经达到和超过60%，发展中国家大多数国家已进入工业化时代，个别国家已接近或即将跨入服务经济时代。我国是发展中国家，服务业发展较慢，距离进入服务经济时代尚有一定距离。改革开放后，我国经济快速发展，政府对服务业的发展给予了高度重视，并提出了"以服务为中心"的发展战略。旅游是现代服务业中的一项重要内容，因此，发展旅游既可以推动服务业的迅速发展，又可以促进经济的发展，进而促进经济的优化和调整。

云南旅游业发展30余年，已经形成了一定的规模和优势，特别是近年来，随着旅游业"二次创业"的深入，旅游业的质量得到了极大的提高，使全省旅游产业呈现持续快速发展的增长态势。2012 年，全省接待海内外游客总人数从 2005 年的 7011 万人次增加到 20088 万人次，7 年间增加了 1.87 倍，年均增长率达到 16.2%；其中接待海外旅游者从 150.28 万人次增加到 457.84 万人次，增加了 2.05 倍，年均增长率达到 17.3%；旅游总收入从 430.14 亿元增加到 1702.54 亿元，增加了 2.96 倍，年均增长率达到 21.7%。不仅国际入境旅游位居全国十强之列，而且旅游业已成为全省经济发展的重要支柱产业，旅游业增加值占全省地方生产总值（GDP）的比重已达到 6.5%，对全省服务业和整个经济的带动作用日益明显。因此，在此基础上建设旅游强省，进一步推动旅游产业加快发展，这既是一种适应现代经济发展的客观规律，又是一种适应于全省乃至全国经济发展的客观需要。

（二）旅游强省的政治性特征

旅游强省建设的政治性特征，就是要把旅游业建成"七彩云南"的第一形象产业。在当今世界，现代旅游作为世界和平的使者和"民间外交"的工具，作为推动世界和平的重要动力已广泛为人们所理解和接受，国际组织，如联合国，都对现代旅游业的这种重要作用和影响给予了充分的认可。在当代世界范围内，特别是在大规模的大众旅游中，使各个国家或地区之间的经济、文化和社会信息得到广泛交流，从而有利于传播现代文明，促进国家之间、民族之间、人民之间的沟通和交流，增进相互之间的了解和发展和睦关系成为推动世界和平的巨大力量。

（三）旅游强省的文化性特征

旅游强省建设的文化性特征，就是要把旅游业建成文化大发展和大繁荣的支撑产业。现代旅游与文化发展具有相互融合、相互促进的积极作用。一方面，旅游活动中的各个过程及内容，无一不与文化相联系和接触，以至于有旅游就必然有文化，文化是旅游发展的核心和灵魂；另一方面，旅游活动是一种人群流动的活动，是一种文化与另一种文化的交流过程，随着旅游者的流动就为不同社会群体的文化交流创造了良好的条件。从此意义上讲，旅游业也是一个文化产业，这对推动我国文化大发展、大繁荣、加快发展文化产业起到了积极的支持作用。

党的十八大报告指出，全面建成小康社会，实现中华民族的伟大复兴，必须推动社会主义文化大发展、大繁荣，兴起社会主义文化新高潮，提高国家文化软实力，发挥文化引领风尚、教育人民、服务社会、推动发展的作用。云南是一个多民族聚居的省份，各民族在长期历史发展中形成了丰富多彩的民族文化，积淀了深厚的历史文化遗产。因此，通过建设旅游强省，深入推进旅游与文化的融合互动，不断提升云南旅游的文化内涵，增强云南旅游的吸引力和竞争力，既是推动社会主义文化大发展、大繁荣，更好地服务社会和群众，满足人民对文化和旅游的不断增长的需要；同时，也是在积极推动与世界各国、各民族之间的文化交流，增进与各国人民之间的相互了解及友谊，不断提高国家文化软实力的重要举措。

（四）旅游强省建设的社会性特征

经济发展的根本目标就是要促进人们生活质量改善和生活水平提高，而旅游业与人们的生活质量和水平密切相关，既是天然的民生产业，也是一个幸福产业。之所以说旅游业是民生产业，是发展旅游可以带动当地居民收入水平增加和生活质量改善，尤其是对于贫困地区和少数民族地区，通过旅游业发展可以促进贫困人口脱贫致富，促进贫困地区和民族地区经济社会加快发展。之所以说旅游业是幸福产业，是旅游可以满足人们求知、休闲和身心健康等高层次的消费，即人们通过旅游来满足审美观光、增长知识、愉悦身心、休闲度假、康体健身等多方面的需求。因此，随着经济发展和人们收入增加，用于旅游的消费需求日益增加，使旅游成为人们生活的重要组成部分。

云南旅游强省建设的社会性特征，就是要把旅游业建成民生产业和幸福产业。云南是一个经济欠发达的省份，少数民族种类多、贫困面较大；它是生态环境优美、旅游资源丰富的地区。因此，要大力发展旅游大省，促进旅游业的跨越发展，一方面带动少数民族地区、贫困地区的贫困人口、低收入群众尽快脱贫致富，促进其生活质量改善和生活水平提高，推动少数民族地区和贫困地区经济社会加快发展，以实现与全国同步全面建成小康社会的目标要求；另一方面，充分依托和发挥云南的资源环境优势，进一步加快旅游开发建设，为了更好地满足人们对旅游的需要，我们必须不断完善旅游产品体系、提高服务水平。促进和谐旅游和和谐社会发展，为建设美丽中国和旅游强国做出积极的贡献。

（五）旅游强省的生态性特征

自然生态环境作为一种舒适性资源，是人们观光、游览、休闲等旅游活动的主要对象和客体，尤其是旅游资源特色与品位及良好的生态环境，不仅对旅游者具有较强的吸引力，而且对人们的出游动机及行为具有重要的激发作用；同时旅游业又是资源消耗低、环境污染小的朝阳产业和生态产业，对加强资源环境保护和推动经济社会可持续发展具有重要的促进作用。因此，许多自然资源丰富、生态环境优美的国家和地区都大力推进旅游产业的发展，走经济社会可持续发展道路。

云南旅游强省建设的生态性特征，就是要以旅游为基础，促进可持续发展。云南是一个具有良好生态环境和旅游资源的国家，多年的旅游发展已证明保护好资源环境，不仅是提升云南旅游吸引力的核心特色，也是促进云南旅游生产力发展的关键所在。因此，建设旅游强省，促进旅游发展与资源环境保护相结合，不断提高生态环境保护意识，加强生态环境保护和建设，科学规划与合理有效利用资源环境，注重旅游目的地、旅游景区点、旅游城镇和乡村的绿化和美化，也是建立资源节约型和环境友好型社会的客观要求。

三、建设旅游强省的重要意义

根据以上对旅游强省概念的辨析，以及对云南旅游强省建设内涵特征的分析，根据国内外旅游产业发展的大趋势，结合云南"两强一堡"战略实施和旅游产业发展实际，建设云南旅游强省，加快推进旅游产业跨越发展具有以下重要意义。

（一）全面建成小康社会的客观要求

随着全国和云南省城乡居民收入的倍增，以及国民旅游休闲计划纲要的逐步实施，可以预见未来几年国内旅游人数将继续出现"爆发式"增长，从而为旅游产业发展带来巨大的发展空间和客源市场。建设云南旅游强省，既是围绕全面建成小康社会的总目标，提供更多丰富多样的旅游产品，更好地满足快速增长的国内旅游消费需求的客观要求；也是充分发挥云南旅游资源和生态环境优势，以超常规的气魄、超常规的思路和超常规的举措，推进旅游产业进一步跨越发展，努力打造国内一流、国际著名的旅游目的地，为我国建设旅游强国做出积极贡献。

（二）转变经济发展方式的必然要求

近年来，随着国内旅游消费需求的日益增加，拉动了全国各省、区、市加快推进旅游产业发展，形成了你追我赶的激烈竞争态势。云南旅游产业虽然也保持了持续快速的发展，但由于基础设施相对薄弱、旅游开发建设进展缓慢、旅游产品仍以观光为主，并远离国内主要市场等因素，使云南旅游产业与旅游发达省、区、市相比仍有较大差距，面临着"不进则退、慢进也退"的严峻挑战。因此，建设云南旅游强省，加快推动旅游产业转型升级，促进从观光旅游为主向观光、休闲度假和商务会展并举转变；从近程周边市场为主向近程市场与远程新兴市场并举转变；从大众旅游为主向大众、商务、专项旅游市场并举转变；从依托省内资源为主向省内、周边和境外资源开发并举转变；从注重旅游单向发展向实现旅游与产业、文化、城镇融合并举转变；从注重资源开发为主向开发利用与有效保护并举转变。这样做不仅是推进旅游产业结构优化调整，形成新的经济发展方式的必然选择，同时也是客观需要进一步展示云南的旅游特色和品位，进而不断提高云南的旅游吸引力和市场竞争力。

（三）推进"桥头堡"建设的重要引擎

旅游产业是云南对外开放的先导产业，多年来在推动云南对外开放、加强国际国内区域合作等方面发挥了重要作用。因此，加强云南旅游强省建设就是要抓住国家推进"桥头堡"建设的重大机遇，以中国—东盟自由贸易区、大湄公河次区域、孟中印缅地区旅游合作等为重点，进一步深化国际旅游交流与合作，拓宽国际入境旅游客源市场，带动商品、服务贸易的发展；同时强化国内旅游交流与合作，通过建立信息共享、联合招商、连锁经营、安全救援、人才培养、生态环境保护和投诉受理的一体化格局，推进国内区域旅游发展，大力开拓国内客源市场，带动物流、资金流、信息流的发展；成为推进"桥头堡"建设的重要引擎，为建设开放富裕文明幸福新云南作出更大的贡献。

（四）建设"美丽云南"的重要途径

云南具有优美的生态环境、良好的气候优势，具备建设发展美丽事业和幸福产业的良好基础。通过推进旅游强省建设，加快旅游发展与生态环境保护融合发展，进一步加强环境保护和生态建设，营造更加优美的生态环境；以旅游的相关标准促进城镇、乡村的保护和建设，形成一批旅游城市、旅游小镇和特色乡村；推进旅游循环经济发展，宣传生态环境保护知识，传播生态文明理念，引导游客低碳旅游消费，促进各行各业朝着"美"的方向发展；为广大人民群众提供"春城无处不飞花"的城市生活享受，品味"万家烟树满晴川"的田园牧歌生活，更好地满足人民群众日益增长的绿色、生态、环保的旅游消费需求，不仅是加快旅游产业跨越发展的重要内容，也是推进"七彩云南行动"、建设"美丽云南"的重要途径，并为美丽中国建设添光添彩。

第二节　旅游强省建设指标体系和目标

一、旅游强省建设的指标体系

鉴于目前国内尚无旅游强省建设的系统指标体系，因此我们根据前面对云南旅游强省建设的内涵特征分析，并考虑目前有关旅游统计的实际情况，按照需要和可能、定量和定性相结合原则，提出一个旅游强省建设的指标体系，并将其分为四大类：旅游产业实力、旅游关联效应、旅游综合竞争力、旅游支持系统。每类指标体系中结合实际细分为若干指标，供云南旅游强省建设和评估作参考。

（一）旅游产业实力指标体系

旅游产业实力指标体系主要指反映旅游产业发展规模、质量和效益的指标，包括绝对数指标和增长率指标，以评价旅游强省的旅游产业整体实力。具体指标体系设计如下：

1. 旅游发展规模指标

旅游发展规模指标主要包括接待海内外旅游者总人数，其中包括国际入境旅游者人数、口岸入境一日游旅游人数、国内旅游者人数；旅游总收入，其中包括旅游外汇收入、国内旅游收入；出境旅游者人数；旅游企业数及占全国或西部比重等。上述指标为定量指标，其中绝对数和增长率达到西部领先、全国前列的水平。

2. 旅游发展质量指标

旅游发展质量指标主要包括旅游目的地品牌的知名度和影响力，国际入境旅游第一站比重，游客对主要旅游城镇、旅游景区点的满意度、旅游投诉率等。上述指标包括定量和定性指标，其中旅游投诉率为负指标，即指标越高，负值越大。

3. 旅游发展效益指标

旅游发展效益指标主要包括游客人均花费水平及增长率，旅游非基本消费（游、购、娱）比重，旅游企业（旅游饭店、旅行社等）经营综合效益指标，旅游收入增长率对接待人数增长率的比值等。

（二）旅游关联效应指标体系

旅游关联效应指数是一种衡量经济、政治、文化、社会、生态建设的重要指标。具体指标体系设计如下：

1. 经济影响力指标

经济影响力指标主要包括旅游产业增加值占 GDP 比重、第三产业比重，旅游外汇收入占出口收入的比例，旅游投资在国内的比重，地方财政收入中的比重，农业、工业、文化、体育等方面的比例，可以从抽样调查中得到体现。上述指标以定量指标为主。

2. 政治影响力指标

政治影响力指标从旅游对外开放、区域旅游合作、旅游安全与和谐旅游等方面来体现旅游的政治影响，指标设计包括旅游对外开发度（含引进外资、外企数量，从事国际旅游和经营企业数量、对外投资等），国际区域旅游合作、国内区域旅游合作情况，旅游地社会治安状况，当地居民对旅游的态度及参与度等，上述指标主要以定性和定量指标相结合，以定性指标为主。

3. 文化影响力指标

文化影响力指标主要反映旅游与文化融合互动的指标，包括文化旅游景点数量，重大旅游节庆活动数量，重点旅游演艺品牌，特色民族传统文化旅游项目，文化、体育、科技旅游人数占总接待人数比重，旅游媒体宣传度（含电视、广播、网络、平面媒体宣传等），上述指标主要以定性和定量指标相结合。

4. 社会影响力指标

社会影响力指标主要反映旅游促进社会进步的指标，包括旅游产业提供的直接和间接就业岗位，旅游就业人数占总就业人数的比重，优秀旅游城市数量，旅游小镇数量、特色旅游乡村数量，乡村旅游从业人员比重等，上述指标主要以定性和定量指标相结合。

5. 生态环境影响力指标

生态环境影响力指标主要反映旅游对生态环境保护和建设的指标，包括森林覆盖率，主要旅游城镇空气质量、绿化率，水体质量，自然保护区、风景名胜区旅游收入增长率等指标，上述指标主要以定性和定量指标相结合。

（三）旅游系统的指标体系

旅游相关的评价指标体系包括基础设施、公共服务、生态环境、人才、管理体系、环境气氛等。具体设计如下：

1. 基础设施体系指标

基础设施体系指标主要反映旅游可进入性和通达性指标，包括机场、航线，高等级公路和景区点连接路，城际铁路、轻轨、地铁，水路，旅游车、游船等，上述指标以定性和定量相结合。

2. 公共服务体系指标

公共服务体系指标主要反映城乡设施配套、旅游信息化、口岸通关便利化、"窗口"服务行业优质化（如金融、电信、邮政、快递等）的状况，上述指标以定性为主。

3. 生态环境体系指标

参照生态环境影响力指标设置。

4. 旅游人才培养体系指标

旅游人才培养体系指标包括旅游院校数量、旅游专业设置数量、旅游教师队伍等，旅游培训机构、培训人员数量，导游公司、导游数量及中高级导游比重等指标，上述指标以定性和定量相结合。

5. 旅游管理体系指标

旅游管理体系指标包括旅游行政管理机构，旅游质量监督管理机构，旅游行业协会，旅游法规体系、旅游执法队伍及执法水平等，上述指标以定性和定量相结合。

二、旅游强省建设的目标体系

根据对云南旅游强省建设的内涵特征和重要性的分析，根据云南旅游行业的现状，结合国内外旅游消费的发展趋势，确定云南建设旅游强省的总目标如下：

按照建设中国特色社会主义事业"五位一体"建设总布局，围绕全省"两强一堡"建设和与全国同步全面建成小康社会的总目标，以科学发展为主题，以转变发展方式为主线，以跨越发展为手段，以和谐发展为目的，充分发挥旅游产业在经济社会建设中的推进器、排头兵和支柱产业的作用，要继续推进产业结构调整、产业整合、改革开放、管理服务、加强科教支撑等，推进旅游产业由主要发挥经济功能向发挥战略性综合功能转变，全面构建起产业实力强、产业贡献强、产业支撑强、产业竞争力强的现代旅游产业体系，形成旅游产品特色化、旅游服务国际化、游客进出便利化、生态环境优质化的旅游发展新格局，实现旅游产业从旅游大省向旅游强省跨越，实现旅游产业成为云南省重要的战略支柱产业和人民满意的现代服务业，使云南成为国内一流、国际知名的旅游目的地、面向西南的国际旅游集散地。

根据上述建设云南旅游强省的总目标，结合前面对旅游强省建设指标体系的设计，确定未来几年云南旅游强省建设的具体目标如下：

（一）增强旅游产业实力目标

提升旅游业的能力，主要从规模、质量、效益三个层面来实现。一是发展旅游业，从目前至2020年，将继续保持每年12%的年均增长率，到2020年将达到5亿人次；到2012年，全国旅游业总收入将会增加一倍，达到7500亿元。二是旅游业发展质量不断提高，旅游产品结构不断丰富，服务水平不断提高，旅游产业体系不断健全，2020年包括食、住、行、游、购、娱等在内的旅游要素企业及相关机构等基本单位达到4万余家，旅游固定资产总规模超过4000亿元，旅游要素企业产出能力和效益超过全国平均水平。三是旅游业的经济效益得到了极大的提高，游客的人均消费水平已达到每人次1500元；旅游消费比重已超过发达国家的60%；旅游业的整合能力明显提高，带动了相关行业的发展。

（二）增强旅游关联效应目标

增强旅游关联效应的目标，主要是旅游业对全省经济、政治、文化、社会、生态建设的推动和贡献的提升。2020年，旅游业增加值达3000亿元，占全省地方生产总值（GDP）的比重达10%；"七彩云南·旅游天堂"品牌形象在国内外的知名度和影响力大幅提升，以国际入境旅游第一旅游目的地为重点的区域性国际旅游中心雏形基本形成；旅游产业与文化、体育等产业融合更加密切，文化、体育旅游的比重占到全省旅游比重的50%；直接和间接就业人数占全省就业人数的比重超过10%，旅游业在推动资源环境保护和可持续发展的能力进一步加强。

（三）增强旅游综合竞争力目标

增强旅游综合竞争力的目标，其中包括旅游产业、旅游企业、旅游品牌、旅游城镇和旅游服务水平。到2020年，全省游客和旅游外汇收入进入全国前6名，继续位居西部第一，接待国外游客和国内旅游收入排名前十；重点发展10个大型综合旅游企业，100个地区骨干旅游企业，1000个中小企业，并有3~5家旅行社进入全国百强旅行社；国家级名片5A级旅游景区达到14个，同时各类旅游产品形成1~2个区域性国际旅游品牌，2~3个国内一流旅游品牌；昆明建成区域性国际旅游城市，优秀旅游城市达到10家，品牌旅游小镇达到30家，特色旅游乡村达到300个等。

三、旅游强省建设目标和指标的评估

为了保证旅游强省建设的顺利推进，应该定期对旅游强省建设的目标和指标进行评估，以及时把握旅游强省建设的推进情况及存在的问题，采取有效的对策措施加快推进旅游强省的建设。因此，结合云南旅游强省建设的时限，可采取 PDCA 计划方法进行评估检查，以提高旅游强省建设计划的管理能力和水平。PDCA 是通过制定计划目标，实施并进行检查和评估，然后修订计划目标，实施、检查和评估的周而复始运转的科学管理。因此，运用 PDCA 循环方法对云南旅游强省建设目标和指标体系实施情况进行评估，再对计划进行滚动修订，从而保证旅游强省建设目标能够顺利实现。具体来讲包括以下工作阶段：

（一）论旅游强省的定位与实现

云南确定建设旅游强省的目标是基于国内外旅游发展趋势的研判，结合对云南旅游产业发展现状分析而确定的。由于发展目标的实施跨度时间长，因此各种因素的变化都可能影响目标的顺利实现，因此就需要定期对阶段目标执行情况进行分析和评估，发现实施中存在的问题和影响因素，及时对发展目标和相应的指标体系进行修正，并采取有效措施保证计划目标的顺利实现。

（二）旅游强省建设目标实施的检查和评估

云南旅游强省建设目标实施情况如何，需要定期进行检查和评估。结合实际情况，建议每年进行一次简要的检查和评估；每三年进行一次综合评估。进行检查和评估时，要按照总体目标和指标体系的设定，进行相应的分析和比较，以评估实现的状况和程度，查找存在的问题和主要原因、影响因素等，以便有针对性地采取相应的措施。

（三）关于旅游强省的修正与对策

通过对旅游强省的实施情况进行全面的检查与评价，并在总结经验、查找问题、分析原因的基础上，结合国内外旅游发展的变化、市场的消费需求趋势以及全省旅游业的发展现状，提出实现旅游强省建设目标的主要任务和计划，以及相应的对策和措施。通过这样周而复始的运转和发展，最终确保在规定时限内实现旅游强省建设的总体目标及相应的评价指标体系。

旅游强省的建设不仅仅是提出总体目标和一套指标体系，更关键的是通过切实有效的工作，保证阶段性的计划指标顺利实现，最终才能确保总体目标的顺利实现，因此，加强定期的检查和评估是十分重要且必不可少的。

第三节　旅游强省建设的重点和保障

一、加快旅游强省的核心体系建设

建设云南旅游强省，要围绕总体目标，突出重点，以更大的工作力度和更高的效率，加快旅游产品体系、要素体系、客源市场体系、公共服务体系、新业态体系、市场监管体系等六大体系建设。形成以旅游产品、企业、市场、服务、产业和管理为重点的旅游强省建设的重要支撑。

（一）加快发展旅游业的产品体系

加快发展旅游业的产品体系，依据国内和国外旅游市场发展趋势及旅游消费需求结构变化，继续深入实施大项目带动大开发战略，按照全省旅游产业空间布局和要素优化方向，积极促进生产要素自由流动，要大力发展旅游产业，注重产品结构的优化和调整，使之成为一个完整的旅游产品体系。

（二）加快旅游要素体系建设

加快旅游要素体系建设，要以做强做大旅游企业为重点，围绕"吃、住、行、游、购、娱"等旅游要素建设，不断提升旅游企业的规模、质量、效益，形成一个结构合理、管理科学、优势互补、实力雄厚的现代旅游企业，是发展旅游业的重要支柱。

加快旅游要素体系建设，要积极推动旅游企业向规模化、特色化、品牌化、国际化和网络化经营发展，加快建设包含中西餐、快餐、酒茶吧等在内的高中低档次相结合的旅游餐饮体系，着力培育和打造滇菜品牌、云南名酒和饮品等；要加快推进 A 级旅游景区创建，推动各类休闲度假、康体健身、文化娱乐景区的开发和建设，大力发展云南旅游主题公园、节庆、演艺、影视、茶艺等休闲娱乐产业；要继续培育和壮大综合性大型旅行社，培育和壮大区域性旅游龙头企业，培育和发展中小特色旅游企业，打造一批具有国际影响力的知名品牌旅游企业，全面提升旅游企业的市场竞争力。

（三）加快旅游客源市场体系建设

加快旅游客源市场体系建设，要继续推进旅游对外开发，深化国际国内区域合作，加强旅游宣传推广，创新旅游营销手段和方法，积极拓展国内、国外旅游市场，逐步培育出境旅游市场，构建国内、国外旅游稳步发展的旅游客源市场格局，为旅游强省建设提供重要的客源市场支撑。

加快旅游客源市场体系建设，要抓住国家建设"桥头堡"战略的重大机遇，充分发挥日益凸显的面向东南亚、南亚的区位优势，不断深化与东南亚、南亚国家的旅游交流与合作，以中国—东盟自由贸易区、大湄公河次区域、孟中印缅等区域旅游合作为主要目标，努力建设具有多种资源特色的国际精品旅游区，并积极推进大湄公河次区域无障碍旅游区的建设，进一步拓宽近程国际旅游客源市场。继续加强与东北亚、欧美、澳新等中远程客源市场国家及世界旅游组织（UNWTO）、亚太旅行协会（PATA）等国际组织的交流与合作，提升云南旅游对外交流与合作层次和水平，进一步扩展中远程国际旅游客源市场。实施旅游营销多元化战略，创新旅游营销手段，着力打造以"七彩云南·美丽家园"为统领的云南旅游目的地形象体系，不断提升云南旅游的知名度、美誉度和影响力。

（四）加快旅游公共服务体系建设

加快旅游公共服务体系建设，要积极统筹各方面力量，合理配置资源要素，加快旅游基础设施、旅游公共服务设施、旅游信息化体系和旅游安全保障体系建设，逐步达到国内先进地区水平，同时，还应建立起与国际标准相适应的旅游公共服务系统。

要进一步加快主要旅游线路、旅游目的地和旅游景点的游客服务中心、休息站、厕所、自驾车营地，建立全省统一的、符合国际通行标准的旅游标识体系；加快国家口岸的基础设施和配套设施建设，为旅客提供便捷的出入境服务。旅游信息、旅游服务质量、旅游目的地承载力信息以及天气、交通等公共信息。构建旅游安全法规、旅游安全预警、旅游安全控制、旅游应急救援、旅游保险"五位一体"的旅游安全保障体系。

（五）加快旅游新业态体系建设

加快旅游新业态体系建设，要充分发挥旅游产业关联大、带动效应强的优势，积极推进旅游产业与相关产业、城市化推进、新农村建设等融合互动和发展，进一步加强农旅结合、工旅结合、文旅结合、体旅结合、城旅结合、医旅结合等，促进旅游新产品和新业态发展，为旅游强省建设提供重要的旅游新业态支撑。

加快旅游新业态体系建设，要进一步推进和加强农旅结合，以发展观光农业、休闲农业、体验农业、现代农业、农家乐等为核心的农业休闲、乡村旅游，打造高原农业、特色乡村旅游。着力培育现代农业旅游新业态。进一步推进和加强工旅结合，围绕全省新型工业化战略的实施，打造特色工业旅游品牌，着力培育特色工业旅游新业态。进一步推进和加强文旅结合，依托云南省文化资源优势和文化产业基地建设，大力推进文化与旅游融合，打造精品文化旅游品牌，着力培育文化旅游新业态。进一步推进和加强体旅结合，结合中国云南高原体育训练基地建设，积极发展以登山攀岩、江河漂流、山地越野、高尔夫球等为特色的户外旅游运动项目，打造户外运动旅游名牌，着力培育体育旅游业态。进一步推进和加强城旅结合，大力推进旅游与城镇建设融合，推动旅游城市、城市旅游综合体、旅游小镇、特色旅游街区和民族文化旅游中心建设发展，打造特色城镇旅游品牌，着力培育城镇旅游新业态。进一步推进和加强医旅结合，充分发挥云南省良好的自然生态环境、丰富的温泉地热和民族医疗医药资源优势，加快引进国内外新兴医疗技术和手段，积极发展以康体疗养、美容保健、养生养老等为主要内容的特色医疗旅游，打造特色医疗旅游品牌，着力培育医疗旅游新业态。

（六）加快旅游市场监管体系建设

加快旅游市场监管体系建设，要深入贯彻落实《中华人民共和国旅游法》，立足于旅游行业发展需求，进一步完善旅游法规、规章、技术标准，构建覆盖旅游产业各个要素和环节的旅游法规和标准体系，切实加快依法、依规、依标治旅的进程，加大旅游市场监管力度，为旅游强省建设提供重要的法制管理支撑。

要进一步推进《中华人民共和国旅游法》的贯彻落实，尽快修改《云南省旅游条例》，制定《云南省旅游监察办法》及相关法规；制定一批涉及休闲度假酒店、乡村旅游、自驾车旅游等旅游新业态以及涵盖旅游公共服务、旅游安全等领域的标准，形成层次分明、结构合理、覆盖全面、定位准确的旅游标准体系。加强市场监督管理，依法、依规规范旅游经营者、从业人员、旅游者的消费行为，营造一个良好的市场经营秩序和消费环境，促进旅游服务整体水平的提升。

二、加强旅游强省的配套体系建设

建设云南旅游强省，不仅要加快旅游强省的六大核心体系建设，还要进一步加强对旅游相关部门与行业的统筹协调，加强旅游基础设施体系、旅游安全保障体系、旅游科技运用体系、加强旅游人才队伍体系等配套体系建设，为建设旅游强省提供更加有力的支持。

（一）加强旅游基础设施体系建设

加强旅游基础设施体系建设，要结合全省经济社会发展，进一步加强以交通为重点的基础设施建设，尽快消除交通条件的"瓶颈"制约，形成方便快捷、安全舒适和完善的内外交通体系，不断提高云南旅游的可进入性和通达性条件。要结合旅游项目建设和产品开发，进一步完善供水、供电、供气、通信、邮电等相关基础设施，完善排污管道和垃圾处理等，为旅游发展提供良好的配套基础设施条件。要把"城镇上山"与"县域经济"相结合，以中心城市、区域重点城市、节点城镇为依托，大力推进旅游城镇的建设，健全城市配套服务设施，提升城镇生活品质、综合服务能力和辐射带动作用，不断增强旅游城镇的目的地和集散地功能。

（二）强化旅游安全保障制度

加强旅游安全保障制度建设，必须充分认识到旅游安全是旅游的基础和保障，加强医疗卫生、运动安全、旅游救援、安全保险等方面的合作和协调，建立健全包括旅游安全法规、安全管控、安全预警、安全救援、安全保险等在内的旅游安全保障体系，进一步完善旅游活动中的安全条件和措施，为旅游发展提供安全保障，营造平安和谐的旅游环境。其中，法规体系是旅游安全的全局性保障和管理依据；管控体系、预警体系属于旅游安全事前预防和事中监管体系；救援体系是旅游安全事中采取的积极措施；保险体系属于事后的补偿体系，"五位一体"构成完整的旅游安全保障体系。

（三）加强旅游科技运用体系建设

加强旅游科技运用体系建设，要针对新兴旅游产品、新兴旅游业态的特殊性，大力开展旅游科学基础理论研究和应用研究，争取在新的学术领域、重点科研项目和重大规划课题上取得突破，并加大学术成果推广力度，以科学的理论、创新的政策来指导和支持云南旅游强省建设。要积极推动现代科技在旅游中的应用，促进旅游产品开发中对新技术、新材料、新设备、新能源的利用，大力推广节能环保技术，达到节能标准，废水零排放。提倡绿色消费，提倡低碳旅游，形成健康、文明、环保的消费模式。要加快推进信息化建设，加快发展旅游电子商务，构建覆盖全省的旅游信息系统，实现旅游信息一览无余，旅游交易一键确定，旅游信息化、现代化水平不断提高。"智慧旅游"是旅游目的地信息系统、智能景区示范点、数字化旅游城市示范点。积极推进云南旅游业的管理方式，提高其科技运用和服务水平。

（四）加强旅游人才培养体系建设

强化旅游人才培训制度，应从合理利用旅游人才、提高旅游综合素质等方面入手，大力推行"人才强旅"，健全旅游人才评估制度，构建云南旅游人才信息库。通过整合旅游资源、强化学科建设、优化专业结构、深化专业教学改革等措施，进一步完善高级、初级相结合的国家旅游教育体系，构建特色化、差异化的旅游专业人才培训体系。切实加强省、州、市、县、企业四级旅游培训系统，不断提升非旅游教育培训机构的培训能力，加强旅游行政管理干部培训，加快培养一批职业经理人，培养一批名导游和高素质讲解员。鼓励和支持农村富余劳动力或返乡农民工，积极参加乡村旅游培训，并同等享受农村劳动力转移培训"阳光工程""绿色证书"培训工程、农村实用人才培养"百万中专生计划"、新型农民科技培训等工程的政策扶持和资金补助，促进农家乐、休闲农庄、观光农业等乡村旅游服务经营水平的提升。

三、加大旅游强省建设的支持力度

建设云南旅游强省，加快推进旅游产业跨越发展，不仅关系云南旅游产业自身的发展，也关系人民群众的增收致富和生活质量改善，关系云南经济社会持续快速的发展，进而关系云南与全国同步全面建成小康社会等。因此，各级政府必须提高对旅游强省建设的认识，只有加大政府投入引导力度、加大政策扶持支持力度、加大统筹协调力度、加大旅游环境营造力度等，才能实现建设旅游强省的预期目标。

（一）加大政府投入引导力度

加大政府投入引导力度，要结合旅游产业发展不断扩大的实际，逐年加大省级财政对旅游产业发展的投入力度，该项目主要应用于旅游规划编制、重大项目开发、公共设施建设、标准化建设、市场监管、人才培养、宣传推广、产品研发、品牌推广、绩效考核等，以更好地引导社会资本投资旅游开发建设。各州、市可以按照当地的实际需求，设立专门的旅游发展基金，每年都要视经济状况而定。同时，要加强对各级各类旅游发展专项资金和宣传推广专项资金的管理，加强对旅游项目的绩效评估，严格资金审批程序，严控资金使用范围，更好发挥政府投入的引导性作用，充分调动社会资金和民间资本参与旅游开发建设。各级政府要加强财政部门的配合，加强对旅游业的扶持，制定和细化信贷额度，健全贷款风险评估制度，合理确定贷款利率、期限、还款方式、贷款审批程序等；同时，要坚持依法、风险可控、与国家产业政策相一致的原则，积极探索多种投融资模式，以促进旅游强省的发展。

（二）加大旅游发展政策支持力度

加大旅游发展政策支持力度，要针对目前影响甚至制约旅游建设发展的土地、审批等突出问题，进一步加大旅游建设用地保障力度、加快旅游建设项目的审批等。要积极创新旅游用地方式，对符合国家产业政策、土地供应政策和独立选址的重点旅游项目，可同时办理征、转、供地审批手续；对利用山地和未开垦地进行旅游综合项目开发建设，可区分不同的土地性质和用途，通过只转不征、只征不转、征转结合、不征不转、委托管理、转包出租等方式进行审批。允许旅游开发与城市土地整理、公共基础设施建设和房地产开发相结合，组成综合性旅游开发建设项目统一规划建设，并按照"统一申报、分类供地、分期实施"的原则，安排旅游建设用地计划等。同时，实行更加宽松的对外开放政策，如取消对旅游行政管理人员出国开展宣传促销的人数和团组限制；允许入境自驾车团以出具当地旅游主管部门担保函方式作为入境自驾旅游车辆信用担保，不再收取保证金；对经省级旅游主管部门审批的入境自驾车旅游团，可免收省内过路费用；对参加省内会展博览活动的各国参展商，其由云南省各国家级口岸入境的参展商品，可采取"集中查验、统一放行、减免查验费和保证金、开辟绿色通道、延长通关时间"等方式给予最大限度的通关便利；对持中华人民共和国出入境通行证的国内旅游者，可从省内各个已建立边境检查机构的边境通道出入境等。

（三）加大旅游发展统筹协调力度

加大旅游发展统筹协调力度，要求各级政府要进一步加强对旅游工作的组织领导，进一步理顺部门之间的权责关系，明确涉旅部门职责，打破部门、条块和区划分割，统筹协调发展旅游业。将省旅游发展委员会列入省政府工作机构，并健全由专职、兼职副主任委员参加的综合协调机制，及时研究解决有关问题，推动省级旅游发展委员会从单一的行业管理向统筹协调发展。完善省、州市和县区三个层次的旅游执法机关，实行纵向管理，并将其经费列入省级财政预算。增强旅游发展规划的法律效力，加大旅游规划的指导与调控力度，各级政府编制和调整城镇总体规划、土地利用规划、林地保护利用规划，以及各类保护区开发建设规划时，要充分考虑旅游产业发展要求，并重视与旅游发展规划相衔接；同时加强对旅游开发建设规划执行的监督检查，并把规划执行评价意见作为旅游项目竣工验收的要件之一。

（四）加大营造和谐旅游环境的力度

建设云南旅游强省是关系全省经济社会发展的大事，因此要全民动员、全民教育、全民参与，以构建优美舒适的游览环境、和谐的旅游关系为目标，着力营造"和谐云南旅游"的品牌形象。进一步加强旅游行业精神文明建设和职业道德素质教育培训，开展旅游企业和"窗口"服务行业服务技能标兵、先进个人、"青年文明号"等评选活动，以及文明窗口、文明岗位、文明单位等创建活动，提高旅游从业人员职业道德水平，开展优质服务和经营。全面开展多种形式的教育培训、宣传宣讲，形成"处处是旅游环境、人人是旅游形象"的良好社会氛围，大幅提高旅游者的满意度和认可度。倡导旅游者健康旅游、文明旅游、文明消费，尊重自然，尊重当地文化，尊重服务者，抵制不良风气，摒弃不文明行为，构建和谐的旅游关系，营造和谐的旅游环境。

第十一章　云南旅游业态创新的策略

第一节　文旅融合

一、文化为媒体促进各民族交往交流交融

近年来，云南省以保护、传承和开发优秀民族文化为己任，推动民族文化创造性转化、创新性发展、增强民族文化软实力、推动各民族文化繁荣发展的过程，成为各民族相知相亲相惜的过程，成为民族团结的润滑剂、催化剂、黏合剂，进一步铸牢中华民族共同体意识。

"命好才相会，相会心欢喜，欢喜过一生。"这是国家非物质文化遗产"坡芽歌书"的代表作品《命好才相会》的歌词大意。每当这首古老的壮族情歌出现在坡芽传习馆前时，总会有许多游客驻足聆听，拍手叫好。2006 年发现"坡芽歌书"后，文山壮族苗族自治州建立了坡芽歌书传习馆和坡芽民族生态文化村，鼓励更多的遗产地居民参与到"坡芽歌书"的传承与发展中来。如今，"坡芽文化"已经成为美丽的云南民族文化品牌。

"坡芽歌书"的传承和创新发展是云南省基层文化服务体系建设以及当前少数民族基层文化服务体系建设的缩影。近年来，文化供给和服务水平不断提高，以民族团结进步为主要内容，使云南各族人民的文化获得感得到了显著提高。截至 2019 年底，全省共有 151 个公共图书馆、149 个文化馆、4 个美术馆、27 个非遗中心、1445 个乡镇文化站、13442 个村级综合性文化服务中心，基本实现省、州、县、乡、村五级公共文化服务设施网络全覆盖。在民族文化遗产的保护与创新开发方面，云南"十三五"期间已建成 15 个特有少数民族多媒体资源库、傣族文献信息专题库、东巴文库等特色数字资源。通过对彝文古籍14080 多页的抢救、2285 页的藏书、490 页的东巴古籍和 441 件拓片的抢救工作，为云南省少数民族古籍的修复奠定了良好的基础。

河口口岸是中越边境上云南段最大的口岸，与越南古街隔江相望。近年来，河口瑶族自治县充分发挥区位优势，以"国门文化"为特色，打造"百年商埠，开放河口，边产城融合发展示范"的新形象。2020 年，河口县创建"国门文化形象"工程被列入全国第四批公共文化服务体系示范项目。"十三五"期间，"国门文化工程"和"边疆文化走廊"已经成为云南边疆地区培育和践行社会主义核心价值观的有效载体，对弘扬中华优秀传统

文化、巩固民族团结进步起到了很大的推动作用。

云南省在过去的 5 年里，围绕建设小康社会、脱贫攻坚、振兴乡村等主题，创作了 20 余首少数民族题材歌舞，打造了一批民族文艺精品节目。其中，有首部全面反映独龙族千年生产生活变迁的《独龙天路》，反映"中华民族一家亲"的《白鹭归来》，《农民院士》入选了国家文旅部"西部及民族地区重点原创剧目专家支持项目剧目"，此外，中国艺术节的舞剧《诺玛阿美》和白剧《数西调》被评为"文华大奖"，傣剧《刀安仁》入选第五届全国少数民族文艺会演剧目，维西县傈僳族创作的《瓦器器》获第十七届全国"群星奖"。同时，云南省还积极组织开展了"中国原生民歌节""云南省民族民间歌舞乐展演""云南省传统戏剧曲艺会演""文化和自然遗产日"等活动，大力弘扬宣传云南民族优秀传统文化。

二、旅游为介，增强各民族内生发展动力

近年来，云南省将发展旅游业作为发展民族文化资源、传承民族特色文化、增强各民族文化内生发展动力的重要抓手，将旅游产业与民族文化、特色产业深度融合，加快推进民族地区脱贫攻坚、乡村振兴和全面建成小康社会进程。

加强民族地区旅游资源的开发和利用。云南省依托大滇西地区独特的民族文化和旅游资源，制定了"大滇西旅游环线"，将其作为贯彻"金山银山"理念，推动云南旅游产业转型升级的重要举措。环线建成后，将全面提升"吃、住、行、游、购、娱"的品质，充分展示滇西自然、生物多样性、民族文化的美丽，推动沿线旅游产业从观光到康养，通过转移就业和一、二、三产业融合，带动当地群众增收致富。

加强民族特色旅游线路的设计与开发。近几年，云南省相继推出了云南十大非遗主题旅游线路，"亲近自然、静心养性"云南文化旅游 80 条，"云南十大乡村旅游精品线路"等主题线路，涵盖了 16 州市各民族地区的特色旅游资源。例如，"滇西艺美云南行"非遗主题游，游客可以深入体验云南马帮文化和众多少数民族特色文化，如彝族、白族、纳西族，可以体验省级及以上非遗项目 40 余项。这些具有民族特色的旅游线路，不仅为民族文化的传播插上了"翅膀"，也为旅游增添了更多的民族色彩。

发展民族手工业。近年来，云南各少数民族地区紧紧围绕和利用民族文化资源，走出了"文化+旅游""非遗+旅游"的致富之路，这是一条新的脱贫致富之路。如今，白族扎染、彝族刺绣、傣族织锦等具有实用和审美功能的少数民族传统技艺和产品，已经成为云岭地区的文化旅游商品，深受国内外游客的喜爱。据不完全统计，目前云南全省的民族文化和非物质文化遗产衍生产品的生产和销售企业已达 7000 余家，年销售额达到 80 亿元以上。

发展乡村旅游，发展特色文化产业，促进民族地区持续发展。据 2018 年统计，云南省旅游业有 326 万人直接就业，带动 590 万人间接就业，旅游业已成为全省最大的就业市场。

三、文旅融合，绘就民族团结进步新画卷

云南省在"十三五"期间大力推进文旅融合发展，取得了骄人的成绩，民族文化和旅游融合不断深入，谱写了民族团结进步的新画卷。目前已经成功创建国家级文化生态保护实验区大理和迪庆2个，省级民族传统文化生态保护区85个；全省20个中国文化艺术之乡，26个"云南文化艺术之乡"被命名；深入挖掘哈尼族梯田农耕文化内涵，打造红河州多层次旅游品牌；大理周城村、腾冲、顺古镇等一批具有民族特色的旅游村落和民族风情村已建成，成为振兴民族地区的一道亮丽风景线。

以文化提升旅游品位。近几年，云南围绕群众的旅游需求，充分挖掘历史文化、革命文化和民族文化资源，把文物保护单位、考古遗址、博物馆、美术馆、非遗传习场所等纳入旅游线路，开发更多文创产品、演艺节目、特色美食融入景区景点。围绕游客"求新、求奇、求知、求乐"的愿望，深入挖掘各地不同文化遗产、历史文化传统、民族风土人情，因地制宜，推陈出新，展现不同地域符合新时代特征的创新型文化符号。"三江并流"，香格里拉、茶马古道、丽江古城、哈尼梯田、澄江化石地、石林等国际文化品牌的保护和利用，为优质的人文资源注入独特的文化内涵和文化标识。

挖掘少数民族文化的内涵和文化价值，促进节庆旅游的发展。近几年，云南大力发展和提升了10项民族文化旅游节庆活动，包括七彩云南（国际）民族服装节、彝族火把节、傣族泼水节、景颇族目瑙纵歌节、佤族司岗里摸你黑狂欢节、中国墨江北哈尼太阳节、罗平国际油菜花文化旅游节、丘北普者黑花脸节、怒江傈僳族阔时节、大理"三月街"、红河哈尼"长街宴"等。

实施民族博物馆建设规划，打造文旅业新增长。5年来，云南重点建设了八大类博物馆集群和六大博物馆群落，其中新建成49个注册博物馆（纪念馆），总数共计157个，吸引了来自全国各地的游客前来"打卡"，其中有18个国家博物馆。目前，云南省8个民族自治州建成博物馆6个，民族自治区29个，其中16个县建成博物馆；在8个少数民族中，有4个建立了主题博物馆。2019年，参观全省博物馆和纪念馆的人数达到3033万人次。

"十四五"时期是全省文化旅游发展的关键时期，云南省文旅厅负责人表示，将坚持以新发展理念为指导，以供给侧结构性改革为主线，坚持不懈深化改革，着力走出一条旅游基础高端化、旅游服务智慧化、旅游营销国际化、旅游产品和业态特色化的高质量发展路子。进一步对民族文化资源进行盘点和提炼，促进民族文化的物态化、活态化、业态化，使民族文化的内涵更丰富，更具吸引力。以建党100周年为契机，积极推进"文化润滇"工程，把光荣的革命传统和云南民族地区感人的故事变成文艺精品。大力推进景迈山古茶林文化遗产的申报工作，提高其保护和传承的质量。巩固和扩大脱贫成果，发展民族地区新型乡村旅游，促进公共文化服务均等化，全面实施乡村文化振兴工程，持续加大文化旅游扶志扶智的力度。加强国门文化建设，发挥文化稳边、固边、兴边、睦邻、安邻、

富邻的作用。把民族文化、旅游资源集中起来，打造具有深厚文化底蕴的世界级旅游景区和度假区的"含金量"，为云南建设民族团结进步示范区作出新的贡献。

第二节 丰富旅游新内涵，培育旅游新业态

一、体育旅游

云南开展高原体育旅游具有得天独厚的条件，经过多年的发展，高原体育旅游项目的开发已经逐步形成。但就目前的情况来看，在许多方面缺少系统性，如滑雪、滑水、攀岩、冲浪等体育旅游活动还不多，参加者的绝对数量比较少。云南最独特的资源是气候和环境，四季如春的气候，高原上的青山绿水，两者结合起来，可以形成一种具有云南特色的体育旅游新业态。

二、东盟商务旅游

重点打造以昆明为中心的东盟八大会展旅游基地，大力发展商务会展旅游产品，加快会展商务设施建设，提升云南会展商务的服务水平，使云南成为区域性的会展商务旅游目的地；依托云南省中心城市和旅游目的地的建设，进一步整合资源，完善旅游城市功能，努力把昆明建成面向东南亚和南亚的区域性国际商务旅游基地，把丽江、大理、景洪、瑞丽、腾冲、蒙自、文山等地打造成一个次级商务旅游基地。

三、历史文化旅游

昆明古滇国、广南地母院、西双版纳南传佛教、大理古都、巍山南诏、普洱茶祖、澄江帽天山化石群、禄丰恐龙、楚雄元谋人、曲靖三国十大历史文化旅游项目，以滇西抗战文化、曲靖爨文化、红河哈尼文化为补充，开发历史文化旅游新业态，真实记录云南社会历史和文化发展历史，将云南历史文化内涵和民族精神具体化，促进云南经济跨越式发展，建设"旅游强省"。

四、医疗旅游

医疗旅游是将旅游和医疗服务结合起来的一种旅游方式。在医疗旅游领域，包含康复旅游、护理旅游、健康体检旅游、美容健身旅游等一系列专业化项目，是将医疗保健、疗养、休闲等要素结合，集健康性、时尚性、趣味性为一体的旅游新业态。云南康乐气候条件优越，自然山水环境优美，珍稀中草药资源丰富，交通便利，医疗旅游新业态的发展将成为云南旅游产业转型升级的重要手段之一。

五、芳香旅游

云南是享誉世界的"植物王国"，其芳香植物种类繁多，具有天然优势发展芳香产业和芳香旅游。2012 年，昆明市提出建设世界上最大的香料博物馆、国际香料学校、香料种植基地。因此，云南旅游应抓住机遇，大力培育"芳香旅游"新业态，以"芳香"为主题，做足"香"字，依托香树、香花、香草，打造芳香旅游产业链，打造"芳香度假+芳香养生+芳香旅游+芳香农业"的旅游产品体系，以支撑"云香"产业的发展，促进旅游产业的提升。

六、庭院旅游

随着"微旅游"时代的来临，云南省将形成以大理双廊、丽江束河、腾冲与顺、巍山古城、建水古城等为代表的旅游区，形成以一家一户为单元的旅游经济体，一户即为一个建筑作品，一家即为一个特色民居；一户即为一个餐饮基地，一家即为一个经营单元。形成一院一特色、一院一精品、一院一绝活、一院一故事、一院一传说的庭院旅游新业态，将旅游业向庭院经济、庄园经济、精品旅游、深度体验的方向发展。

第三节 云南旅游业态创新的策略

云南旅游与生态建设融合发展的内容很多，需要深入研究，从生态文明建设的先行者、绿色强省、旅游强省的目标出发，结合云南省旅游业的发展现状，结合云南省的生态建设现状，提出了云南旅游与生态建设融合发展的重点。

一、云南旅游业态创新的方向

（一）旅游开发与自然保护区建设融合

自然保护区的建设对于保护自然资源和生态环境、促进生态文明建设、促进经济社会协调和可持续发展具有重要意义。截至 2012 年 12 月，云南省已建成各类自然保护区 159 个（其中国家级自然保护区 20 个，省级自然保护区 38 个，州级 58 个，区县级 43 个），位居全国自然保护区数量第 6，基本形成了各种级别、多种类型自然保护区网络体系。旅游开发要与自然保护区建设紧密结合。合理开发旅游资源，可有效解决保护区资金短缺问题，促进周边地区经济发展，保护功能发挥。但旅游开发必须在保护优先的前提下，在自然保护区的外围开展。轿子雪山、哀牢山、大山包、西双版纳等国家级自然保护区，都是旅游和生态建设相结合的典范，成为具有代表性的生态旅游景区，既保护了生态环境，又带动了当地经济的发展。

（二）旅游城镇建设与生态示范区建设融合

生态示范区建设的目标是根据可持续发展要求和生态经济学原理调整区域经济发展与自然环境之间的关系，努力构建人与自然和谐共处的社会，促进经济、社会、自然环境的可持续发展。截至 2012 年 12 月，云南省已建成国际生态示范区 10 个，生态乡镇 29 个，生态村 3 个，省级生态乡镇 276 个。而在云南省旅游小镇建设中，结合自然资源和历史文化遗迹资源的保护与利用，不仅促进了城镇化的发展，也促进了当地居民的创业和增收。目前，云南省的 60 个旅游小镇中，有 12 个被评为国家级特色旅游镇（村），如西双版纳生态示范区、澄江生态示范区、丽江大研镇、腾冲顺镇、西双版纳橄榄坝、昆明官渡镇、温泉镇等国家级生态示范区（镇）。因此，今后几年云南要大力创建生态示范村、特色旅游村，把旅游城镇建设与生态示范区建设结合起来，通过生态环境整治、基础设施建设等措施，使小箐村村容村貌得到明显改善，生态环境得到有效保护，资源得到合理开发利用，实现经济发展与环境保护双赢。

（三）旅游发展与生态恢复融合

云南省是一个地质构造复杂的高原省区，有 38 条大型活动断裂，易发生滑坡、泥石流等地质灾害。另外，云南丰富的矿产资源由于多年开采留下了大量的废弃矿山，矿区生态环境受到严重破坏，矿区生态环境恢复存在困难。针对这一情况，可开展资源调查，对可利用的废弃矿区或地质灾害地开展旅游活动。废弃矿山、矿厂可加强基础设施建设，绿化环境，发展矿区旅游休闲小镇，如云南鲁甸县龙头山矿区朱提古银矿。昆明东川区自 2004 年起，利用东川泥石流越野赛的契机，以旅游、餐饮、交通为龙头的第三产业，以年均 20% 的速度发展，使东川这个饱受泥石流灾害困扰的资源枯竭的城市成功转型。

二、云南旅游业态创新的策略与途径

积极推进旅游业与生态建设的融合发展，涉及各部门、企业、旅游者和社区居民，需要各方面的共同努力。因此，必须明确政府、企业、旅游者和社区居民的责任与使命，共同推动旅游与生态建设的融合发展。

（一）加强政府的引导和调控

政府在旅游发展过程中起着引导和调控作用。因此，要积极推进旅游与生态建设的融合发展，就必须发挥政府的主导和监督作用，把保护好生态环境贯穿始终，把旅游发展与生态建设作为共同目标。一是鼓励和引导开发商和企业在制定长期的旅游发展中进行生态旅游规划。结合云南省的实际情况，分析旅游发展对生态、文化、经济等方面的影响，评估旅游发展环境，建立有利于旅游与环境协调发展的经济模型，制定各种评价标准和法规，监督和检查旅游开发项目。二是通过制定各种法律、法规和政策措施，保护云南各种自然文化遗产，促进旅游和生态建设的融合，促进绿色旅游、低碳旅游、生态旅游等绿色旅游方式的推广，避免损害自然和文化的审美价值，减少或消除生态环境的破坏。三是通过各种形式的宣传活动，向有关部门和企业介绍云南旅游与生态建设融合发展的规划，并通过各种公共活动向公众进行宣传，使公众认识到旅游业与生态建设的融合。四是加快云南旅游业融入生态建设的标准研究与制定，作为考核指标，对云南各景区、企业、从业人员进行考核管理，同时加大执法力度，严格执行旅游开发、企业经营，促进旅游业与生态建设的融合。五是严格落实旅游开发建设环保一票否决制，合理确定旅游景区游客环境容量，推进国家公园、生态旅游示范区、旅游循环经济试点的开发建设，建立健全旅游开发与生态环境保护的良性互动运行机制。

（二）推动旅游企业贯彻和执行

旅游企业既是旅游业发展的直接受益者，又是旅游业发展的主要参与者和执行者。积极推进旅游与生态建设的融合发展，要求旅游企业经营者严格执行管理部门的规划和要求。一是在旅游开发和经营中，尽量保证云南的土地、森林和水资源的可持续利用，尽量减少废气、废水和废物造成的环境污染和破坏。二是积极开发和经营有利于旅游者身心健康的活动，减少和避免影响或威胁旅游者身心健康的活动，必要时应治理、修复或改善趋于恶化的环境。三是定期评估旅游环境，确保管理决策中体现环境价值，始终保持旅游与生态建设的融合发展。四是积极支持建设有利于环境保护的旅游项目，倡导与环境和谐共处的旅游活动，积极开展绿色营销。五是全面创建绿色旅游企业，大力推广节能减排等先进环保技术，加快推进单位设施设备节能环保改造，评定认证一批生态景区、循环型景区和绿色饭店，推动旅游节能减排工作的落实。

（三）引导旅游者积极响应

旅游者也是旅游与生态建设融合发展的直接受益者，他们对环境质量的敏感度越来越高，但旅游行为不当也会对环境产生负面影响。因此，应积极推进生态建设与旅游相结合，培养旅游者绿色消费意识，倡导低碳旅游，倡导节能环保、健康文明的旅游消费方式。一是引导旅游者积极支持云南省各旅游区的资源和环境保护活动，了解和尊重当地的人文、自然遗产，如地理、历史、民族文化等。二是引导旅游者以高度负责的态度开展旅游活动，有效地防止和制止对景区造成不良影响、破坏生态环境的不良行为。三是引导旅游者遵守云南省和各州的地方政策法规，不购买、不使用各种危害当地生态文化的产品和服务，尽量选择信誉良好、环境友好的旅游企业，积极支持云南旅游业与生态建设的融合发展。

（四）鼓励社区居民踊跃参与

社区居民既是旅游活动的直接参与者，又是旅游发展的最终受益者。因此，积极推进旅游与生态建设的融合发展，必须正确引导社区居民，让他们认识到云南生态建设与旅游融合的重要性，积极参与到生态建设中来。首先，社区居民要充分认识当地旅游资源的价值，要有一种自豪感和保护意识，认识到保护当地生态环境比开发经济重要得多。其次，社区居民要亲自参与，既要发展旅游，又要注重生态建设；既要做旅游，又要做生态建设的执行者和监督者；既要文明经商，又不过度开采当地资源，另外，要传承地方文化，监督游客不文明行为，引导游客融入当地，控制游客进入，促进当地旅游业与生态建设共同发展。

第十二章 培育云南休闲型旅游目的地研究

第一节 休闲、旅游与休闲旅游的概念

一、休闲与旅游概念的辨析

随着人民生活水平的提高，对休闲、旅游的概念和要求也随之发生了改变。云南休闲度假胜地建设，应从根本上理解"休闲"和"旅游"这两个概念，正确理解"休闲"和"旅游"的内涵特点。

（一）休闲的含义与特点

休闲活动是一种具有重大意义的社会现象。休闲的本义是指耕地在一段时期内不耕作，利用土地休憩的方法，以及由农夫利用闲暇之余而产生的一系列节庆活动。《中国大百科全书》将闲暇作为一种农业生产的时节不耕种、暂时闲置土地的一种方法。叶文认为，闲暇是人生的一种境界，是人生的一种世俗精神活动，也就是人生的主要生存空间。罗明义结合现代经济社会发展的实际，将休闲定义为人们为了解除生活环境的外在压力和心理压抑，利用闲暇时间所进行的一种自由消闲的生活方式，是人类个体根据自身不同的偏好、习惯、价值观和消费能力而进行的有利于个体身心放松、感悟人生、领略自我、促进自我发展的所有活动状态。

西方学者从不同角度对休闲的概念和定义进行了研究。例如，从时间角度来看，定义休闲是指正常工作时间相对的可自由支配时间的活动；从生活状态的角度来看，闲暇是一种不需思考存在问题的心灵自由状态；从心态的观点来看，休闲是一种精神上的自由，也就是一种控制自己的内心力量；从社会活动的角度来看，休闲是一种在履行了职业、家庭和社会责任后，可以充分地发挥自己的自由意志，它可以是休息、娱乐，也可以是非营利的知识增长和技能的增长，还可以是积极地参加社会活动。杰弗瑞·戈比通过对西方学者的休闲概念的归纳，得出结论：休闲是一种摆脱了外部的文化和物质环境的压力而获得的相对自由的人生，它让个人以一种发自内心的热爱和本能地感到有意义的行为，并为信念奠定了基础。

基于上述对国内外关于休闲概念的界定与对比，并结合当代休闲活动的现实状况，可以看出具有现代意义上的休闲概念应具有以下主要内涵特征：

1. 休闲是人的基本需求

从人的需求层次来看，休闲既是人们在生理上达到放松、休息目的的手段，即一种生理需求，同时也是实现完善自我、实现自我的途径，即一种自我实现层次上的需求。因此，从身体和心理两个方面来说，休闲是人类最基本的需要。

2. 休闲的先决条件是闲暇

休闲的前提是要有闲暇或空闲时间，而且这种时间是为满足人们生存需要而进行各项劳作之外的时间，是一种人们可以自主和自由支配的时间，即通常所说的闲暇时间，其是相对于劳作时间而言的。特别是现代科学技术的进步、生产力的提高，以及带薪休假的增多，使得闲暇时间增多，因此成为休闲活动的产生和发展的一个重要先决条件。

3. 休闲的核心是消遣娱乐

休闲的核心是指人们对闲暇时间的休闲活动，即人们利用闲暇时间来调剂生活、恢复体力和精力的各种消遣、娱乐等活动。从这个意义上讲，休闲并非指人们是否有闲暇时间，而应该是指人们在闲暇时间的休闲活动，既包括外出旅游、户外运动等室外休闲活动，也包括室内运动、文化娱乐等休闲活动，其真正体现了休闲的具体状态、内涵特征和活动过程等。

4. 休闲的本质是精神满足

休闲的本质体现的是人们从容安逸、没有任何压力的一种精神状态，即休闲产生和存在的价值，主要体现在人们通过休闲活动而调剂生活、恢复体力和精力，并在人生感悟、感悟自我、促进自我发展、完善自我、实现自由的精神满足中。因而，休闲的实质就是人类的精神满足。

通过以上对休闲概念和内涵特征的分析，可以看出休闲在人们生活中是一个内涵和外延都比较广泛的概念，其不仅是人们对闲暇时间的一种科学合理的使用，而且与人们所从事的日常工作一样，是人类个体自我发展与自我完善的重要载体，因此是人类个体生存、生活和发展的重要组成部分。

（二）旅游的概念及特征

关于旅游的概念，早在我国古代社会就有所认识，只不过那时候人们对"旅"和"游"是分而论之的。其中，"旅"的词义是指旅行、外出，《周易正义》中称"旅者，客寄之名，羁旅之称。失其本居，而寄他方，谓之旅"。而对"游"的含义，则是指由旅游审美而达到的那种自由自在、逍遥无为的精神境界，以及由此而来的对待世界的审美态度。在现代旅游理论研究中，人们从不同研究目的和角度出发，对旅游有不同的理解和定义。例如，社会学家将旅行界定为一种体验与社交活动；地理学家认为，旅行是一种地域上的人的空间迁移；心理学者认为，旅游是指满足和充实人类的生活与美学需要的一种行为；行销专家认为，旅游是一种经营活动，以获得经济利益，提高就业；而经济学家认为，旅游是一种经济、社会活动，可以产生物质财富，提高人民的生活品质。

目前国际上普遍使用联合国世界旅游组织（UNWTO）于 1991 年在"旅游统计国际大会"上提出的建议，把旅游界定为："人们因休闲、事务或其他原因，在其日常生活环境以外的地区进行一次连续逗留不超过一年的活动。"根据上述定义，具有现代意义上的旅游概念主要具有以下内涵特征：

1. 旅游的目的性

从旅游的目的和内涵看，旅游是指人们具有休闲、事务和其他目的的旅行活动，具体包括休闲度假、文化体验、探亲访友、商务会议、休学科考、康体健身及过境等在内的旅行活动。旅游活动旨在实现具体的消费目标，并非从旅游地点获取经济利益。简而言之，旅游是指不为获得经济收益的各种有目的的旅行活动。

2. 旅游的异地性

旅游的异地性表明，旅游是人们为了达到其旅游目的，而选择离开其惯常居住地而到异地的旅行活动，其不仅区别于人们在惯常居住地的一般休闲活动，而且明确了旅游是一种具有空间移动的活动，从而决定了旅游的空间流动性成为旅游的重要特征。

3. 旅游的暂时性

旅游的暂时性，是指旅游仅发生在旅游者人生某一时段上的行为。旅游时间是旅游者在正常生活时间之外的一种逸出。旅游的暂时性其实更主要是对应于旅游的闲暇时间。从这种意义上说，旅游的暂时性是必然的，原因在于旅游者使用的是其人生时间中的余暇时间。

二、休闲与旅游的联系和区别

根据以上对休闲和旅游概念、特征的分析可以看出，休闲与旅游既是两个不同的研究对象和领域，同时两者之间又有着类似的内容和极为密切的联系。因此，美国学者沃恩在其 *Recreation & Tourism* 一书中，就用了一个非常经典的图示来说明闲暇（leisure）、休闲（recreation）与旅游（tourism）之间的相互联系和区别，以便于人们更好地认识和理解三者之间的内在联系与区别。

（一）休闲与旅游的联系

根据对沃恩的经典图示分析，可以看出休闲与旅游的产生基础和相互之间的联系。首先，休闲与旅行的发生依赖于人们的闲暇，所以，闲暇是休闲与旅行的必要条件和基础。

其次，人们为了放松身心、寻求愉悦、消除工作或环境压力，可能会把一部分闲暇时间用于休闲活动，也可能会把一部分时间用于旅游。再次，人们离开本地而到异地的休闲活动就构成了休闲旅游和事务兼休闲旅游，所以，休闲旅游实质上是一种休闲和旅游的结合，另外，除了商业和休闲两种类型的旅游之外，还存在着商业和私人旅游。最后，由于休闲与旅游具有部分重叠性，随着旅游业的发展，两个领域设施的重叠也是不争的事实。

（二）休闲与旅游的区别

1. 两者的内涵有区别

由于休闲包括本地休闲和异地休闲，其中本地休闲包括工作时间以外的所有消遣活动，异地休闲就是通常意义上所说的休闲旅游；而旅游主要包括离开异地的休闲性、事务性和非休闲性的旅行活动，两者的内涵并不一致，这是两者的重要区别之一。

2. 两者的时间有区别

虽然休闲和旅游都取决于人们的闲暇时间，但休闲完全取决于人们是否有闲暇时间，即完全是一种依赖闲暇时间的休闲活动；而旅游除了依赖闲暇时间外，也可能与人们的事务活动相关联，即是否完全依赖闲暇时间的活动，这是两者的关键区别之一。同时，闲暇时间更加灵活，特别是在当地闲暇时间可以进行休闲活动；而旅游的异地流动性决定了往往需要较多和相对集中的闲暇时间，同时许多旅游活动往往是结合商务、公务及个人事务而进行的。

3. 两者的方式有区别

休闲作为人们自我发展和自我完善的载体，已经不再是工作的对立面，而是与工作相互融合形成的一种生活方式和生存状态；而旅游作为一种脱离现实的短暂生活状态，虽然能够使人们身心暂时得到愉悦和放松，但最终还是要回到现实生活中来，因此从这个意义上看，旅游只能是人们休闲的一种方式，或者说是基于休闲目的而进行的异地旅行活动。

三、休闲旅游概念及内涵特征

根据以上对休闲、旅游的联系和区别的分析可以看出，休闲旅游是人们以休闲为主要目的，以特定的风景和服务项目为主要内容，以观光、文化体验、休闲娱乐、休闲度假等为主要目的，在当地的旅游设施条件下，在国外停留一段时期。它强调的是，在一定的时间里，人们通过一定的行为、思想、感情和活动，形成文化氛围，传递文化信息，营造文化环境，从而提高自己的身心和精神。因此，休闲旅游的内涵特征主要有以下几个方面：

（一）休闲旅游是休闲与旅游的有机结合体

通常休闲旅游必须同时具备闲暇时间和空间移动这两个基本条件，即以闲暇时间为前提，以异地旅行为目的，以接待设施为前提，以具体的风景和服务项目为内容，在外地停留一段时期，开展包括观光、休闲娱乐、文化体验、休闲度假等多种形式的旅游活动。休闲旅游是指随着人们闲暇时间的增加和可支配收入的增加，以及在具有独特吸引力和配套服务设施的情况下，逐步形成和发展起来的。

（二）休闲旅游是以休闲为目的的旅游活动

休闲旅游与观光旅游相比，更注重旅游者的消遣娱乐、文化交流等精神享受，更注重充分利用闲暇时间来达到身心放松的休闲目的。因此，休闲旅游大多是与家人、朋友相伴，在相对比较固定的旅游地停留一段时间，以追求身心愉悦和精神享受；同时休闲旅游与观光旅游相比更注重其休闲性和体验性，更强调满足人们日益增长的物质文化需求、心理需求和精神需求，以不断提升人们的生活品质等。

（三）休闲旅游是以旅游为载体的休闲方式

人们的休闲方式是多种多样的，而休闲旅游既是众多休闲方式中比较重要的一种，又是通过旅游方式来达到休闲目的的主要途径。因此，休闲旅游对于旅游目的地的旅游产品、服务设施和娱乐设施要求较高，往往需要较观光旅游品质更高的旅游产品和旅游环境，并追求与其惯常居住地具有一定环境、文化差异的休闲氛围，更注重旅游过程的娱乐性、参与性和体验性。正是从这个意义上讲，休闲旅游是一种以旅游为载体的休闲方式，其健康发展必然依托于旅游业的发展。

第二节　休闲型旅游目的地内涵及培育意义

一、休闲型旅游目的地的内涵特征

现代旅游发展迅速，不仅使人们的出行方式发生了改变，而且使其内涵、观念发生了深刻的改变。本节通过对休闲旅游目的地的定义及内涵进行了分析，并将其与传统的旅游目的地进行了对比。进一步深化对休闲型旅游目的地特征的把握，从而为培育云南休闲型旅游目的地提供理论依据和指导。

（一）休闲旅游目的地的概念与内涵

通过对休闲旅游、休闲旅游目的地的对比和分析，结合对休闲旅游的内涵特征的分析，可以明确休闲型旅游目的地的概念如下："休闲型旅游目的地，是指在当代社会休闲经济与旅游业发展的大背景下，为适应人民群众对休闲活动和休闲旅游的需要，在一定地域范围内提供包括旅游吸引物、休闲娱乐内容、旅游配套设施、旅游公共服务设施和相关服务的集合地"，这一概念明确界定了休闲型旅游目的地的主要内涵特征。

1. 具有一定的地域空间范围

一定地域空间内的旅游要素、游憩方式的集合，是任何旅游目的地都必须具备的内涵特征。尤其是对于休闲型旅游目的地而言，不仅仅是旅游要素、游憩方式的集合，往往还包括城市、乡村和特定的休闲旅游对象（如博物馆、展览馆、艺术文化场所，以及农场、工厂、矿山等）。因此，只有加强休闲型旅游目的地培育，树立"大旅游"观念，注重旅游目的地内各种自然资源、文化资源和社会资源的整合，并有效进行休闲旅游产品组合，努力在整体形象塑造、休闲内容提升、交通线路设计等方面下功夫，才能真正形成休闲型旅游目的地产品和品牌形象。

2. 具有丰富的休闲旅游内容

休闲旅游作为人们以追求身心放松、文化体验和精神消费为主的休闲活动，不仅要求具有一定的休闲吸引物和休闲场所，而且要求具有满足人们多样性需求的旅游产品，包括各种观光游览、娱乐消遣、文化体验、养生度假旅游等内容，以及必要的可供大众开展休闲旅游的开放空间、公共服务设施等。由此决定了休闲型旅游目的地必须具有丰富多彩的休闲旅游内容，这也是休闲型旅游目的地的主要内涵特征。

3. 具有相应的旅游设施和服务

任何一项休闲旅游活动，都离不开基本的旅游要素，包括吃、住、行、游、购、娱等基本的公共服务，因此作为休闲旅游目的地不仅应该具备住宿、餐饮、交通、景区点，娱乐消遣、休闲度假场所等主要的旅游设施，而且应该具有满足休闲旅游需求的咨询中心、汽车营地、停车场、旅游厕所等公共服务设施。此外，还要求具有良好的生态环境、文化氛围和社会治安秩序，并能够提供高质量的配套服务等，如此才能真正体现休闲型旅游目的地的魅力和吸引力。

（二）休闲型与传统型旅游目的地的区别

在休闲度假和传统度假胜地之间的差异方面，国内有许多学者对此作了较为深入的分析和探讨。著名旅游经济和管理专家魏小安所说，传统旅游目的地是指直接利用自然和人文资源，以景区、景点为主要发展模式的旅游目的地；罗明义认为传统的旅游目的地是以观光旅游为主的，并通过对休闲型与观光型旅游目的地的比较研究指出，观光型旅游目的地主要是为旅游者提供观光游览活动，满足旅游者感官上的刺激、冲击和审美需求，它更多的是以自然与人文旅游资源为基础，提供食、住、行、游、购、娱等旅游要素，提供的是规范化、标准化的旅游服务，既不能够满足个性化、多层次的休闲旅游需求，也不可能提供精细化的旅游服务。

因此，根据国内学者的有关研究，结合休闲型旅游目的地的内涵，可以看出休闲型旅游目的地与传统旅游目的地相比较，具有以下主要的典型特征：

1. 地域的特殊性

地域的特殊性，即休闲型旅游目的地一般不完全等同于传统名胜观光区，其最大特点是更强调环境的优美舒适，适于人居和休闲，大多数具有健身休闲、康体疗养等独特条件，如海滨、湖畔、森林、温泉等优越的自然条件等，从而要求休闲型旅游目的地更加重视对休闲旅游环境的保护、营造和提升，满足人们休闲旅游的消费需求。

2. 内容的多样性

由于休闲旅游的主要目的是休闲娱乐、消遣，游览居其次，一般日程安排松散，在一个旅游地停留的时间较长，因此要更好地满足人们范围较广的休闲旅游需要，既要能满足人们的观光、文化体验、娱乐消遣、休闲度假等多种功能又要能使人们怡情养性、增长见识和增进社会交往，满足人们回归自然，复归人性的需要，这也是休闲型旅游地与其他传统型旅游地最本质的区别。

3. 形式的休闲性

形式的休闲性，即休闲型旅游目的地更强调旅游活动中的参与性、娱乐性和消遣性，以满足人们自由放松、休闲消遣的需求。尤其是当今社会的快速发展，使人们自觉地想要得到放松，悠闲自在的旅游价值取向，使休闲旅游成为一个独立的旅游门类，由此要求休闲型旅游目的地更加重视休闲旅游产品的提供、休闲生活方式的丰富、休闲文化体验的提升、休闲环境的改善和优化等。

二、云南休闲度假胜地建设的重要意义

从上述两个方面分析了休闲与休闲旅游目的地，可以看出休闲旅游不仅是一种涵盖面较广的旅游方式，同时也是当今旅游发展的一个大潮流。因此，要站在发展战略的高度，从现实的需求出发，深刻理解加快培育云南休闲型旅游目的地的重要性和紧迫性。

（一）国内外旅游产业发展的新趋势

随着世界经济向一体化方向深入发展，全球旅游市场也正在发生深刻的变化，世界旅游业进入了快速发展的黄金时代。在轻松、愉快、娱乐、舒适的旅行中，开阔眼界、增长见识、认识世界、创造人生，是当代旅游的一种新的价值观。世界旅游已步入"旅游时代"，休闲、大众化、社会化，成为一种普遍的生存方式和基本权利。随着经济和社会的发展，人民的闲暇时间日益增多，人民的可支配收入不断增长，一些国家的带薪假期也在一定程度上推动了休闲度假旅游的发展，这使得休闲度假旅游在当今的国际旅游市场中占有举足轻重的地位，其中中海岛和滨海度假是我国旅游业的主要支柱。

我国旅游业经过多年发展取得了显著成就，旅游经济持续快速增长，旅游业发展的速度越来越快，旅游业的规模越来越成大，旅游业的发展质量也越来越好，已经树立起世界

旅游大国的鲜明形象。当前，我国旅游业发展的基本态势，主要是大众旅游消费正由观光旅游向观光与休闲度假并重转变，旅游需求远大于旅游供给，尤其是休闲旅游地建设更加薄弱，呈现出明显的结构性短缺。因此，云南的休闲度假胜地建设是当今世界旅游发展的必然趋势，也是适应国内旅游消费需求不断变化的需要，促进旅游供给结构优化调整的客观要求。

（二）培育旅游"两业"的新要求

大力发展休闲旅游，不仅可以使人们在身心放松的状态下更好地获得旅游地的文化熏陶，体验不同文化带给人的美感，而且通过个体与群体间的文化交流、信息传递提高文化素质，更好地适应人民对旅游的多元化需要，提高人民的生活品质和水平。为此，2009年，国务院《关于加快发展旅游业的意见》中明确指出，要将旅游业建设成为国家重要的战略支柱产业和广大人民群众满意的现代服务业。不仅为我国旅游业新一轮腾飞指明了方向，也为休闲型旅游目的地培育提供了重要的政策依据和实践指导。因此，必须从我国旅游业发展的战略高度，深刻理解加快休闲型旅游目的地培育的重要性和紧迫性，从而加快对休闲型旅游目的地的建设和培育，更好地满足人民群众日益增长的旅游消费需求。

（三）建设"两强一堡"的新任务

2009年，根据我国进入全面建设小康社会新时期的新形势、新任务和新要求，云南省委、省政府在充分认识国家重大战略决策部署调整带来的重大机遇，结合国家继续实施西部大开发战略和云南经济社会发展实际，提出了"建设绿色经济强省、民族文化强省和中国面向西南开放的桥头堡"（以下简称"两强一堡"）的新的战略目标。

云南休闲型旅游目的地的培育是在"两强一堡"战略目标下需要建设的新任务。休闲型旅游目的地的培育，一是能够在重视利用优势生物资源和生态环境的基础上，带动云南省绿色产业和现代服务业的发展，推进探索低碳经济发展模式；二是有助于形成具有云南特色的文化产业集群，扩大云南民族文化的传播面和知名度，提升云南民族文化的影响力；三是能够成为云南对外开放的新优势，可以更加充分地发挥云南作为我国通往南亚、东南亚重要陆上通道的作用，更好地展示中国及云南对外开放的良好形象。

（四）建设"旅游强省"的新选择

结合云南省"两强一堡"战略，云南省作出了"旅游强省"的战略部署，指出旅游发展和建设的重心应围绕"转型升级""提质增效"这一目标，努力把"旅游"转向"休闲度假"，让云南旅游产业的发展推向一个新的高度，在云南旅游事业上实现新的飞跃。加快云南休闲旅游目的地的建设，可以更好地满足人民旅游需求的不断升级，推动云南旅游产业的转型，拓展旅游供给总量，丰富旅游产品种类，注重休闲娱乐、康体健身、休闲度假、乡村旅游等。云南是一个新兴的旅游强国，培育休闲型旅游目的地，能够有效发挥旅游产业的综合带动效应，以及在服务业发展中的引领作用。它不仅可以充分利用旅游业的整体拉动和服务功能，而且可以推动整个行业结构的调整，推动经济发展方式的转变，从而推动云南经济和社会的持续发展。

三、云南休闲度假胜地建设的基本情况

加快云南休闲型旅游目的地的培育，不仅具有多样化的自然条件和优势，快速发展的经济基础和产业支撑，而且具有广阔的休闲旅游市场和潜力，能够支撑把云南培育为国内外知名的国际休闲旅游胜地。

（一）具有优越的自然和气候条件

云南省具有山地、江河、喀斯特、冰川等特殊地貌，在东部石灰岩地区发育了较典型的喀斯特地貌，路南石林是闻名中外的以喀斯特地貌为主的风景旅游区；河流分属伊洛瓦底江、怒江、澜沧江、金沙江、元江和南盘江六大水系，分别注入印度洋和太平洋。受巨大断裂影响，省境呈南北向条状分布的断层湖达 40 余个，如滇池、洱海、抚仙湖、程海、泸沽湖等。同时，云南是南亚季风、东亚季风和青藏高原综合的区域，具有典型的"四季如春"的气候；最热月均温 19~22℃，最冷月 5~7℃ 以上，年温差仅 10~14℃，日较差较大，冬半年可达 12~20℃。由于纬度和海拔增高相一致，致使省内 8 个纬距内呈现寒、温、热三带，具有相当于中国南部的海南岛到东北的长春的气候差异，从而为休闲型旅游目的地的培育提供了丰富的资源环境和气候条件。

（二）具有较好的经济与产业基础

2012 年，云南省生产总值（GDP）达 10309.80 亿元，比上年增长 13.0%，高于全国 5.2 个百分点。其中，第一产业增加值 1654.60 亿元，增长 6.7%；第二产业增加值 4419.10 亿元，增长 16.2%；第三产业增加值 4236.14 亿元，增长 11.4%。三次产业结构由上年的 16.1∶45.6∶38.3 调整为 16.0∶42.9∶41.1。全省人均生产总值（GDP）达 22195 元，比上年增长 12.3%。非公经济增加值实现 4546.62 亿元，占全省生产总值的比重达 44.1%，比上年提高 2.0 个百分点。全省经济总量突破万亿元大关，成功加入全国万亿俱乐部，实现了经济发展新跨越。同时，全年接待国内外游客突破 2 亿人次，其中接待海外入境游客 886.4 万人次（过夜旅游者 457.84 万人次），接待国内游客 1.96 亿人次，分别比上年增长 16.1% 和 20.2%；旅游外汇收入 19.47 亿美元，国内旅游收入 1579.49 亿元，分别增长 21.0% 和 32.1%；旅游总收入达到 1702.54 亿元，增长 31.2%；旅游业增加值 650 亿元，占 GDP 的比重的 6.5%，旅游直接从业人员 72 万人，带动间接就业人数 360 万人。随着云南经济和旅游产业的快速发展，为加快云南休闲型旅游目的地的培育奠定了良好的经济和产业基础条件。

（三）具有广阔的市场前景和发展潜力

目前，世界正步入休闲经济时代，主要表现：一是休闲经济在整个国民经济中的地位提升，尤其是发达国家休闲经济产出已占整个国民经济的 50% 以上；二是休闲时间大大增加，以每周工作 30 小时、每年工作 40 周、每人一生工作 35 年计，共工作 4.2 万小时，其中仅 35 年的休闲时间便有 16.24 万小时（每天 8 小时睡眠除外），若将退休后的休闲时间计算在内自然更多；三是随着工业化、城市化推进和现代科技发展，工作环境不断改善，工作中的劳累也不断减少，使人们在休闲时间内可以依兴趣从事体现自己个性的活动；四是许多非娱乐产品具有娱乐功能，消费者不管购买什么和消费什么，都能享受愉悦，获得休闲的效果。与此同时，我国于 2013 年初颁发了《国民旅游休闲纲要》，标志着我国已经步入休闲型经济与休闲型旅游的时代。因此，结合当前国际、国内休闲经济时期的特点，大力发展云南休闲度假目的地，有着巨大的市场空间和发展空间。

第三节　云南休闲度假胜地建设策略研究

一、加快休闲旅游产品开发

（一）根据市场需求加快休闲旅游产品开发

随着国务院办公厅《国民旅游休闲纲要》的出台和实施，使我国的发展目标在 2020 年全面落实，城乡旅游休闲消费水平明显增长，健康、文明、环保的旅游休闲理念成为全社会的共识，国民旅游休闲质量显著提高，与小康社会相适应的现代国家旅游休闲体系基本建成。其目标是，在推进实施带薪制的同时，为拓展旅游消费提供新的机会，并促使有条件的地区出台相关政策，以促进我国旅游业的发展。《国民旅游休闲纲要》突出五个方面，即倡导旅游休闲理念，保障国民旅游休闲时间，鼓励国民旅游休闲消费，丰富国民旅游休闲产品，提升国民旅游休闲质量。中国国民旅游的未来发展方向是大众休闲旅游。因此，根据市场导向，大力推进云南休闲旅游产品开发，是培育云南休闲旅游目的地的基础。

（二）结合云南旅游资源加快休闲旅游产品建设

在抓住国家扩大内需战略，积极推行带薪休假制度的机遇，加快云南休闲旅游市场发展的同时，把环城市休闲游、特色乡镇休闲、民族文化休闲、康体养生、休闲田园、生态休闲等休闲旅游产品作为云南休闲旅游品牌的重点，通过实施有力措施，加强区域旅游合作与产品整合，打造一批具有较强旅游号召力和影响力的旅游产品，不断提升云南休闲型旅游目的地的知名度和吸引力。

二、完善休闲旅游配套设施

由于云南地处低纬度高原，地理位置特殊，地形地貌复杂，受经济条件等制约，旅游基础设施和配套设施薄弱问题突出。因此，在云南休闲型旅游目的地培育过程中必须突出这一重点问题，继续加强旅游基础设施和相关配套设施的建设。

（一）加快旅游基础设施建设

加快旅游交通、通信、水电等基础设施建设。将云南的实际交通情况与发展休闲型旅游要求相结合，以昆明长水国际机场为中心，开辟新的国内外航线，积极推进"泛亚铁路"建设，完善昆明—瑞丽，通往相邻省份（四川、贵州和广西）高速公路建设，以及周边国家（越南、老挝、缅甸）形成昆明通向东南亚国家的3条高速公路主通道，加快境内澜沧江、金沙江、红河、南盘江等河流的水运资源开发，打通云南出省、出境水路通道，完善综合运输体系。运用现代高科技的信息化技术，发展智慧旅游，为休闲型旅游目的地提供良好的通信设施和便捷的信息化条件。加强城镇、旅游景区、休闲型旅游目的地的供水、供电、供气等附属设施建设，在建设过程中遵循"设施景观化、垃圾无害化、污水零排放"的原则，加强环境保护和生态文明建设，实现旅游产业与资源环境的可持续发展。

（二）完善旅游六要素设施建设

优质的休闲型旅游产品依托于旅游要素设施建设，旅行社要不断增强休闲旅游的宣传促销与产品销售能力及水平，以市场需求为导向，以提升旅行社企业品牌为目标，设计高质量的休闲旅游线路，开发具有吸引力的休闲型旅游产品，全面提升旅行社在休闲型旅游市场上的竞争能力。目前，旅游市场需求是由大众观光型向休闲型旅游转变，为了适应市场，要提供适应休闲型旅游发展的高品质的餐饮住宿接待标准，形成融休闲、健康、卫生、特色、文化为一体的休闲型旅游餐饮体系，在合理调控旅游住宿设施建设总量的基础上，完善旅游住宿设施的布局和结构，重点改造现有旅游饭店，形成完善的休闲型旅游住宿接待体系，实行酒店集团化发展模式，形成具有一定规模化和标准化的连锁休闲度假酒店。为适应旅游活动趋向参与性、运动性、趣味性、科学性、康体性的要求，休闲旅游娱乐设施在建设中要体现现代文化和地方传统文化的融合，加强旅游娱乐场所的管理，增设适量康乐运动服务设施。新建或改建旅游购物设施，使其成为集购物、休闲、观光为一体的大型综合性旅游购物商城，依托云南的文化和旅游资源，打造具有云南特色的休闲旅游纪念品，通过高科技，创新具有民族元素的手工艺品和商品，实现旅游商品的规模化和精品化，形成具有竞争优势的休闲型旅游购物商品。

（三）推进旅游公共服务设施建设

云南省旅游公共服务设施的建设要严格按照《云南省旅游公共服务设施建设专项规划》《云南省游客服务中心建设管理标准》《云南省游客休息站建设管理标准》《云南省乡村旅游厕所建设管理标准》《云南省旅游公共标识系统建设标准》《云南汽车旅游营地建设管理标准》等1个规划、5个标准进行。积极争取国家和省、州（市）财政资金，重点支持昆明、大理、丽江、西双版纳等地游客服务中心建设，共同推进中石油公司拟建111座（含加油站）游客休息站点的各项建设。形成集旅游咨询、信息、展览设施、旅游接待服务设施和旅游活动组织设施于一体的旅游接待中心，打造体现休闲型旅游目的地文明、卫生、依托景区修建的不同风格和档次的旅游厕所，建立健全的旅游安全事故预警制度、事故处置预案、医疗卫生系统的旅游安全保障体系，建立旅游信息服务网络，为旅游者提供信息咨询服务、预订服务。

三、培育休闲旅游精品名牌

云南休闲型旅游发展是休闲康体需求、产业融合等新形式、新背景下，深化云南旅游"二次创业"，实现旅游业转型升级、提质增效、优化结构总体要求的必然要求。使休闲旅游与文化、体育、农业、工业、林业、商业、水利、地质、环保、气象等相关产业和行业融合发展，是休闲旅游精品名牌建设的有效措施，而云南休闲旅游精品名牌建设，则是云南休闲型旅游目的地培育的有效手段。

（一）推进休闲旅游与其他产业融合

按照休闲旅游产品培育和重点，在对现有旅游产品改造提升的同时，加大休闲旅游与地质、环保、气象等相关产业和行业的融合发展。旅游产业融合的兴旺发达是以资源的富集为基础、以市场需求为动力、以制度保障为关键、以技术发展为支撑的。云南省无论是休闲养生、传统文化，还是现代科技、制造业，都具有优良的资源禀赋，为发展休闲旅游业提供了坚实的基础；同时深深根植于老百姓心中的体育健身和健康理念，使云南休闲旅游业有着强劲的市场需求。

1. 推动与体育产业融合

在各市分别培育一批具有本地特色的省级运动休闲基地，重点建立和完善商务运动休闲、徒步山水游、极限户外运动、水上漂流、马术运动等八大运动休闲产业集群。休闲旅游与餐饮娱乐行业的融合，美食行业和茶楼行业属于传统的餐饮行业，是旅游业的核心行业之一，现在其本身已经成为云南重要的旅游吸引物。

2. 推动与美食行业融合

美食行业是指依托餐饮门店（包括酒吧、咖啡厅、西餐厅等）、夜排档、特色小吃，利用"滇菜"的品牌效应，能给人提供美味佳肴和优质服务的综合性服务业态。云南餐饮业立足本地，要初步形成特色餐饮的集聚效应。茶楼行业包括都市茶艺馆、景区茶馆、农家茶楼、社区茶室、主题茶园等，它是利用"茶为国饮、杭为茶都"的影响力，给人提供品茗会友、陶冶性情的综合性服务业态。云南的茶楼以浓郁的文化特色而享誉全国，云南茶楼行业已由过去的品茗赏景为主发展到一家集休闲、餐饮、娱乐、交易于一体的现代化茶楼，成为人们休闲会友的时尚场所、商务客人洽谈的首选之地，以及旅游者体验云南茶文化、休闲文化、饮食文化的最佳去处。

3. 推动与文化产业融合

演艺行业成为旅游业和文化产业融合发展的最具典型性的行业之一。近几年，我国旅游产业的高速发展，人们对休闲娱乐的认识不断提高，旅游表演的市场需求也随之增加。旅游表演在丰富旅游景点文化内涵、提升旅游景观档次、推动当地经济发展等方面具有重要的意义。旅游与演艺携手，既可拓展旅游业发展空间，也为演艺业创造展示舞台，实现互补双赢。

（二）加快云南休闲旅游品牌的建设

云南的休闲度假目的地培育要与已有的旅游品牌相结合，或拥有适于打造休闲特色的旅游资源，积极加快休闲旅游品牌的培育和创新。

1. 滇中旅游区

积极推进滇中环城市休闲型旅游地品牌建设，加紧树立休闲城市旅游形象，注重对特色休闲旅游产品档次的提升，建设一批具有代表性的休闲旅游产品项目，如温泉 SPA 休闲旅游度假旅游产品，昆明和玉溪的商务会展休闲旅游中心、主题公园休闲旅游产品等。

2. 滇西北旅游区

提升滇西北文化生态休闲型旅游地品牌吸引力，加大对大苍洱旅游区、丽江古城旅游区的旅游文化宣传，挖掘特色休闲旅游资源，不断提高休闲旅游服务质量等。

3. 滇西旅游区

以滇西康体养生休闲型旅游地品牌的建设为基础，坚持以温泉休闲度假、民族文化休闲旅游为主线，开发地热温泉资源，积极发展以高尔夫运动为主的各种康体健身旅游产品，扩大其影响力和知名度。

4. 滇西南旅游区

培育滇西南生态文化休闲型旅游地品牌建设，要紧扣"绿"字，突出该区普洱茶文化、傣族文化风情与热带雨林生态风光相融合，注重休闲旅游发展中的生态环境保护问题。

5. 滇东南旅游区

打造滇东南喀斯特风光休闲型旅游地品牌建设，其中元阳哈尼梯田、罗平油菜花等是田园风光旅游的主要体现，加强乡村旅游发展，不断发挥新农村建设的功能作用，不断完善基础设施建设。

6. 滇东北旅游区

积极挖掘滇东北红土高原休闲型旅游地品牌建设，积极发挥该区毗邻川、贵、渝三省的优势，适应市场需求，加大对文化内涵的挖掘力度，提升休闲旅游的档次和水平，培育滇东北红土高原型旅游地品牌形象，促进滇东北地区休闲旅游的发展。

四、加强休闲旅游市场开拓

旅游业自身的特点和旅游产品的特性，决定了旅游业对市场具有较强的依赖性，离开了市场的支撑，旅游业的生存和发展就失去了基本的条件。因此，加快云南休闲型旅游目的地培育，一方面要加强休闲旅游产品开发，另一方面要大力开拓休闲旅游市场。

（一）加强对休闲旅游目标市场细分

根据旅游市场细分方法和休闲旅游市场定位，按照旅游者的需求特点和消费水平，可将云南休闲旅游目标市场具体细分为高端休闲旅游市场、中端休闲旅游市场和大众休闲旅游市场，并相对应地发展多种类型的休闲旅游产品，以满足不同消费层次休闲旅游者的个性化需求。

（二）进行休闲旅游市场差异性营销

当前，我国休闲旅游产品的需求日益分化，需要在细分的基础上，针对不同的休闲旅游目标市场，采取差异性的市场营销策略，进行休闲旅游市场的开拓，具体来说，对不同的休闲旅游目标市场，采取不同的市场营销策略。对于大众休闲旅游市场，可以采取无差异旅游市场营销策略，即不过多考虑不同旅游者需求的差异性，把整个大众休闲旅游市场作为目标旅游市场，以同样的旅游市场营销组合来满足旅游市场的旅游需求。对于中端休闲旅游市场，可以采取差异性旅游市场营销策略，即通过对中端休闲旅游市场进一步细分，然后选择其中一个或多个细分市场作为重点目标旅游市场，根据旅游市场的不同细分需求特征，提出不同类型的旅游产品和不同的营销组合战略。对于高端休闲旅游市场，可以采取集中性旅游市场营销策略，即针对高端休闲旅游市场的消费特点和偏好，集中营销力量，实行高度的专业化经营，以充分获取对高端休闲旅游市场的垄断或占领。积极开展主题营销、线路营销、品牌营销、网络营销、虚拟市场营销等，不断提高休闲旅游市场的促销效果。

五、提升休闲旅游服务质量

休闲旅游标准化的核心是服务标准化，即服务标准的制定与执行，并应用标准化的原理与方法，使服务的品质目标化、服务方法规范化、服务过程程序化，从而使服务得到更好的升华。但由于休闲旅游发展的时间较短，服务的规范化水平尚不高，存在经营、服务落后、开发与保护不到位等问题。开展休闲型旅游服务标准化认证工作是发展休闲旅游的有效途径，实施休闲旅游服务诚信化、标准化是休闲旅游发展的迫切要求。现代休闲旅游作为一种高水平、高档次的旅游形式，要求高质量、专业化的旅游经营管理人员和服务人员，云南休闲型旅游目的地的培育需要积极地培养高素质的休闲旅游人才。

（一）健全休闲旅游服务质量意识和法规体系

休闲旅游服务人员，要建立"以游客为本""游客至上"的休闲旅游服务意识和观念，做到全心全意为旅游者提供优质的休闲旅游服务。旅游企业必须建立把优质的旅游产品质量放在首位的观念，不断规范旅游企业职工的道德准则和行为，为游客提供高质量的休闲旅游服务，提高旅游企业形象和信誉，为旅游企业自身和旅游目的地创造最大化的经济效益、社会效益和环境效益。同时，需要健全的休闲旅游法规体系和质量管理机制来支撑观念的建立，这也是保证旅游服务质量的根本途径。要使休闲旅游服务质量做到有法可依、有法必依、执法必严、违法必究，就必须将旅游企业和旅游服务人员的责任和义务纳入法制化的轨道，进一步完善旅游质量监督管理体制，通过完善旅行社质量保证金、旅游交通安全保险和理赔等制度营造规范、有序、安全的休闲旅游服务体系，同时加强旅游市场管理，提高旅游执法队伍的执法能力和监管水平，促进休闲旅游服务质量和水平不断提高。

（二）加强休闲旅游服务诚信化、标准化建设

云南休闲旅游服务标准体系应按照 GB/T2442《服务业组织标准化工作指南》的国家标准，从总体的角度出发，设计了一套服务标准体系，包括服务通用标准体系、服务保障标准体系、服务提供标准体系三大体系，形成一套结构完整、层次分明，立足国内、面向国际的休闲旅游服务标准体系。云南休闲旅游服务标准体系应依托国家法律、法规、规章，按照旅游业的标准对象、标准项目和服务要素之间的内在关系，由国家标准、行业标准、地方标准规范和示范区指导性技术文件组成，覆盖旅游业"景、游、食、住、行、购、娱"和公共服务的各个方面。云南的休闲旅游服务标准体系对旅游服务公司的发展起到了很好的引导作用，旅游服务公司可以根据自己的特点对其进行研究、梳理、裁剪，对服务保障、服务提供等要素和过程进行分解、细化和量化，形成一个协调、科学、合理、有效的标准体系和实施体系。休闲旅游的信用建设是一项综合性的服务，其内涵也是多种

多样的，在大力推进休闲旅游诚信制度建设的同时，积极促进旅游行业自律工作，广泛开展旅游诚信服务活动，加强旅游企业诚信等级认定，积极建立社会舆论监督机制，从实际出发加快云南休闲型旅游目的地培育工作。

（三）加大休闲旅游人才队伍并提升人才素质

云南地理位置优越，辐射东南亚和南亚，是我国最大的航空运输网，又将迎来重大的战略机遇。云南能否把握这个重要的战略机遇期，实现休闲旅游产业的跨越式发展，关键在于休闲旅游人才队伍的数量储备和素质提升。人才作为推动社会经济发展的一种智力要素，随着知识经济的迅猛发展，经济全球化进程的快速推进，已经成为地区经济社会建设和城市发展最富活力的"第一资源"。为此，应该提出人才强省战略，努力打造人才"高地"，开展深入、系统的休闲旅游人才队伍建设研究，提出有针对性的政策措施，努力培养一支多层次、高素质的适应休闲旅游国际化发展要求的休闲旅游人才队伍。休闲旅游人才对云南休闲型旅游目的地培育具有基础性、决定性和战略性的作用。从根本上说，休闲旅游业人才队伍的素质和资源结构将直接决定云南休闲旅游国际化战略目标和旅游转型的最终实现程度。为此，培育和建设一支高素质、多层次的休闲旅游人才队伍成为实现云南休闲旅游产业跨越式发展的当务之急。

第十三章 推进云南文化旅游产品升级研究

第一节 推进云南文化旅游产品升级的紧迫性

一、建设社会主义文化强国的总要求

从党的十六大报告提出文化体制改革，到党的十七大提出文化大发展大繁荣，再到党的十八大报告提出要大力发展文化强国，国家始终高度重视服务于文化强国，不断提高我国文化软实力。党的十八大报告提出，文化是民族的血脉，是人民的精神家园。全面建成小康社会，实现中华民族伟大复兴，必须推动文化大发展大繁荣，兴起社会主义文化建设新高潮，提高国家文化软实力，发挥文化引领风尚、教育人民、服务社会、推动发展的作用。建议提高企业的综合实力，提高企业的综合竞争力，发展新型文化业态。

旅游业是文化繁荣发展的一个重要领域，也是扩大中华文化影响力的重要载体。通过旅游所带来的人流、文化流等，促进了不同国家、不同民族之间的文化交流。例如，很多外国游客因为到中国旅游，对中华文化产生了深厚的兴趣，有的甚至在我国各地定居，以融入当地生活和深入地体验当地的文化。2010年上海世博会的举办，不仅使众多的海外游客更加全面深刻地了解了中国和中国文化，而且使更多的国内游客加深了对外国和外国文化的了解。

云南在长期发展中孕育了悠久的历史文化、独特的地方文化和绚丽的民族文化，多年来，云南充分利用自身的文化比较优势，积极推进文化和旅游的结合，并在一定程度上促进了文化旅游的发展，吸引了大量的国内外旅游者。随着国家建设文化强国目标的提出，要求云南在旅游产业发展过程中，必须更加注重推进文化与旅游的融合，促进云南文化旅游加快发展；必须更加注重对文化的发掘和利用，丰富和提升旅游产品的文化内涵，从而推动云南文化旅游产品的升级和发展。

二、建设民族文化强省和旅游强省的要求

云南是我国少数民族种类最多的省份，世居少数民族达25个，少数民族人口约占全省总人口的1/3。各民族长期和睦相处、共生共存，孕育了丰富多彩的民族文化，使云南

拥有"民族文化活化石""民族文化博物馆""人类文明发祥地"等众多桂冠，特别是以五类民族文化资源最为鲜明和最具优势。一是民间文学和民族歌舞资源，全省整理出民间故事、谚语歌谣 1.3 亿字，收集各民族民歌 2 万多首，民族舞蹈 6718 套，民族戏曲 2000 多个，民族乐器 200 多种，民间叙事长诗 50 多部；二是民族节庆资源，一年中云南有大小传统民族节日 110 多个，平均每 3 天就有一个地方在过节；三是民族服饰资源，云南各民族服饰造型异彩纷呈、色彩缤纷艳丽、工艺多种多样；四是民族工艺品资源，各地各民族都有自己独特的民间工艺品；五是民族餐饮文化资源，各民族美食独具特色，并且具有浓郁的绿色餐饮色彩。绚丽多彩的民族文化资源，为促进云南文化旅游奠定了良好的基础。

早在 1996 年，云南就提出建设民族文化大省的战略思路，并于 1999 年将创建"民族文化强省"作为云南省三大战略目标中的一项。经过多年努力，民族文化大省建设取得显著成绩，全省文化整体实力得到显著增强。结合民族文化大省建设任务基本完成的实际，云南省委省政府于 2008 年提出由民族文化大省迈向民族文化强省的目标，关于 2009 年提出推动云南民族文化大省向民族文化强省迈进的战略决策，出台了《中共云南省委云南省人民政府关于建设民族文化强省的实施意见》《云南省人民政府贯彻落实国务院关于进一步繁荣发展少数民族文化事业若干意见的实施意见》等一系列政策措施，积极推进民族文化强省建设。

目前，云南省国内外旅游发展趋势，根据云南旅游业发展的现实，提出了加快建设"旅游强省"的战略举措，并明确提出要以推进旅游产业融合为重点，大力推进文化与旅游的结合，把云南建成国内一流、国际知名的旅游目的地和世人向往的文化旅游胜地。因此，要做强新时期的云南旅游产业，就必须加大文化与旅游的深度融合，着力发掘人无我有、人有我优的深层内涵，加强云南旅游的文化内涵与特色，促进云南旅游产品的不断提升，激发游客的文化兴奋点，寻求文化旅游的享受点，催生云南旅游的新高地，提高云南旅游的影响力和竞争优势，努力开辟云南旅游创新发展的突破口和新路径。

三、推进文化与旅游产业融合发展的选择

党的十七届六中全会《中共中央关于深化文化体制改革　推动社会主义文化大发展大繁荣若干重大问题的决定》上明确提出，推动文化产业与旅游、体育、信息、物流、建筑等产业融合发展，增加相关产业文化含量，延伸文化产业链，提高附加值。这充分体现了国家对推进旅游与文化融合发展，加快文化旅游发展的高度重视。云南省第九次党代会报告也强调，要把"文化、旅游、资本、科技深度融合"，推动云南旅游产业的快速发展。从云南旅游产业 30 多年的发展中，坚持文化是旅游的灵魂，旅游是文化的载体，通过把文化渗透于旅游产品开发、生产和营销的全过程中，推进文化旅游的发展，深刻体会和感受到文化与旅游的内在联系和融合互动的优势，并对文化与旅游结合产生的巨大社会经济

效益在云南省已经形成共识。因此，加快文化旅游产品的升级发展，既是文化与旅游融合发展的客观要求，也是推动文化产业与旅游产业融合互动，进一步促进两大产业协调发展的必然选择。

第二节　推进云南文化旅游产品升级的重点

一、推进历史文化旅游产品升级发展

云南是地球生命的繁衍地和人类文明的发祥地，从澄江帽天山古生物化石群到禄丰大量的恐龙化石群，从开远拉玛古猿到距今 170 万年前的元谋猿人化石，充分反映了云南历史演变的久远。而近现代史上出现的许多重大事件，如护国运动、滇西抗战、"一二·一"运动、扎西会议以及西南联大抗战时期落户云南等，民族文化的多样性，是云南历史文化和民族文化的重要组成部分。云南历史悠久，文化多元，文化底蕴深厚，也决定了云南文化旅游创新发展的特殊道路和必然选择。

（一）启动十大历史文化旅游项目建设

自 20 世纪 70 年代末我国实行改革开放政策以来，云南各地结合实际开放了丰富的文化旅游产品，吸引了众多的国内外游客；为发展文化旅游提供了有效的经验，并对全国产生了积极的影响。目前，我国旅游产业发展已经步入大旅游、大产业发展和建设旅游强国的新阶段，进一步创新文化旅游发展思路，推进旅游产业与文化产业深度融合，促进云南文化旅游产品升级，加快推动云南旅游产业跨越发展，是把云南建成旅游强省的必然选择。为了推动云南文化旅游产品升级发展，云南文化旅游产业的集约化、规模化发展，全面提升云南的综合实力和竞争力，云南省委领导在深入调研、细致思考、系统研究云南民族文化和旅游产业发展的基础上，于 2012 年 4 月提出了建设云南十大历史文化旅游项目的构想。之后云南省委研究室、云南省旅游局组织专门力量，认真研究整理十大历史文化旅游项目的有关史料，形成专题调研报告和 1 个综合报告；并组织了 70 余名国内知名旅游专家组成了策划课题组，全面开展十大项目的策划和规划编制工作，同时积极招商引资，推动十大项目落地建设，有力地促进了云南历史文化旅游产品的升级发展，为加快全省旅游产品转型升级起到了很好的示范作用和带动作用。

（二）十大历史文化旅游项目建设目标和内容

1. 七彩云南·古滇王国文化旅游名城项目

项目位于昆明市长腰山、马鞍山、红山和海宝山片区，东连昆玉高速公路，南至淤泥河，西临滇池，北接呈贡马金铺。项目建设目标：建设发展以古滇文化博物馆、石寨山考古遗址公园为主的公益性文化事业，结合发展文化旅游、民族风情、生态旅游、休闲度假、会展商务、康体娱乐、科考探险、文化演艺、影视拍摄等文化旅游产业，着力打造昆明市南城区重要的大型城市文化旅游综合体。项目建设内容主要由古滇王国博物馆群、古滇王府（影视基地）、古滇王国大剧院、民族团结广场、国际会议中心、民族文化风情街、商业地产、住宅地产开发等46个文化旅游产业子项目构成，占地面积约18337亩，预计总投资237亿元，建设时限为2012—2015年。目前，该项目已由云南诺仕达旅游集团签约投资建设，并已进入项目立项、规划、开工和土地组件报批等各项前期工作。

2. 广南县地母文化旅游项目

项目位于文山州广南县城北边，主要以广南县保存完整的地母活态文化为依托，建设以地母文化为主题，以"地母文化"为核心的宗教文化主线，以"发源地"为特点的历史文化主线，以"原生态"为理念的自然生态主线，突出广南句町历史文化和壮族文化特色，打造地母历史文化旅游产品，建成集宗教体验、游览观光、文化展示、壮族风情、休闲娱乐等功能于一体的面向两广地区、中南地区、西南地区的全国性的地母文化旅游产业聚集区。建设内容包括地母文化胜境旅游区、句町王宫文化旅游区、特色历史文化街区和莲壮族风情区四个主题项目，占地面积为3500亩，预计总投资为50亿元，建设时限为2012—2017年。目前已完成建设总体规划和招商引资工作，正在开展项目开工建设的有关准备工作。

3. 西双版纳南传佛教历史文化旅游项目

项目位于西双版纳州景洪市，主要以南传佛教文化为主线，融合傣族等少数民族历史文化、热带雨林文化和景洪地域文化等多元文化聚合型景区，兼具佛教文化事业发展、佛教文化旅游、佛教文化社群生活于一体的佛教文化旅游综合体。内容包括勐泐故宫、六寨、洼龙寺、雨林禅修中心、东南亚贝叶文化城、佛教文化产业园、佛都香苑、景龙金殿八大实体项目，西双版纳慈善旅游基金会、世界南传佛教论坛、傣族"开门节"和"关门节"及西双版纳优秀历史文化故事四大软件项目，以及旅游道路工程、公共服务体系工程、水电路通信配套工程和夜光工程四大基础设施项目，规划范围约12000亩，预计总投资约80亿元，建设时限为2012—2020年。目前已启动了概念性规划、核心项目设计工作和配套基础设施项目建设等。

4. 大理古都历史文化旅游项目

项目位于大理州大理市，苍山龙泉峰麓，大理古城以西、天龙八部影视城以北，主要依托大理苍山洱海天然生态环境和厚重的历史文化底蕴，建成与天龙八部影视城、苍山大索道等景区相连接，并与三月街、大理古城、崇圣寺塔连为一体的历史文化旅游综合体。建设内容包括大理王宫主题区、古都遗址公园区、本主文化体验区、主题商业区、一塔寺宗教体验区和主题体验区六大功能区，规划建设总面积1676亩，总投资约35亿元，建设时限为2012—2017年。目前该项目已签约由云南吉兴隆大理古都文化产业投资公司投资建设，正在开展项目建设前期工作，预计 2013 年开工建设。

5. 巍山县南诏国历史文化旅游项目

项目位于大理州巍山县文华山南片区，建设目标是以巍山古城为依托，以南诏历史文化为核心，建成集历史文化展示、文化教育、休闲度假等功能于一体的文化旅游区，建设内容包括南诏大道、南诏王宫博物院、南诏御温泉、南诏宫廷大酒店、南诏御膳房、南诏祭祖坛等项目，规划建设面积 4100 亩，总投资 87 亿元，建设时限为 2013—2020 年，近期建设南诏王宫、南诏市井街区两个项目。目前正在编制建设规划和设计方案，同步启动项目用地报批及项目征地工作。

6. 普洱市边三县茶祖历史文化旅游项目

项目范围包括普洱市的澜沧、孟连、西盟 3 个边境县在内的三角区域，主要依托已形成的普洱茶祖文化、原生态民族文化、边境文化和生态文化，建成以景迈茶祖文化公园为核心，以孟连勐马普洱茶文化养生谷和西盟佤山野生古茶树群落公园为延伸，包括巴朗茶山古寨、景迈山、付腊禅温泉和勐根茶山古泉在内的茶文化旅游区。建设内容包括 1 个茶文化区、1 个茶体验区、1 个和茶有联系的娱乐区，惠民小镇片区的 2 个住宅商业区，建设 3 个普洱茶庄园，6 个精品度假酒店和 9 个古村落，预计项目总投资 104 亿元，建设时限为 2013—2020 年。目前，已签约由澜沧县景迈旅游开发有限责任公司作为项目投资开发建设主体，正在开展项目规划设计和项目建设前期各项工作。

7. 澄江帽天山化石地世界自然遗产旅游项目

项目范围包括澄江化石地及周边区域约 6.5 平方千米，主要依托澄江帽天山化石地世界自然遗产，以科学保护世界自然遗产、展示和传播遗产价值、创新遗产文化为目的，以展示地球演化及生物进化过程，特别是寒武纪生命大爆发为主线，以场景再现和经历体验为突破口，建成集科普科考、科研修学、休闲娱乐、国际会议等为一体的国际一流的古生物科普科考研究基地、国内最具特色的地质科普娱乐综合旅游区。建设内容包括化石遗产地、科考科普区、寒武纪休闲娱乐公园和寒武纪旅游小镇四个功能区，规划建设面积 2000 亩，总投资 40 亿元人民币，建设时限为 2013—2017 年。目前，已签约由云南城投集团投资开发建设，正在开展规划编制及前期工作。

8. 禄丰恐龙文化旅游项目

该项目是在现有世界恐龙谷（一期）的基础上，进一步扩建提升做强做大。建设目标是打造成集观光、休闲、度假、娱乐、康体、科普、科考、探秘为一体的国内一流、国际知名的文化旅游综合体、世界地质公园和国家 5A 级旅游景区。建设内容为"一区两园"，即禄丰恐龙文化旅游区、恐龙化石遗址保护和开发园和恐龙文化创意开发园，规划总面积约 12000 亩，预计总投资约 60 亿元，建设时限为 2013—2017 年。目前，已签约由昆明诺仕达集团投资开发建设，现正在开展项目规划编制及前期工作。

9. 元谋古人类历史文化旅游项目

项目位于元谋县城西部，东临成昆铁路（热水塘村），西以普登河、勐岗河为界，北至普登村，南抵元双公路。主要围绕"元谋人"主题，以云南古人类发展历程为穿越线索，采用实景化、游乐化、情境化的方式，运用互动参与、高科技等手段，动感化、活态化全方位展现远古人类文明，打造集科普观光、文化体验、山地运动等功能于一体的、独具特色的远古文化国际休闲体验旅游目的地。建设内容包括元谋古人类文化体验园、东方人类养生小镇、高原热坝特色农业三大片区，规划总面积约为 21.8 平方千米，总投资 57.1 亿元，建设时限为 2013—2017 年。其中元谋古人类文化体验园规划面积约 100.6 公顷。目前，已编制完成了总体规划，正在进行项目招商引资工作。

10. 曲靖三国历史文化旅游项目

项目位于昆曲高速公路马龙县城收费站出口处，往西沿高速公路两侧至韩坡岭村附近的低丘缓坡地带，东距曲靖市中心城区 18 千米，西距昆明城区 103 千米，距长水机场约 60 千米。建设目标主要以三国历史文化为主题，以曲靖爨文化为特色，打造一座文化旅游综合体，集寻访、文化娱乐、康体健身、休闲度假、观光小镇于一身。建设内容包括三国文化旅游区、爨文化体验娱乐区、康体健身户外运动旅游区、休闲度假区及旅游小镇等，规划建设面积 3200 亩，预计总投资 120 亿元，建设时限为 2013—2017 年。目前，已经签约由曲靖安厦集团投资建设，现正在开展项目规划编制及前期工作。

（三）推进历史文化旅游产品升级的措施

根据对十大历史文化旅游项目建设目标、内容和进度的分析，可以看出项目建设目标和内容参差不齐、推进情况快慢不一，究其原因主要是在发展思路、政策支持、投融资、管理模式等方面存在诸多难点和问题。因此，应从以下几个方面切实解决好这些难点和问题，以加快十大历史文化旅游项目建设进程，推进历史文化旅游产品的升级发展。

1. 进一步明确发展目标和完善发展思路

推进十大历史文化旅游项目建设，是充分挖掘发挥云南丰富的历史文化资源优势，推动文化产业与旅游产业深度融合，并以重大旅游项目建设带动，进一步加快历史文化旅游产品的升级发展。因此，各地要从建设旅游强省的战略高度，充分认识推进十大历史文化旅游项目建设的重要意义，进一步完善领导体制和工作机制，形成强大的工作推进合力，科学谋划好建设发展目标和内容，切实推进十大历史文化旅游项目的建设进程，尽快推出影响力大、特色鲜明和竞争力强的文化旅游产品。

2. 不断完善和优化文化旅游发展环境

在全面落实国家和云南省出台的各项政策措施基础上，结合各地实际进一步完善各项政策措施和具体扶持办法，包括土地保障政策、金融支持政策、财税优惠政策等；同时加快项目规划及相关配套文件的审批进度，以推进十大历史文化旅游项目尽快落地建设，并为其他文化旅游产品的升级发展提供良好示范，完善和优化文化旅游发展的环境。

3. 积极推动招商引资和投融资工作

坚持以市场为基础，实施旅游投融资主体多元化、融资方式多样化等策略，形成"政府引导、企业主体、市场化运作"的投融资机制，通过成立项目管理机构，落实招商引资和投融资责任，加大招商引资和投融资力度，推进十大历史文化旅游项目建设，并带动各地特色旅游项目建设，不断推出一批特色鲜明、市场热销、影响广泛的知名文化旅游产品，提高云南文化旅游产品的品质与产出效率，提高其品牌影响力与竞争力。

4. 不断创新项目开发建设管理模式

结合各地实际情况，围绕加快十大历史文化旅游项目建设，推进文化旅游产品升级的要求，创新项目开发建设管理模式，建立项目建设责任制、项目推进机制、项目协调机制等。按照基础设施建设、环境营造以政府为主体，经营性项目、配套设施建设和经营管理以企业为主体的原则，一方面积极争取国家和省级旅游发展基金和专项资金投入，重点加快旅游基础设施建设；另一方面，推进企业加快项目和配套设施建设，促进十大历史文化旅游项目及其他旅游项目的建设进程。

二、推进民族文化旅游产品升级发展

云南少数民族种类众多，在长期发展中形成了丰富多彩的民族文化资源，是推进民族文化旅游产品升级发展的重要基础。但由于传统粗放的旅游开发方式，使很多具有特色的民族文化资源仍是"藏于深闺人未知"。因此，要深入挖掘民族文化资源，合理规划、打造民族文化旅游品牌，提高民族文化旅游质量，促进民族文化旅游产品升级和发展。

（一）加强民族文化资源的挖掘，优化旅游产品结构

深入挖掘云南的民族文化资源，结合不同地区的旅游发展情况，积极开发多层次、多系列的民族文化旅游产品，强化传统的民族文化旅游产品的升级改造，提高云南的文化内涵，打造具有地方特色的民族文化旅游产品。同时，为了适应现代人们追求膳食平衡、合理营养、促进健康的饮食理念，拓展现有的住宿和餐饮规模，建立高、中、低层次的旅游要素，如山庄、客栈、旅馆、餐厅等，以满足广大旅游者的个性化需要；根据各地的具体情况，提高旅游景区档次，开发创意娱乐项目，丰富旅游商品种类，优化旅游产品结构，提高旅游产品的整体品质。

（二）文化旅游项目的合理布局，推动旅游产品的功能互补

积极构建民族文化旅游地的合理布局，功能区要根据民族地域特点、民族风情、社会风俗、自然风光等，结合原有功能进行合理的分区布置，做好"食、住、行、游、购、

娱"等旅游要素的区域定位和规划，促进旅游区的合理化、人性化和功能互补，推进民族文化旅游质量的提升，提高云南特色民族文化旅游品牌知名度。同时，旅游产品多样化、层次化、系列化，要配合旅游区的不同功能分区；加深对民族文化资源的认知，通过对旅游产品的开发，成为多元化的文化旅游产品，对民族文化内涵的挖掘和体现更进一步。只有以综合分析的思路，深入挖掘蕴含于民族文化资源各个层次的旅游价值，才能开发出新的、适应市场需求的民族文化旅游产品。

（三）打造民族文化旅游产业园区，培育民族文化旅游品牌

产业融合是指企业的价值链与资源的整合，能够提高企业的品牌价值。云南的民族文化和旅游业的结合，不仅可以给各自的行业带来新的生机和动力，还可以使二者结合起来，形成一个新的行业，即民族文化旅游，这是一个有着巨大发展潜力的行业。为此，必须改变传统的"旅游业"的经营理念，改变传统的"民族文化"的经营理念，逐渐形成与市场形态相适应的新的思想，努力实现与旅游产业的良性互动，形成一个统一、专业、高效的国家文化旅游服务系统，为文化旅游者提供优质的服务，为民族文化产业与旅游产业的融合发展，创造直接合作的机会和条件。

同时，要大力打造民族文化旅游品牌。通过一系列行业整合，促进企业间的协作，创建民族地区的民族文化旅游品牌。以互联网为载体，融"信息、交流、营销、商贸、撮合、交易"为一体的综合发展平台，整合高质量、高品质的民族文化旅游资源，打造民族文化旅游产业园区，形成规模效应，节省文化旅游成本，形成集团效应。

（四）拓展民族文化资源价值，提升民族文化旅游质量

云南民族文化旅游升级、转型要特别注重资源文化内涵的挖掘。这种类型的旅游产品的附加值取决于其自身的文化品位和特征。要实现市场、资源、其他生产要素的有机结合，必须挖掘出文化的内涵，才能实现旅游六大要素的合理化与高端化。要想提升产品的市场竞争力，必须在资本投入方式、经营模式和产品开发上进行全方位的改革。发展民族文化旅游产品，既能优化旅游业的内部结构，又能促进旅游产品的融合和创新，促进旅游业的发展。

旅游的实质是对异域的追求，是对自身生活环境、生活习惯的不同体验，是游客在不同的文化环境中寻求和理解不同文化差异的行为和过程。因此，要以"特色"为主导，具有鲜明的形象特征，这样，游客才能更好地了解和运用自身的特点来赢得市场。民族文化是云南少数民族地区的重要组成部分，在云南民族文化旅游形象的构建中，要深入挖掘云南的民族文化资源，挖掘出其内涵，并结合其区域特征进行整体包装、提升和推广，以无形资产的增值带动有形资产的增值，从而提升整个民族文化旅游品牌的价值。例如，云南地区的民族节庆活动，是以传统艺术为基础，与其他有关产业合作，以特定的主题为中心，呈现出云南少数民族地区的历史文化传统、风俗习惯、人文精神，起到文化传承和文

化建设的作用。在民族节庆活动中，将传统与当代的文化有机地结合起来，是对民族文化资源进行深度挖掘与创新的一种重要方式。

三、推进乡村文化旅游产品升级发展

随着云南旅游业的持续、快速、健康发展，云南乡村旅游从无到有，从小到大，先后经历了自发发展、倡导发展、大力发展三个阶段。乡村旅游产业规模日益壮大，发展基础更加夯实，产业体系日趋完善，行业管理日趋规范，社会效益显著。乡村旅游已经成为全省各地推动旅游产业改革发展的新抓手，成为由传统的观光旅游向休闲度假旅游转型的新型旅游业态，成为建设社会主义新农村、带动农村经济发展、促进边疆稳定、民族团结的重要举措。

云南乡村文化旅游虽然取得了一定的成绩，但是与国内旅游发达地区的乡村文化旅游发展相比还有较大的差距，与建设旅游强省和中国一流、世界知名旅游目的地的要求相比还有较大的差距。突出表现在以下几个方面。产品同质化现象严重，特色不明显；产品结构不合理，产业链作用有限；产品开发深度不够，文化内涵薄弱；销售网络不健全，包装和促销薄弱；从业人员素质低、缺乏行业规范等。

推进云南乡村文化旅游产品的转型升级，必须以党的十八大精神为指导，坚持以人为本，全面、协调、可持续发展的科学发展观，以"优化结构、转型升级、提质增效"为目标，把乡村文化旅游作为人们一种回归田园、自然、体验民俗的文化旅游方式，推进云南乡村旅游新一轮大发展、再上新台阶，把云南建成国内外知名的旅游胜地。

（一）乡村文化旅游产品的创新与丰富

在发展乡村文化旅游产品时，要遵循特色、多样化、功能复合化、因地制宜、社会满意、可持续发展、集约化等原则，下面是通过执行创新发展来实现的几个系列。

1. "乡村旅游"系列

观赏旅游是旅游产品中最基础的一种，它是旅游中寿命循环无限长的产品。乡村旅游系列产品的开发成本低廉，可以充分利用原有的纯乡村自然景观、人文景观或农业园，经过简单的改造、设计，不需要任何的装饰，就能形成一套独特的旅游系列产品。具体包括乡村旅游、水乡旅游、特色乡村景观、水果农园、花卉种植、野生花卉、茶园、竹园、特色林地、中草药园地、乡村旅游（包括古村落、特色村落、新乡村旅游）、乡村博物馆等。

2. 体验乡村生活的旅行

乡村区域具有广阔的土地空间和丰富的文化遗产，可以为不同层次、不同类型的个体化的户外活动和文化体验提供有利的环境和条件。体验式乡村旅游并非单纯地以观光为目的，由于许多单纯以观光为主的观光景点往往难以保持长期的活力。在这个特殊的区域，人们通过独特的生产方式、生产工具、劳动的创造物、民俗文化的传承以及农村的地理环境，表现出人与自然的紧密关系、人与社会发展的密切联系，是乡村旅游体验的主要对象。农村社会团体在生产、经济活动中所形成的文化形式与面貌，更具有人文特色，这是其所追求的目标与实质。

3. 健康的乡村旅游

由于其自然环境、文化回归、时间和经济费用等方面的相对优势，农村地区的地理位置优越，为开展养生度假游提供了良好的条件，因此成为乡村旅游应该重点发展的类型之一，发展乡村休闲度假、乡村修学度假、乡村康体游等。同时，针对人们在工作、学习之余，利用旅游地度假、疗养等方式来消除疲劳，提高旅游的健康需要，并结合当地的地理条件及资源优势，发展康体养生游包括水疗、森林浴、日光浴、运动健身疗养、绿色饮食疗养等产品，同时要求具备较好的配套设施和服务，以提高疗养效果和质量。

4. 乡村运动探险系列

都市旅客在工作和学业上的压力越来越大，加强体育锻炼和冒险活动是最好的缓解压力的方法。乡村旅游要充分发挥其优势，发展乡村定向越野、乡村野外生存游戏、乡村漂流、空中滑翔、野外障碍赛会、龙舟赛会、乡村攀岩、野外障碍赛会、龙舟赛会、乡村攀岩、团队激励拓展训练。因为此类活动具有较高的技术含量和较高的工作经验，所以在运营过程中必须配合相关的专业组织方，对参加人员进行必要的培训和教育，以保证其安全。

5. 农村商业会议旅游

将商务会议引入农村，是一种全新的商业会议方式，它可以减少企业成本。在大城市郊区和自然条件优越、有一定基础设施的农村，可以发展商务会议旅游，以吸引中小型商务活动、中小型会议，尤其是工业内部协作会议、企业内部年会、城乡商业会议。随着我国农业产业化进程的加快，农村商业会议旅游的发展必然会有更大的发展空间。

6. 主题乡村旅游

各种特色旅游是农村旅游深入发展的必然要求和表现形式，同时也是农村旅游市场日益细分的产物。根据市场需要，当前可开展的乡村旅游主题包括传统乡村节庆、农贸、乡村购物、乡村音乐之旅（如乡村音乐会欣赏、乡村音乐培训班、乡村音乐历史文化、乐器展览、乡村音乐交流会、乡村音乐创作会、乡村音乐比赛）、民间美食之旅（如品尝民间传统特色美食、民间美食烹饪培训班、美食烹饪大赛、民间美食大赛、美食食材鉴别与采购、民间美食知识讲座）、乡村工艺品鉴赏、制作之旅，乡村摄影、写生、乡村文学创作之旅，乡村老年疗养农庄，乡村影视基地等。

7. 乡村非遗旅游项目

游客对云南乡村旅游文化的需求不断增加，尤其是对文化遗址、民俗节庆等方面的需求越来越大，这也是云南乡村旅游发展的一个重要契机。非物质文化遗产是一种具有特殊魅力的旅游资源，它能满足人们求新、求异、求知、娱乐、休闲等多种需求，丰富的非物质文化遗产不仅是云南历史发展的见证，同时也是一种珍贵的旅游资源。云南省的非物质文化遗产在各州、县的乡村聚落中分布很广，具有一定的生动性和乡土性，为了保证其真实性，必须选取乡村旅游发展基础比较好、有代表性的非物质文化遗产分布的乡村旅游，同时考虑到自然环境的真实性，历史、生态的特殊性，开发的可行性，运输的便利，满足游客的各种需要，打造以非物质文化遗产为主题的文化村，建设乡村文化旅游带，将非物质文化遗产、乡村民俗旅游、农业观光园、养殖垂钓园、旅游景点等有机地结合在一起，提高资源的综合利用率，扩大旅游效果，延长游客的停留时间，提升云南乡村旅游的规模和质量。

（二）优化乡村旅游产品的综合设计

扩大农村旅游产品的深度和广度。乡村旅游产品的本质在于其自然生态和传统文化的有机结合，在市场上有巨大的发展空间。当前云南省农村旅游产品过分依赖乡村旅游和农业活动的参与，其产品结构的广度受到限制。农村旅游和农业参与产品也仅限于农户家庭的接待，没有充分挖掘农村地区的自然景观和民俗文化。因此，必须充分发挥农村旅游与传统旅游的差异性，全面研究农村特有的自然环境和人文环境特征，开发、设计多元化的产品，形成包括观光、体验、度假、康体、运动、商务、修学教育等多种主题的旅游产品。在各产品线的基础上，通过创新开发具有鲜明特色和丰富内涵的多种旅游项目，从多种角度满足游客的需要，扩大市场前景，增加销售，提高乡村旅游的经济效益和社会效益，减少旅游市场变化带来的风险，提高乡村旅游适应市场需求的能力。

将生产线往上延伸。云南省目前的农村旅游产品价格低廉、质量不高，是目前农村旅游市场中的低端产品。游客对乡村旅游的认识还停留在低端水平。然而，在现实生活中，发达国家农村旅游产品层次偏高，而国内的旅游者却把乡村旅游看作一种低级的旅游产品。为了改变游客对乡村旅游产品的低级印象，完善其产品线，有必要将其往上延伸，推出中、高档乡村的旅游产品线，让其在低（如观光、体验）、中（如康体、运动）、高（如度假、俱乐部式、商务会展）三个档次都有可供游客选择的产品，以满足不同层次的市场需求。

（三）发展庄园经济文化旅游新模式

庄园经济，是指把乡村旅游从农家乐上升到高端的庄园文化游，社会团体或个人竞得一定范围和期限的土地使用权，投入资金、雇用劳动力，根据市场需要安排生产经营，生产和销售各种商品的经营形式。目前乡村旅游大多是家庭承包经营，由于分散经营、劳动效率低，无法突破发展的局限。乡村旅游要实现高品质发展，必须走规模化经营的道路。因此庄园经济不失为一种较好的发展模式。

庄园经济是探索乡村旅游发展的新途径。现代庄园与某些位于城市边缘的乡村旅游在区位、客源市场以及开发主题上大致相同，庄园可以以观光农业为发展主题，在种植业、养殖业、加工业的基础上开发休闲度假旅游。现代庄园以庄园形式将农业与旅游业结合起来，提出生态农业、绿色农业等概念，与近几年来国际上注重生态平衡，回归大自然的旅游趋势接轨。另外，其资源类型不再是传统的乡村景观，除了高科技含量外，更以产业化、集约经营为特征。

如何进一步地将庄园经济模式引入乡村旅游开发中，这是一个探索的过程。应借鉴国内外的成功案例，结合当地特色，因地制宜地开发以体验农家生活、品尝农家美食、感受田园风光为主要特征的旅游景点。围绕一个中心主题，通过规划多个旅游吸引物体系，策划丰富的旅游活动，以吸引游客参观、体验、消费，从而实现旅游产业的运营和发展。可以采取以下几种开发模式：一是休闲型庄园，景致优美，专作度假休养之用。适应休闲特点开展旅游项目，以体育运动和其他休闲活动为主，庄园内相应的休闲娱乐设施齐全，如足球、排球、网球、台球、游泳等。二是综合体验型庄园，主要针对旅游时间相对较短、农村生活全面体验型游客。庄园内体现农村生产生活的旅游活动丰富多彩，规模较大的庄园还可备有客房等住宿接待设施。表演节目的内容也可根据季节的不同而不断更新，庄园还为游客提供自己动手劳动的机会，如收割庄稼等。三是特种旅游型庄园，利用山区的地利之便，开办登山探险等旅游活动，提供马匹用具，并面向游客租借服装靴鞋、船只车辆等。濒临河湖的庄园则可把水上活动作为主要旅游项目。

（四）整合优化资源配置和完善市场销售体系

目前我国大部分农村地区的旅游资源还处于"星星多月亮少"的状态。第一点，对农村环境资源、生态资源、文化资源、社会资源、经济资源、劳动资源进行全面整合，将这些资源从"串联"到"并联"，挖掘出乡村旅游的特色，并催生新的生产要素，就能把"星星"转化为"月亮"，形成一种"众星捧月"的局面，从而形成一个更美丽、更完整的乡村旅游资源，提高整个乡村旅游的综合竞争力。同时，要整合各个村庄的资源，把一些服务职能分开，引导周围的农村居民积极参加，实现农村的良性互动。第二点，行业的一体化。旅游产品是一个系统，各个环节相互交融，形成一个有机的整体。因此，必须从整体观念上把握整个工程，以乡村旅游为主线，贯穿吃、住、行、游、购、娱等要素，充分发挥旅游产业关联带动作用，将第一、第二产业纳入规划范畴，形成产业整合优势，推动传统旅游产品的提档升级。第三点是整体规划。农村旅游资源存在着分散、同质化的特点，必须综合考虑地形、地势、自然环境、文化氛围、功能类型、游线设计、经营运作等因素，强调单一与整体的联系，形成一种主、辅相结合的空间格局。

利用市场资源的优势，通过纵向和横向的整合，优化资源配置，健全农村文化旅游营销系统。其一，乡村旅游要进入城市旅游营销网络体系；其二，要建立与旅游中间商及各类旅游中介组织的合作关系；其三，建立乡村俱乐部，以会员制的形式定期组织参与农家活动；其四，成为城市旅游教育系统的"农村社会实践基地""生态环境示范基地"；其五，与媒体广泛联系，共同策划、宣传乡村文化旅游地的盛事活动，增强旅游地吸引力，引起更多的公众关注。

（五）提高乡村旅游的管理和服务水平

乡村旅游发展离不开一支高素质的专家队伍，而人才是影响乡村旅游可持续发展的关键因素。当前，要以各种方法和手段加速高素质人才的培养。一方面，各地的旅游教育专业人才要紧跟市场的变化，适时地进行专业的调整，以适应市场的需要；另一方面，乡村旅游企业、旅游管理机构可以通过举办培训班、研讨会等形式与大学进行交流，以丰富企业管理人员的理论、素质和服务能力。在宣传、教育中，充分发挥村民的积极性，加强对游客的文明意识、文明素质的培养。加强对导游人员的旅游管理与服务知识的培训，将先进的旅游服务理念融入景区的运营中，让他们能够熟练地运用标准化的服务和市场营销技巧，从而提升乡村旅游的服务品质和规范化运营。

第三节　推进云南文化旅游产品升级的措施

一、加强历史文化和民族文化发掘和保护

一个地区的旅游吸引力主要来自其旅游资源的特色，而这种特色在很大程度上由它的文化底蕴所决定。云南省具有深厚的历史和文化传统，以及丰富的民族文化旅游资源。因此，要把历史文化和民族文化不断发扬，把文化旅游的产品推向一个新的高度，将旅游与文化产业相融合，就必须在深度挖掘文化的同时，切实保护好文化资源和生态环境，使经济、效益、生态平衡发展。

（一）保护优先，坚持可持续发展

云南旅游资源异常丰富，文化资源是云南省最重视、最珍贵的资源。云南省在纵向上是一个"历史的、文化的国度"，早在170万年前，云南就出现了"元谋人"。从横向来看，云南是中国少数民族种类最多的地区，是一个罕见的多民族、多文化形态并存的地区，特别是各民族在长期发展中，形成了自己独特的民族文化和歌舞、风俗、手工艺品、服饰、建筑、饮食、节祭等，从而孕育出了丰富多彩的民族文化。从自然环境上讲，云南的气候、地形、地貌、生物的多样性，形成了优美、动人的自然景观。因为文化旅游资源大多为典型的不可再生资源，所以在产品开发时应总结传统模式教训，重视对传统文化的保护与修缮，并采取措施改善旅游环境，实现历史文化旅游的可持续和谐发展。

推进文化旅游产品升级，在挖掘历史文化和民族特色文化的同时，要树立可持续的科学发展观，促进民族文化、生态环境与经济社会的协调发展，加强对非再生的民族文化旅

游资源的保护，从可持续发展的角度出发，避免因经济利益的驱使，对自然、民族的传统和历史文化资源的过度利用。在保护的基础上，对文化资源进行有效的整合与开发。

（二）挖掘文化内涵，塑造主题产品

在文化旅游产品中，文化内容是其核心，是其产品系统的精华所在。把握文化的内涵，是打造文化旅游产品的重要环节。在推进文化旅游产品升级的过程中，一方面要有强烈的保护意识，使文化保存下去；另一方面要把这些历史留下来的优良传统文化展示给公众，让更多的人去欣赏和享有它，就要充分挖掘云南的历史文化和民族文化价值。

对于遗产遗迹、历史古城古镇及自然山水类的有形文化产品而言，其外在形式往往是遗留下来的静态遗迹，它们的塑造关键是发掘深厚的文化底蕴和历史的延续性，配上古老的故事和诗歌，或厚重或浪漫，增加文化的灵气。对于历史、民族民俗类的无形文化产品而言，当地的生活习俗和现存的生活状态是文化旅游产品的根本内涵。开发这种文化产品需要无为而治，如果进行美化或包装，则会扭曲其原有的文化内涵，造成"画蛇添足"的现象。可以利用某种物质载体，通过特定的设施和活动，创造一种文化气氛，让人们真正体会到它的文化内涵，获得教益，从总体上增强对游客的感官冲击度，文化旅游产品必须用典型、形象、通俗、有趣的形式去展现文化，使其内涵得到充分发挥，达到应有的广度和深度。

二、加快文化旅游产品的设计和开发进程

文化隐藏在产品之中，需要通过文化旅游产品表现出来。因此，推进文化旅游产品的升级，就必须重视文化旅游产品的设计和开发，重点从以下几个方面着手：

（一）找准市场定位，把握发展旅游文化产品的重点

文化旅游的产品形式多种多样，但是游客的选择却不尽相同。因此，在旅游产品开发中，要注重对游客的分析与研究。在对文化旅游的需求进行全面的调研和分析之后，对不同游客的不同消费偏好进行细分，并将市场细分的结果与客观条件相结合，正确把握文化旅游产品开发的市场定位，有针对性地设计和开发文化旅游产品，强化文化旅游的不同核心利益，形成产品的特色与差异性，开发不同档次、不同规模、适销对路的文化旅游产品，实现产品效益的最大化。

（二）创新观念意识，突出文化旅游产品开发特色

对资源价值的正确理解，是做好产品开发工作的根本。云南省是一个有着丰富的民族文化和历史文化的国家，它在旅游过程中，既可以作为观赏、娱乐、休闲、认知和文化交流的多种形式，又具有经济、生态和文化保护的价值。要从整体上挖掘文化旅游的内涵，

从不同层面发掘文化旅游的价值，以适应市场需求的新产品。然而，当前人们对文化旅游资源的理解还停留在表面层面，缺乏对其价值的理解，这就导致了产品开发水平低下，以观光旅游为主，产品形式雷同，对民族文化内涵挖掘和体现不够等弊端。在开发文化旅游产品时，应从理念上进行创新，并根据"全方位创新"的战略要求，对文化旅游产品进行全新的认识、开发和管理。

1. 战略创新

要确立与时代特点、市场导向相适应的旅游资源观、产业观、发展观，将观念创新上升到战略层次，为高水平的文化旅游产品的设计与开发打下坚实的基础。

2. 计划创新

文化旅游产品的开发要有创意，以实现文化旅游产品的转化。这就需要开发人员立足于已有的文化、旅游资源，做好规划，挖掘其文化内涵，发扬本土个性。

3. 表现创新

特色文化要有合理的表现形式。应结合自身的资源特点，结合不同的消费需求，发展具有展示、体验等功能的文化旅游精品；同时，还应重视文化的延伸，发展各种文化旅游产品和商品，并把文化旅游产品（产业）链延伸，实现文化旅游产品的协调性、多样性和创新性。

4. 要有主题和特色

从发展趋势看，文化旅游产品主题越鲜明、越典型集中、越富有层次感，就越有利于展示和设计，使其文化内涵得到充分发挥，得到旅游者的青睐。因此，文化旅游产品的开发要突出其独特的文化形态，以人文精神为其核心，突出不同地域、不同时代的文化风貌。从重要的一点来说，就是要充分展示旅游产品、旅游场景、旅游环境等文化属性的内涵，强调文化旅游产品对旅游文化的需求的多元化关怀和满足。

（三）加强文化资源的综合利用，健全文化旅游产品体系

高质量的文化旅游产品，要具备丰富的资源、完善的配套服务体系、高层次的经营水平、鲜明的市场导向和适应能力。发展文化旅游产品，不仅要从资源质量的角度出发，还要从地区、系统的角度去评价。由于一个地区的众多文化、旅游资源并不是孤立的，而是与其他资源相互联系、相互依存、相互制约，形成了一个整体。因此，在进行文化旅游产品的设计与开发时，应将其与旅游资源进行有效的整合，形成一套完整的文化旅游产品系统。

文化旅游的产品整合主要是指整合生产要素、整合资源、整合市场。云南省如果想把文化旅游产品做大、做强，就要把文化旅游资源和产品的各个元素结合起来，结合当地的实际情况，开发出符合当地特色的文化旅游产品。要深入挖掘当地民俗文化的内涵和文化

精髓，从文化学的角度来探索旅游景点的文化属性，并在一定程度上与当地自然、环境、文化相协调的旅游配套设施。通过梳理产品生产、供应、销售、服务等各个环节的关系，实现产品开发系统化、配套化，全面提升产品开发质量，提升产品的综合吸引力。文化旅游产品的系统化发展也要与市场的细分需求相适应。

（四）加强品牌建设，推出文化旅游精品名牌

云南省是一个具有丰富文化资源的省份，它可以产生大量的文化旅游产品，但要经过机会确认、产品设计、产品试验、市场推广等过程，最终才能把产品推向市场。实践表明，只有高品质的产品，才能促进旅游业的发展。云南省目前发展的文化旅游产品种类很多，但往往质量不高。文化旅游产品的品牌形象具有情感和认知双重作用，品牌在消费者的认知中起着举足轻重的作用，这对新产品的营销有很大的影响。

文化旅游产品的消费者在消费行为上日趋成熟，其决策标准也从单一的商品定价转向了更高的品质。游客除了注重"物有所值"的旅游产品和服务外，还注重其品牌形象，这也是目前文化旅游产品开发的一个重要方向。由于品牌的建立，可以帮助商家区分自身的旅游商品和其他商品，也可以帮助消费者在避免不必要的商品时，辨别出自己想要的商品。因此，在发展文化产品的品牌策略前，必须正确地把握品牌发展的方向，并正确地把握其市场定位。

参考文献

[1] 丁绪辉，高新雨，田泽. 民族地区旅游经济增长影响因素的空间计量分析 [J].
统计与决策，2015（20）：104-107.

[2] 汪鸿. 旅游需求、旅游消费及旅游影响因素分析研究 [J]. 经济研究导刊，
2015（4）：253-255，314.

[3] 周强，薛海燕，马效. 旅游产业发展影响因素的区域差异研究——基于中国省际
面板数据的分析 [J]. 城市发展研究，2018，25（1）.

[4] 侯志强. 交通基础设施对区域旅游经济增长效应的实证分析——基于中国省域面
板数据的空间计量模型 [J]. 宏观经济研究，2018（6）：118-132.

[5] 詹军. 长江三角洲城市群旅游经济差异及影响因素研究 [J]. 世界地理研究，
2018，27（3）：120-130.

[6] 马惠娣. 未来10年中国休闲旅游业发展前景瞭望 [J]. 齐鲁学刊，2002（2）：
19-26.

[7] 厉无畏，王慧敏，孙洁. 创意旅游：旅游产业发展模式的革新 [J]. 旅游科学，
2007，21（6）：1-5.

[8] 杨颖. 产业融合：旅游业发展趋势的新视角 [J]. 旅游科学，2008，22（4）：
6-10.

[9] 王欣，邹统钎. 高速铁路网对我国区域旅游产业发展与布局的影响 [J]. 经济
地理，2010，30（7）：1189-1194.

[10] 马跃峰. 论如何利用旅游之势推动群众文化的发展 [J]. 大众文艺，2020，
（13）：12-13.

[11] 李玮. 浅谈群众文化与旅游业的融合与发展 [J]. 大众文艺，2020，（10）：
28-29.

[12] 叶嫣. 群众文化与旅游业融合发展的实践路径探索 [J]. 文化创新比较研究，
2019，3（20）：139-140.

[13] 王锐. 论群众文化如何助推旅游业快速发展 [J]. 旅游纵览（下半月），2019，
（5）：33.

[14] 周继发. 浅析文化与旅游产业的融合发展 [J]. 风景名胜，2019，（2）：283.

[15] 王芳芳. 关于群众文化与旅游业融合发展的实践与思考——以苏州市吴中区为
例 [J]. 丝绸之路，2016，（8）：44-45.

［16］宋丽. 乡村旅游业发展对区域经济的影响研究［J］. 现代商业, 2020,（1）：164-165.

［17］刘丹. 旅游经济与区域经济的发展机理关系［J］. 市场观察, 2020,（12）：43.

［18］董子容, 杨霞, 徐邓耀. 四川五大经济区旅游产业与区域经济耦合分析［J］. 内江师范学院学报, 2020, 35（12）：66-71.

［19］王玲玲, 张雯雯. 基于系统耦合视角的旅游产业与区域经济协调发展研究——以江西省为例［J］. 市场周刊, 2020, 33（12）：43-45.

［20］蔡小娟, 田宁. 陕西省区域旅游经济发展的影响因素分析［J］. 现代营销, 2020,（11）：20-21.

［21］孟宪军, 王慧. 佳木斯地区区域产业经济发展研究［J］. 质量与市场, 2020,（20）：97-99.

［22］宋沁鸽, 李阳, 孙碧光. 吉林省全域旅游业与区域经济发展的动态关系研究——基于 VAR 模型［J］. 长春金融高等专科学校学报, 2020,（5）：87-96.

［23］崔小清, 张晨星. 旅游业发展对区域经济影响的实证分析——以陕西省为例［J］. 武汉商学院学报, 2019,（4）：9-14.

［24］屈颖, 马咏梅. 旅游业对内蒙古区域经济发展的影响［J］. 环渤海经济瞭望, 2019,（5）：85.

［25］李晓南, 王璐. 旅游业对区域经济的影响——以京西百渡休闲度假区为例［J］. 现代经济信息, 2018,（24）：321-323.